JN107537

まえがき

その昔、大航海時代以前の時代に、もしも船乗りが進む方向を見失ったら、真北を示す北極星(ほっきょくせい)を探したといいます。船乗りが北極星を知らなかったら、船は海の迷子になってしまいます。さて、みなさんが今取り組んでいる「世界史探究」は、古代からの通史を学ぶなかで、「歴史的な見方・考え方」を身につけ、そして現代の課題の解決への手がかりを探る教科です。そのスキルは、現代世界を生きるみなさんの力となり、みなさんが将来より良い社会生活を営むことが可能となる力になります。しかし、授業においてよく耳にするのが、「授業は楽しいけれど、定期テストになると、おぼえることばかりでホント嫌になる。」「問題(の出題形式)がかわるとさっぱりわからない。」「カタカナが、おぼえられない。」「受験生じゃないからくわしすぎる問題集は嫌だ。」だけど、「**定期テストでは、点数がとりたい!**」という声です。そんなみなさんが、基本的な歴史の流れをつかみながら歴史の重要語句を効率よくおぼえるために、この問題集は誕生しました。

この問題集は、山川出版社の世界史探究教科書『高校世界史』をもとにつくられています。そしてこの問題集最大の特徴が、**穴埋め問題と一問一答問題の答えが、同じ答えで構成されている**ということです。これこそが「**TWINS(ツインズ)**」というタイトルの由来なのです。テーマごとに左右見開きのページで展開し、左側の教科書本文を要約した穴埋め問題で時代の背景や流れを理解しながら歴史用語をおぼえます。右側の基本用語の一問一答問題で歴史用語をくりかえし確認し、さらなる理解・定着をめざします。世界史の勉強につまづいた時こそ、ぜひ初心にかえって、歴史ドラマの大スジをとらえるように、その登場人物とその流れを理解しながら取り組んでみましょう。その時、北極星のようにこの『ツインズ・マスター世界史』はみなさんをきっと支えてくれることでしょう。

さて、大学入学共通テストの出題形式ですが、一貫して多くの歴史資料にもとづいた出題がなされています。よって、多くの受験生が、史料やデータ・グラフの勉強に固執する傾向があります。史料を読むことも当然大事なことですが、歴史そのものを見失ってはいないでしょうか。つまり、共通テストの小問題の多くが、4文分析の正誤判断の問題で、それに苦戦をしてはいませんか、ということなのです。そういった時こそ、教科書に戻ってください。そしてその教科書を効率よく、かつ大事なところを中心にまとめたのが本書なのです。

他にはないアプローチの、まったく新しいスタイルの基本問題集として誕生した本書は、世界史の定期考査のみならず、十分に大学入学共通テストや中堅私立大学入試にも対応しています。世界史の予習復習や受験勉強時に本書を活用して、重要語句を「マスター(おぼえる)」し、より理解を深めることで世界史の「マスター(極めた人)」をめざしてください。

伊東利浩

本書の特長と使用法

❶本書は山川出版社の世界史探究『高校世界史』に準拠してつくられています。『詳説世界史』の章立てにも対応していますので、テーマごとにそれぞれの教科書のページを�㊦のマークで示しました。教科書とあわせてご使用ください。

❷左のページは、テーマごとに教科書の本文を要約し、教科書において太字で示されている重要語句を、その文字数を枠数とした空欄で問題にしています。

❸右のページでは、左ページで空欄になっている重要語句を一問一答形式で問題にしています。違う文章表現でありながら、左右の同じ番号の答えが一緒であることは、つねに歴史の内容を確認しながら学ぶことができ、重要語句を多面的にとらえることで、みなさんの理解度を深めます。

❹本書の赤い太字は、山川出版社『世界史用語集』において、頻度数の高い語句を示しています。当然受験では知っていなくてはいけない用語ですので、赤いプラ板やマーカーなどを使用し、定着をはかってください。

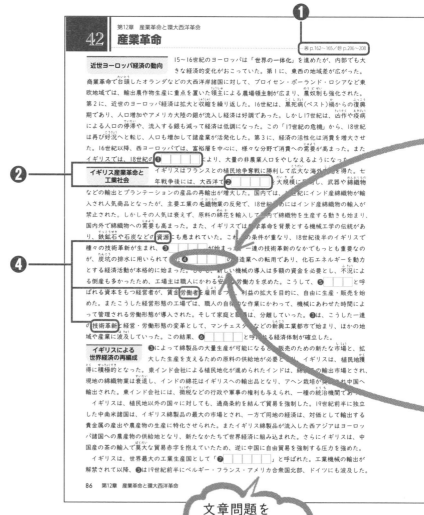

文章問題を先にやるか！

❺答えを本書にある解答欄に直接書き込まずに、本書の横にノートなどを置いて、そこに重用語を出てくる順に、タテ並びで下へ下へと書いておぼえるようにすると、出てくる用語が歴史の順番におぼえられます。しいていえば、それが歴史の流れを理解する一役を担います。

❻各テーマには、教科書に使用されている地図や写真を利用した問題も掲載しました。単に答えをおぼえるのではなく、教科書の元の地図をみながら、都市の名前や位置関係の理解に役立ててください。

❼各文中の年代はすべて西暦の表示です。文章の文字数の関係で下二けた表示の場合があります。

❽国名は、次のように表記する場合があります。

日本：日、中国：中、韓国：韓、アメリカ合衆国：米、ロシア：露、ロ、

イギリス：英、フランス：仏、ドイツ：独、イタリア：伊、オランダ：蘭、

ソヴィエト社会主義共和国連邦：ソ

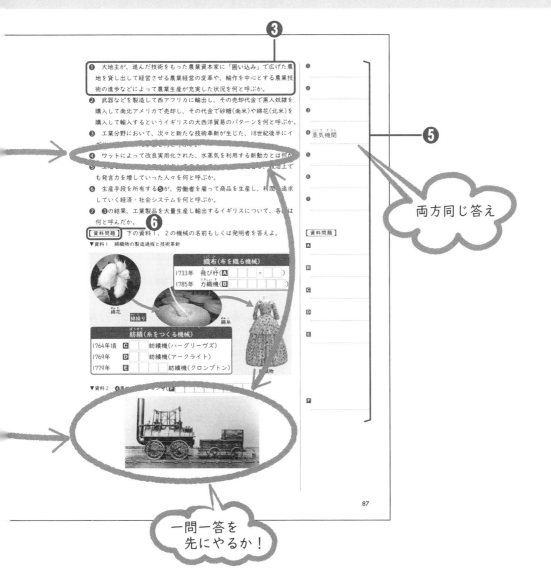

目　　次

1 | 文明の誕生

……… p.28〜29／ p.18〜19

農耕と牧畜のはじまり

約1万年前に氷期が終わると地球は温暖化し、自然環境が大きく変化したため、新人は地域ごとの多様な環境に適応していった。そのなかでもっとも重要だったできごとは、約9000年前の西アジアで、麦の栽培とヤギ・羊・牛などの飼育が始まったことであった。これが❶□□□□・□□□□の開始である。これにより人類は積極的に自然環境を改変し、食料を生産する生活を営みはじめた。人類史は、狩猟・採集を中心にした❷□□□□□から、❶による❸□□□□□□に移るという重大な変革をとげた。

❶が始まると、人口は飛躍的に増え、人類は集落に住み、織物や土器をつくり、また石斧・石臼などの❹□□□□□□を用いた。❺□□□□□時代の始まりである。このような初期農耕民の❺文化は、アジア・ヨーロッパ・アフリカの各大陸に広がった。

文明の成立

初期の農耕は雨水だけに頼り、また肥料を用いない方法によっていたため、収穫が少なく、耕地もかえていかなくてはならなかった。しかし、メソポタミアをはじめとする地域で❻□□□□□□が始まると食料の生産力は高まり、余裕が生まれるにつれて貧富の差の拡大や仕事の分業化が進んだ。こうして権力者が、多くの人々を統一的に支配する❼□□□という仕組みが生まれた。ナイル川、ティグリス川・ユーフラテス川、インダス川、黄河・長江の各流域には高度な❽□□が誕生し、やや遅れてアメリカ大陸にも独自の❽が形成された。

こうした❽においては、宗教や交易の中心である❾□□□□が生まれた。武器や工具などの❿□□□□がつくられ、また多くの❽では政治や商業の記録を残すための⓫□□□□が発明された。ここから人類史は、歴史時代に入っていった。

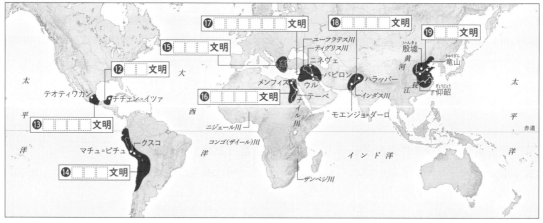

⓱□□□□□文明　⓲□□□□文明　⓳□□文明
⓯□□□□文明　⓰□□□□文明
⓬□□□□文明　⓭□□□□文明　⓮□□□□文明

太平洋　大西洋　太平洋　インド洋　赤道

テオティワカン　チチェン＝イツァ　メンフィス　テーベ　ニネヴェ　バビロン　ウル　ハラッパー　殷墟　竜山　仰韶
マチュ＝ピチュ　クスコ　モエンジョ＝ダーロ

ユーフラテス川　ティグリス川　ナイル川　ニジェール川　コンゴ(ザイール)川　ザンベジ川　インダス川　黄河　長江

［地図問題］　おもな古代文明とその遺跡について調べよう。

❶ 約9000年前の西アジアで始まった麦の栽培とヤギ・羊・牛などの飼育を総じて何と呼ぶか。

❷ 狩猟・採集を中心とした経済活動を何と呼ぶか。

❸ 食料を生産するなど、生活に必要なものをつくり出す経済活動を何と呼ぶか。

❹ 右の写真のように、砥石（といし）を使い表面を磨（みが）いて製作・使用した石斧・石臼などの石器を何と呼ぶか。

❺ ❹をつくり使用した時代を何と呼ぶか。

❻ 堤防（ていぼう）や水路で川の流れをコントロールし（治水（ちすい））、農作物をつくるために水を引き土地を潤（うるお）して耕作する農業は何か。

❼ 権力者が、多くの人々を統一的に支配する仕組み（政治機構）を何と呼ぶか。

❽ 人間の知識や技術が向上し社会制度が整備され、技術的・物質的に発達した状態を何と呼ぶか。

❾ 人口が集中し、宗教や交易の中心となった場所のことを何と呼ぶか。

❿ 青銅や鉄でつくられた武器や工具などを何と呼ぶか。

⓫ 政治や商業の記録を残すために発明されたものは何か。

⓬ チチェン＝イツァなどの都市が繁栄したことで知られる、メキシコのユカタン半島を中心に栄えた文明は何か。

⓭ 14世紀以降のメキシコ中央高原に栄え、1521年にスペインのコルテスに滅ぼされた文明は何か。

⓮ 15世紀半ばから南米アンデス地帯のクスコを都にして栄え、1533年にスペインのピサロに滅ぼされた文明は何か。

⓯ 前3000年頃から前1200年頃にかけて、エーゲ海を中心に栄えたクレタ文明、ミケーネ文明、トロイア（トロヤ）文明の総称は何か。

⓰ 前3000年頃には、王（ファラオ）により統一国家がつくられ、アフリカのナイル川中下流域を中心に栄えた古代文明は何か。

⓱ ティグリス川・ユーフラテス川流域に栄えた古代文明は何か。

⓲ 前2600年頃、南アジアにおいて、インダス川中下流域におこった青銅器時代の都市文明の総称は何か。

⓳ 中国の黄河・長江流域に栄えた古代文明の総称は何か。

［資料問題］ 右の写真は、❺の時代に貯蔵（ちょぞう）やビール・ワインなどの酒器（しゅき）として用いられた幾何学文や動物が描かれた土器である。この土器を何と呼ぶか。

❶
....
❷
....
❸
....
❹
....
❺
....
❻
....
❼
....
❽
....
❾
....
❿
....
⓫
....

［地図問題］
⓬
....
⓭
....
⓮
....
⓯
....
⓰
....
⓱
....
⓲
....
⓳
....

［資料問題］
....

オリエント世界の風土と人々

❶[＿＿＿＿]とは「日ののぼるところ、東方」を意味し、西アジアからエジプトにかけての地域を指す。羊やラクダなどを飼育する**遊牧生活**やオアシスなどでは農業が営まれてきた。**ティグリス川・ユーフラテス川**流域の**❷**[＿＿＿＿]やナイル川流域の**❸**[＿＿＿＿]などでは、大河の定期的な増水を利用した**灌漑農業**がおこなわれ、王が神やその代理人として大きな権力をもつ**❹**[＿＿＿＿]がおこなわれた。

シュメール人の都市国家とメソポタミアの統一・エジプトの統一国家

❷南部では、前2700年頃までに**ウル・ウルク**など**❺**[＿＿][＿＿＿]人の都市国家が数多く形成され、王を中心に、神官・役人・戦士などが政治や経済・軍事の実権を握って支配する階級社会が成立した。前24世紀頃、**❻**[＿＿＿]人が**❷**南部をはじめて統一した。その後、前19世紀初めに**アムル人**が**❼**[＿＿＿]王朝をおこし、前18世紀頃**❽**[＿＿＿＿]王のときに**❷**全域を支配した。**❽**王は運河の大工事などの治水・灌漑を進め、**❽法典**を発布して、法にもとづく強力な政治をおこなった。

早くから**鉄器**を使用した**❾**[＿＿＿]人は、前17世紀半ば頃**アナトリア高原**に強力な国家を建設した。**❼**王朝を滅ぼし、**❸**と戦った。その後**❷**には諸民族が侵入し、前15～前14世紀以降、諸王国が並立する複雑な政治状況が生まれた。**❷**では、多くの民族が粘土板に**❿**[＿＿＿＿]を刻んだ。また**太陰暦**や**週七日制**、時を刻む単位となった**⓫**[＿＿＿＿]などの実用の学問が発達した。

❸では、前3000年頃、王（**⓬**[＿＿＿]）による統一国家がナイル川流域につくられ、以後約30の王朝が交替し、そのうち**古王国・中王国・新王国**の３時代がもっとも繁栄した。**⓬**は、生ける神として専制的な**❹**をおこなった。古王国では**クフ王**らが巨大な**⓭**[＿＿＿＿]を築いた。中王国時代末期にはシリア方面から遊牧民**ヒクソス**が流入し一時混乱した。前16世紀にこれを撃退して成立した新王国は、その後シリアで**❾**と戦った。前14世紀には**⓮**[＿＿＿＿]世が１つの神（アテン）だけを信仰する宗教改革をおこなった。**❸**人の宗教は、太陽神**ラー**を中心とする多神教であり、霊魂の不滅を信じて**ミイラ**をつくり、「**⓯**[＿＿＿]」を残した。**パピルス**と呼ばれる一種の紙や碑文などには**神聖文字（ヒエログリフ）**を刻んだ。また、測地術が発達し、**太陽暦**が用いられた。

東地中海の諸民族・エーゲ文明

東地中海沿岸では、前12世紀頃より**セム語系**の人々が活動を開始した。**⓰**[＿＿＿]人はシリアの**ダマスクス**を中心に内陸の中継貿易で活躍した。地中海貿易を独占した**フェニキア人**は**シドン・ティルス**などの都市国家をつくり、彼らの文字はギリシアに伝わって**⓱**[＿＿＿＿]に発展した。**ヘブライ人（ユダヤ人）**はパレスチナに統一王国をたてて繁栄したが、のちに南北に分裂し、南の**ユダ王国**は前６世紀に**新バビロニア**に征服された（**⓲**[＿＿＿＿＿]）。唯一神**ヤハウェ**に選ばれた民族との自覚を強め、**救世主（メシア）**を待ち望む**ユダヤ教**を生み出した。彼らの教典は『**旧約聖書**』と呼ばれる。

東地中海沿岸には、**エーゲ文明**と呼ばれる青銅器文明が誕生した。前2000年頃に始まる**⓳**[＿＿＿]文明では、**⓳**島の**クノッソス**に大宮殿が建てられ、開放的で明るい文明であった。一方ギリシア本土では、前16世紀から**ギリシア人**が**ミケーネ文明**を築き、**ミケーネ・ティリンス**などに小王国をたてた。戦闘的で石づくりの**城塞**を特徴とし、その勢力は**⓳**島や**トロイア（トロヤ）**にまでおよんだ。

オリエントの統一と分裂

❶を最初に統一したのは、北**❷**におこった**⓴**[＿＿＿＿]である。**⓴**は前７世紀前半、強力な軍事力で**❶**を征服し、王は政治・軍事・宗教を握る強大な専制君主で、国内を州にわけ、各地に総督をおいて統治した。**⓴**は、重税と圧政により服属民の反抗をまねいて崩壊し、**❸**・**リディア**・**新バビロニア（カルデア）**・**メディア**の４王国が分立した。

❶ ヨーロッパより東方にある西アジアなどの地域は、何と呼ばれたか。

❷ 「肥沃な三日月地帯」を流れるティグリス川とユーフラテス川の流域地方は、「川のあいだの土地」の意味から何と呼ばれたか。

❸ ナイル川流域で高度な文明が繁栄した地域とはどこか。

❹ 大規模な治水・灌漑を統率する古代の王たちが、神やその代理人として大きな権力をもっておこなった政治を何と呼ぶか。

❺ 前2700年頃までにウル・ウルクなどの都市国家をたてた民族は何か。

❻ 前24世紀頃、❷南部の都市国家をはじめて統一した民族は何か。

❼ 前19世紀初めに❷を支配したアムル人の王朝は何か。

❽ 前18世紀頃、全❷を支配し、運河の大工事による治水・灌漑を進め、また法典を発布し法にもとづく強力な政治をおこなった王はだれか。

❾ 前17世紀半ば頃アナトリア高原に強力な国家を建設し、❷に遠征して❼王朝を滅ぼし、さらにシリアにも進出して❸と戦った民族は何か。

❿ 右の写真のような粘土板に刻まれた文字は何か。

⓫ 古代❷で、角度や時を刻む単位のもととなった考え方は何か。

⓬ 神の子とされた古代❸の王は、何と呼ばれたか。

⓭ 古王国時代のクフ王らが築いた巨大建造物は何か。

⓮ 前14世紀の新王国時代に、1つの神（アテン）だけを信仰する宗教改革をおこなった王はだれか。

⓯ ❸人は霊魂の不滅を信じてミイラをつくった。この際、同時に残した神聖文字（ヒエログリフ）と絵によるパピルス文書を何と呼ぶか。

⓰ ダマスクスを中心に内陸の中継貿易で活躍したセム語系の人々は何か。

⓱ 地中海貿易を独占したフェニキア人の用いた文字は、ギリシアに伝わりのちのヨーロッパ諸言語の文字のもととなった。その文字とは何か。

⓲ 南北に分裂したヘブライ人の南のユダ王国は、前6世紀に新バビロニアに征服され、多くの住民がつれ去られた。この事件を何と呼ぶか。

⓳ 前2000年頃にクノッソスに大宮殿を建て、城壁をもたず、開放的で明るいことを特徴とした文明は何か。

⓴ 前7世紀前半、鉄製の武器と騎馬戦術による強力な軍事力で全❶を征服した国はどこか。

[地図問題]

Ⓐ、Ⓑ、Ⓒそれぞれの大河の名前は何か。

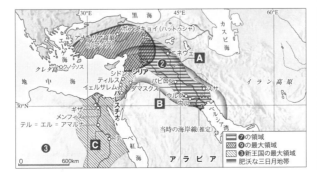

❶

❷

❸

❹

❺

❻

❼

❽

❾

❿

⓫

⓬

⓭

⓮

⓯

⓰

⓱

⓲

⓳

⓴

[地図問題]

Ⓐ

Ⓑ

Ⓒ

③ 南アジアの古代文明

南アジアの風土と人々

南アジアは、現在のインドを中心に、ヒマラヤから中央部の砂漠やデカン高原、インダス川やガンジス川そしてインド洋の島々に至る多様な地域である。季節風(モンスーン)の影響を強く受け、雨季と乾季の差がはっきりしており、夏と冬の寒暖差のある北部地域と、年間を通じて気温の高い南部地域とに大きく二分される。南アジアでは雨季に稲、乾季に麦が栽培され、牛や羊などの飼育を組み合わせた生産活動がおこなわれてきた。人々は、大きく❶□□□□系と❷□□□□□□系にわかれる。古くから異民族が進入し、それまで暮らしてきた民族とまじわりつつも完全に同化されてしまうことはなく、多くの民族・言語・宗教が共存する独自の世界が形成された。

インダス文明

南アジア最古の文明は、前2600年頃におこった青銅器時代の都市文明で、❷系と考えられる❸□□□□□文明である。インダス川流域の下流に位置する❹□□□□□=□□□□や中流に位置する❺□□□□□を代表とする同文明の遺跡は、すぐれた都市計画にもとづいてつくられていた。沐浴場や穀物倉、排水溝を備えた煉瓦づくりの都市であり、未解読の**インダス文字**が刻まれた印章や、ろくろによる彩文土器、のちの**ヒンドゥー教**の主神である**シヴァ神**の原型などもみつかっている。一方で大規模な王宮や王墓は発見されていない。❸文明は前1800年頃までに衰退していった。

**アーリヤ人の進入と
ガンジス川流域への移動**

前1500年頃、中央アジアから❻□□□□□人が、パンジャーブ地方に進入しはじめた。❻人は部族を単位に活動し、その社会に大きな貧富の差はまだ生まれていなかった。彼らは雷や火などの自然現象を神とみなして祈りをささげた。そうした神々への賛歌は『❼□□□=□□□□□』などにまとめられている。

前1000年を過ぎると、❻人は**ガンジス川**上流域へ移動し、鉄器によって森林を切り開き、牛耕用の鉄の刃先をつけた犂を使用して、稲の栽培をおこなった。彼らは、農耕に従事する先住民とまじわって農耕技術を学び、定住農耕社会を形成した。やがて農耕社会の発達により生産に余裕が生じ、王・武士・司祭など、生産に従事しない階層が生まれた。そして王は支配の正統性を示すため、祭祀を主導するようになった。

こうした過程で、人々は、❽□□□□□(司祭)、❾□□□□□□□(王・武士)、❿□□□□□□(農民・牧畜民・商人)、⓫□□□□□(隷属民)という４つの身分にわかれるとする、⓬□□□制と呼ばれる身分的上下観念が生まれた。❽たちは、神々の恩恵を受けるためには、複雑な祭祀を正確にとりおこなう必要があるとして、自身を最高の身分とした。そのため彼らがつかさどる宗教を⓭□□□□□教という。さらに、特定の信仰や職業と結びついたり、ほかの集団の者との結婚や食事などを制限したりして結合をはかる⓮□□□□□集団が多数生まれてきた。これらの⓮は⓬制と結びつき、たがいに上下関係を主張するようになった。⓬制と様々な⓮の主張とが組み合わさった社会制度は多様な南アジア社会の基層となり、のちに⓯□□□□□制度として展開することになった。

[地図問題]

❶ 　原住地の中央アジアの草原地帯からインドに波状的に移住してきたインド＝ヨーロッパ語系の人々は、インドにおいて何系と呼ばれるか。

❷ 　南インドにおける先住民の１つとされ、❶系の人々より早くにインドへ進出したとされる人々は、インドにおいて何系と呼ばれるか。

❸ 　前2600年頃におこった青銅器時代の都市文明で、❷系と考えられる南アジア最古の文明は何か。

❹ 　インド西部を流れる大河の下流域のシンド地方で発見された右写真の遺跡は、すぐれた都市計画にもとづいてつくられた煉瓦づくりの都市であり、文字の刻まれた印章が発見されるなどの特徴をもっていた。「死者の丘」の意味をもったこの古代インドの遺跡は何か。

❺ 　❹と同じ大河の中流域のパンジャーブ地方で発見された古代インドの遺跡は何か。

❻ 　中央アジアの草原地帯より、前1500年頃にカイバル峠を越えてインド西北部に移住してきたインド＝ヨーロッパ語系の人々は何人か。

❼ 　雷や火などの自然現象を神とみなして祈りをささげた❻人がまとめた神々への賛歌集で最古のものは何か。

❽ 　❻人たちが形成した厳重な階層身分制度において、最上位に位置し宗教儀式をつかさどった司祭階層は何と呼ばれたか。

❾ 　❽の次の第２位に位置し、政治・軍事を担当した王・武士階層は何と呼ばれたか。

❿ 　❽、❾に続く第３位に位置し、農民・牧畜民・商人などの庶民階層は何と呼ばれたか。

⓫ 　❽、❾、❿の３身分に奉仕する最下位層で、❻人に征服された先住民が中心とされる隷属民階層は何と呼ばれたか。

⓬ 　征服した❻人が形成した厳重な階層身分制度の総称、もしくは❽〜⓫の各基本身分を示す名称は何か。

⓭ 　❼などに納められている賛歌を根本聖典とし、❽である司祭階層による祭式中心の宗教は何か。

⓮ 　「生まれ」を意味し、特定の信仰や職業と結びついたり、他の集団の者との結婚や食事などを制限したりして結合する集団を何というか。

⓯ 　多様な南アジア社会の基層となった、⓬制と様々な⓮の主張とが組み合わさってできた社会制度をのちのポルトガル人は何と呼んだか。

地図問題　左図に示されている❸文明の遺跡Ⓐ、Ⓑの名称を答え、矢印のルートで前1500年頃インドに侵入した❻人たちが、前1000年頃以降に移住した地に流れる川の名前は何か。

❶
❷
❸
❹
❺
❻
❼
❽
❾
❿
⓫
⓬
⓭
⓮
⓯

地図問題

Ⓐ

Ⓑ

川の名

東アジアの風土と人々

東アジアとは、中国を中心に朝鮮半島・日本を含むユーラシア大陸東部と沿海の諸島をいう。季節風(モンスーン)による湿潤な気候の**長江流域**からベトナム北部、朝鮮半島南部・日本列島では、おもに稲作がおこなわれ、降水量の比較的少ない**黄河流域**は畑作が中心で、中国東北地方・朝鮮半島北部の森林地帯では狩猟・採集が生業とされた。北方の草原・砂漠地帯では遊牧がおこなわれてきた。東アジアは自然も生業も多様な地域であるが、❶□□□や□□□、□□□などの共通の文化によって結ばれてきた。

中華文明の発生、殷・周王朝

前6000年頃までに、黄河・長江流域とも農耕が始まっていたが、前5千年紀には、黄河中流域に、**彩文土器(彩陶)**を特色とする❷□□□文化がおこった。同じ頃、長江中・下流域でも、水田をともなう集落がつくられるなど、黄河流域とは異なった特徴をもつ文化がはぐくまれていた。前3千年紀には地域間のヒトやモノの移動が盛んになり、黄河流域には西方から❸□□・羊がもたらされ、中下流域では**黒陶**に代表される❹□□文化が広がった。一方で各地に争いが生じ、集落のまわりには土壁の城郭が築かれ、複数の集落の連合体をたばねる首長も現れた。

前2千年紀には、各地に氏族集団を中心とした**邑**が形成された。黄河中流域では政治権力の集中が進み、前16世紀頃、❺□王朝が誕生した。❺は豊かな経済力を背景に、青銅器の酒器や食器を用いた盛大な祭祀をおこない、その宗教的権威によって多くの邑を従えた。国政は、亀甲・獣骨を用いて神意を占う**神権政治**がおこなわれ、その記録に用いられた❻□□文字は漢字のもととなった。

渭水流域に成立した❼□は、武力よりも徳を重視した。前11世紀頃、❼は❺を倒し、**鎬京**に都をおき、王は一族・功臣や各地の首長に領地(**封土**)を与えて**諸侯**とし、**軍役**と**貢納**を課した。卿・大夫・士と呼ばれる家臣にも地位と領地が与えられた。❼の統治のしかたを「❽□□」と呼ぶ。この制度は氏族などの血縁関係を基礎とし、その秩序や祖先のまつり方などを定めた**宗法**がつくられた。社会の上下関係を律する行動規範は礼と総称され、東アジア社会に強い影響をおよぼしている。

春秋・戦国時代

前8世紀に王都が鎬京から**洛邑**に移った。❼王の威光は衰え、諸侯が勢力を競い合う時代となり、前5世紀後半までを❾□□時代、それ以後を❿□□時代と呼ぶ。❾時代には、有力諸侯(**覇者**)が盟主となって❼王を支えたが、その後、諸侯が小国を併合してみずから王を称する❿時代となった。「⓫□□の□□□」と呼ばれる7国が有力となり、それぞれが個性ある国づくりをおこなった。しかし、官僚を地方に派遣し中央との関係を強化したり、法制度を整えるなどの共通点もあった。

春秋・戦国時代の社会と文化

❿時代に⓬□器が伝わった。その⓬製農具の使用や、犂を牛に牽かせる**牛耕**は、農業生産力を向上させた。また文字の記録のために木や竹を細長く裁断した⓭□□・竹簡が登場した。各国の富国策は農業や手工業を発展させ、商取引を仲立ちする⓮□□□□を普及させた。個人の実力を重要視する風潮から思想や技能で社会的評価を得ようとする人々も現れ、⓯□□□□□と呼ばれる様々な学派が登場した。

❾時代の孔子を祖とする⓰□□は、❼の徳による統治を理想とし、礼の実践を通して親子・兄弟の肉親愛を社会秩序にまで拡大することを説いた。この考え方は、❿時代には**性善説**の孟子や**性悪説**の荀子によって継承された。⓰の道徳重視に対し現実主義にたった⓱□□は、刑罰によってルールを徹底して君主の権力を強化することを主張し、秦に仕えた**商鞅**など実践的な政治家を生んだ。**墨家**の墨子も、血縁をこえた人類愛などを主張した。人為的な道徳や儀礼を否定し、天の道に従う**無為自然**をとなえる老子・荘子らの⓲□□の教えは、君主が社会に干渉しないことを理想とした。

❶ 東アジアの多様な地域を結びつけてきた共通の文化を３つ答えよ。

❷ 前５千年紀、黄河中流域におこった**彩文土器**(彩陶)を特色とし、発見された村の名前が冠された中国最古の新石器文化は何か。

❸ 地域間のヒトやモノの移動が盛んになった前３千年紀の黄河流域に、西方から羊と共にもたらされた穀物は何か。

❹ 特色である黒陶が最初に発見された遺跡の名前が冠された、前３千年紀の黄河中下流域に広がった新石器時代後期の文化は何か。

❺ 前16世紀頃の黄河中流域に誕生し、豊かな経済力を背景に盛大な祭祀をおこない、その宗教的権威によって多くの**邑**を従えた王朝は何か。

❻ 亀甲・獣骨を用いて神意を占う**神権政治**がおこなわれた際に、その記録として用いられ、漢字のもととなった文字は何か。

❼ 前11世紀頃、❺を倒し渭水流域の**鎬京**に都をおいた王朝は何か。

❽ ❼では、血縁関係を基礎とした一族・功臣などに領地(封土)を与えて諸侯とし軍役と貢納を課した。このような❼の統治を何と呼ぶか。

❾ ❼の王都が鎬京より**洛邑**(現在の洛陽)に移った前８世紀から前５世紀後半までを何時代と呼ぶか。

❿ 前５世紀後半からは、❼王の威光は衰え、小国を併合し、みずから王と称する諸侯が勢力を競い合った。この時代を何と呼ぶか。

⓫ ❿時代に、官僚を地方に派遣し中央との関係を強化し法制度も整え、生活・文化も反映し、個性ある国づくりをおこない有力となった７つの強国の総称は何か。

⓬ ❿の頃に西方より伝わって武器はもとより、森林伐採を効率化させて農地の増加にもつなげるなど、社会を大きく変化させたものは何か。

⓭ ❾❿の頃に文書による命令・情報の伝達をより容易にし、文字を記録するために木を細長く裁断した木片を何と呼ぶか。

⓮ 各国の富国策は、農業や手工業を発展させ、豊かな大商人も現れるなど商取引も盛んにした。これを仲立ちし普及流通したものは何か。

⓯ 出自よりも個人の実力を重要視する風潮から、思想や技能を生かし社会的評価を得ようとして現れた思想家や様々な学派の総称は何か。

⓰ 周代の徳による統治を理想とし、礼の実践を通して親子・兄弟の肉親愛を社会秩序にまで拡大することを説いた**孔子**を祖とする学派は何か。

⓱ 現実主義にたち、刑罰によるルールの徹底を主張した学派は何か。

⓲ 人為的な道徳や儀礼を否定し、天の道に従う**無為自然**をとなえた老子を祖として、**荘子**が継承した学派は何か。

[地図問題]　 **A**〜**G**について、❿の頃に実力を発揮した国家名をそれぞれ答えよ。

❶
　
❷
　
❸
　
❹
　
❺
　
❻
　
❼
　
❽
　
❾
　
❿
　
⓫
　
⓬
　
⓭
　
⓮
　
⓯
　
⓰
　
⓱
　
⓲

[地図問題]

A　　　　　**B**

C　　　　　**D**

E　　　　　**F**

G

5 南北アメリカ文明

アメリカ先住民

アメリカ大陸には、ベーリング海峡がアジアと陸続きだった氷期に、モンゴロイド（黄色人種）系と思われる人々が渡来し定着した。そして、のちにヨーロッパ人から「インディオ」や「インディアン」と呼ばれる先住民となった。現在のアメリカ合衆国とカナダの地域では、先住民は狩猟・採集を中心とする文化を築いたが、人口は希薄で、また高度な文明も発達しなかった。その一方、メキシコと中央アメリカでは❶□□□□□□を、南アメリカのアンデス地帯ではそれに加えて❷□□□□□も主食とする農耕文化が前2千年紀から発展し、やがて都市を中心とする高度な文明が成立した。

中南米の先住民文明

メキシコ南部と中央アメリカの先住民文明の原型となったのが、前1200年頃までに成立した**オルメカ文明**である。その衰退後に、ユカタン半島では前10世紀頃に❸□□文明が成立し、メキシコ南部では**テオティワカン文明**の後に❹□□□□文明（❹王国）が14世紀に成立した。❸文明は4〜9世紀に繁栄期をむかえ、ピラミッド状の建築物（神殿）、二十進法による数の表記法、精密な暦法、❸文字などを生み出した。❹文明も、ピラミッド状の神殿を造営し、絵文字を用いたほか、神権政治をおこなった。さらに道路網と巨大都市を建設し、メキシコ南部のほぼ全域を支配した。

アンデスの高地では、前1000年頃に北部に**チャビン文化**が成立して以降、様々な王国が現れたが、15世紀半ばに、現コロンビア南部からチリにおよぶ広大な❺□□□帝国が**クスコ**を中心に成立した。❺の皇帝は太陽の子として崇拝され、神権政治をおこなった。❺文明は石造建築の技術にすぐれ、道路網を整備した。文字はないが、縄の結び方で情報を伝える**キープ**によって記録を残した。

これらの中南米の先住民文明は、大河ではなく雨水や泉を活用することで丘陵・山岳に都市を築いた。また鉄器や車輪、馬などの大型の家畜は利用されなかった。

---

❶ 中央アメリカからアンデス山脈にかけての山ろくや高原を中心に栽培されていたアメリカ大陸原産の作物とは何か。

❷ ❶と同じアメリカ大陸原産の栽培植物で、比較的高温多湿の低地から高原にかけて栽培された地下に育つ作物とは何か。

❸ ユカタン半島において、前10世紀頃に成立し、4〜9世紀に繁栄期をむかえ、右の写真のようなピラミッド状の神殿や、二十進法による数の表記法、精密な暦法、文字などを生み出した文明は何か。

❹ 14世紀に都の**テノチティトラン**を建設し、16世紀にはメキシコを支配し栄えた文明は何か。

❺ 15世紀半ばに、**クスコ**を中心として、現在のコロンビア南部からチリにおよぶ広大な地域を支配した帝国で、その皇帝は太陽の子として崇拝され、神権政治をおこなった帝国とはどこか。

❶

❷

❸

❹

❺

6 ｜ 中央ユーラシア

教 p.42～44／詳 p.37～40

中央ユーラシアの風土

ユーラシア大陸中央部は、乾燥し寒暖の差が大きい大陸性気候である。東のモンゴル高原から西の黒海北岸にかけ広大な草原が連なり、その南には多くの砂漠が広がりオアシスが点在する。この広大な空間を❶[　　　　　　　　　]と呼ぶ。草原の遊牧民や、オアシスの定住民が古くから活動し、周辺の諸勢力と様々な関係を結んだ。

遊牧民の社会と国家

❶の草原地帯では、羊・牛・馬などの家畜を生活の糧として、草や水を求め移動する遊牧民が生活していた。前9～前8世紀頃、彼らのあいだに青銅製の馬具や武器をもった❷[　　　　　]が登場した。馬上から矢を射るその集団は、機動性にすぐれた軍事力を備え、鉄製武器を得るとさらに向上した。

❷は血縁的な集団であり、強力な指導者が現れると短期間に強大化し、その圧倒的な軍事力によって広大な地域を支配して❸[　　　　　]をたてることもあった。ユーラシアの東西を結ぶ交易や文化交流にも貢献した彼らが利用したルートは「❹[　　　]の道」と呼ばれる。

最初の❸は、前7世紀頃に現れた❺[　　　　　]である。❺は黒海北岸の草原地帯を支配し、影響は古代オリエントにもおよんだ。❶東部でも前3世紀後半から統合の動きが始まり、❻[　　　]がモンゴル高原に❸をたてた。❻は前3世紀末の❼[　　　　　]のもとで強大化し、漢を圧迫した。漢の高祖は敗れ和親策をとったが、のちの武帝は武力で❻を北方に追いやった。その後、❻は内陸交易の利を失い衰えた。

後3世紀以降、遊牧民の活動が活発となり、中国には鮮卑などの「五胡」が進出し、ヨーロッパでは❽[　　　　　]の西進が始まった。こうして❷は、ユーラシア大陸に大変動をもたらすことになった。

オアシス民の社会と経済

中央アジアのオアシスでは農耕が可能で、定住民が生活していた。また手工業生産や交易の拠点として、多数のオアシスを結ぶラクダを利用した隊商の往来する「❾[　　　　　　　]」が、できあがっていった。「❾」や「❹の道」を通じ中国の生糸や絹織物が西方に伝えられたため、これらの道は「絹の道」（「シルク゠ロード」）とも呼ばれる。オアシス都市は、連合し大きな国家をつくることはなく周辺の大国に支配されることが多かった。時には北方の遊牧民による略奪や支配も受けたが、オアシス民の穀物や織物は、遊牧民の畜産物と日常的に交換され、隊商路の安全は双方に経済的な利益をもたらした。両者の関係は、緊張もあるがおたがいに互恵の関係であった。また東西交易の利をめぐって、❸と中国王朝は争いあった。

---

❶ 東のモンゴル高原から西の黒海北岸にかけて広がる地域を何と呼ぶか。

❷ 青銅製の馬具や武具をもち、馬に乗り戦闘能力にすぐれた集団で草原を疾走した遊牧民は何と呼ばれるか。

❸ 有力な指導者が現れると、短期間に強大化し、その軍事力で広大な地域を支配した❷による国家を何と呼ぶか。

❹ ❶の東西を結び、遊牧民が利用した北のルートを何と呼ぶか。

❺ 前7世紀に黒海北岸の草原地帯を支配して❸をたてた民族は何か。

❻ 前3世紀、モンゴル高原に❸をたてた民族は何か。

❼ 前3世紀末に❻の全盛期を築いた王はだれか。

❽ 後3世紀以降、ヨーロッパに現れた❷とその行動を何と呼ぶか。

❾ ラクダによる隊商が往来した❶の東西を結ぶ中央ルートを何と呼ぶか。

❶ _____
❷ _____
❸ _____
❹ _____
❺ _____
❻ _____
❼ _____
❽ _____
❾ _____

15

「皇帝」の出現

前4世紀、「戦国の七雄」の1国であった西方の秦が、新しい制度や技術を取り入れて強大化した。前221年、秦王の政は対抗する東方諸国を征服した。彼は、「王」にかえて「皇帝」の称号を採用し❶□□□と称された。❶は、中央から官吏を派遣して各地を統治させる❷□□制を全国に施行し、度量衡や文字などを統一した。さらに中央集権的な思想統制をおこない、民間の実用的な書物以外は焼きすて（焚書）、学者を生き埋めにする（坑儒）などのきびしい政策をとったとされる。北方では戦国時代以来の長城を修築して匈奴と戦い、南方へも進出した。しかし、あいつぐ軍事行動や土木工事の負担に人々は苦しみ、❶が死去すると東方各地で反乱がおこり、秦は統一後わずか15年で滅んだ。

漢代の政治

秦末の混乱のなか、農民出身の❸□□が、楚の項羽を倒し、前202年に中国を統一して皇帝の位につき（高祖）、長安を都に漢（前漢）王朝をたてた。漢は秦の領域を❷制によって直接支配する一方、功臣や同族を王に任じて領地を与え、その支配を任せた。その後、皇帝はしだいに諸王の力をそぎ、抵抗する❹□□□の乱を鎮圧し統制を強めた。

前2世紀後半の❺□□は多くの対外遠征をおこない、北方では漢を圧迫していた匈奴を撃退した。その際、❻□□を中央アジア（西域）の大月氏に派遣したことで同地の事情が判明し、漢の勢力は西方に拡大していった。東北では朝鮮征服後、楽浪などの郡をおき、南方はベトナム北部までを支配した。また、❺は地方長官の推薦により官吏を選任する人事制度を採用し、諸王国には官吏や監察官を送った。経済面は、❼□□・□の□□や物価調整策などを通して国内の統合を進めた。❺の集権的な政策は、あいつぐ匈奴などへの対外遠征による社会不安や財政難への対応でもあった。

前1世紀後半、漢では儒学の影響力が拡大し、いきすぎた集権化を改める動きが高まった。外戚の王莽はこうした改革運動を主導し、後1世紀初めには❽□をたてて、儒学にもとづく新体制を築いた。しかし、王莽の改革は社会を混乱させ反発をまねいた。匈奴との抗争や農民反乱などによる❽の滅亡後、各実力者たちを率いた漢の一族の❾□□が、皇帝❿□□となって漢を復興した（後漢）。❿は都を洛陽とし、前漢末の体制を継承した。しかしその後、外戚と宦官の対立がつづき、2世紀後半、宦官の横暴を批判した官僚・学者が大弾圧され、中央政府への信頼は失われた。2世紀末、宗教結社太平道が⓫□□□の乱をおこすと、各地に軍事政権が割拠して、220年に後漢は滅んだ。

漢代の社会と文化

春秋・戦国時代に氏族制度が崩れ、秦や漢は官僚を用いて小家族単位となった農民たちを直接的に支配した。しかし、自然災害や労役の負担などで困窮し没落した農民を、奴隷や小作人として働かせる⓬□□が勢力をのばした。後漢時代、儒学を学んだ⓬が、官僚となって国政に進出するようになった。思想面では、前漢の❺の時代に儒教が董仲舒らの活躍で国の学問に採用され、儒学の研究・教育が盛んになり、儒学の経典の字句を解釈する⓭□□が発展した。そのほかにも、統一国家を支える思想や技術が現れ、❺までの歴史を⓮□□□の形式で記した⓯□□□の『⓰□□』が中国の歴史書の基本的な形をつくり、官吏の業務に必要な数学や公的な暦のための天文学の研究も進み、記録用素材として⓱□が改良された。

秦・漢代に、皇帝を頂点とした国家ができ、以後約2千年間、中国統治体制の基本となった。統治における儒教の重要性や、「漢族」「漢字」などの表現は、漢王朝の歴史的影響力を象徴している。また、漢代には、前漢の❻・後漢の⓲□□らによって西方事情が伝えられ、インドからは⓳□□が伝来し、2世紀半ばには、大秦王安敦の使節が海路日南郡に到達し世界への視野が広がった。漢の皇帝は従う各地の首長に王などの称号を与え、皇帝を中心とした国際秩序を構築していった。

❶ 秦に対抗しようとした「戦国の七雄」の他の6国を次々に征服し、前221年に中国を初めて統一した秦王の政は何と呼ばれたか。

❷ 中央から官吏を派遣して各地を統治させた秦の地方統治制度は何か。

❸ 楚の名門出身の項羽を倒し、前202年に中国を統一し皇帝高祖となり、長安を都として漢（前漢）王朝をたてたのはだれか。

❹ 漢が諸王国の勢力を抑圧するため、諸王の領土を削減したことに対して、諸王たちが反発し逆に漢に鎮圧された前154年の反乱は何か。

❺ 前2世紀後半に即位し、中央集権化をすすめ、儒学の官学化や、多くの対外遠征をおこなって、前漢の最盛期を築いた皇帝はだれか。

❻ ❺の命で、中央アジア（西域）の大月氏に派遣されたのはだれか。

❼ あいつぐ匈奴などへの対外遠征による財政難に対応するために、均輸や平準などの物価調整策とともに、❺が実施した経済政策は何か。

❽ 外戚の王莽が前漢を滅ぼして、後1世紀初めに建国した王朝は何か。

❾ ❽が滅亡したのち、各実力者を率いて漢を復興したのはだれか。

❿ ❾は皇帝に即位してから何と呼ばれたか。

⓫ 中央の政治が乱れるなかで太平道という宗教結社がおこした184年の農民反乱は何か。

⓬ 大土地所有者であり、広大な屋敷に住み多くの小作人を使用し、官僚となり国政にも進出するようになった地方の実力者を何と呼ぶか。

⓭ 儒学の研究・教育が盛んになるなかで、経典の字句の解釈をおこなう学問が発展した。漢代に始まるこの学問とは何か。

⓮ 皇帝・王など支配者の年代記である本紀と、臣下の伝記である列伝を組み合わせて歴史を叙述する形式とは何か。

⓯ ⓮で中国の歴史を記し、その基本的な形式をつくったのはだれか。

⓰ ⓯が、太古から❺の時代までの中国の歴史を⓮形式で記した歴史書は何か。

⓱ 漢の時代に改良された記録用の素材とは何か。

⓲ 北匈奴征討に従軍し、その後、西域都護として西域諸国を服属させた後漢の将軍はだれか。

⓳ 漢の時代に西域経由でインドから伝来した宗教は何か。

[地図問題]

Ａ．前漢の都となった**Ａ**の都市名は何か。

Ｂ．後漢の都となった**Ｂ**の都市名は何か。

Ｃ．秦・漢代の領域を北方より圧迫した**Ｃ**の異民族は何か。

❶
❷
❸
❹
❺
❻
❼
❽
❾
❿
⓫
⓬
⓭
⓮
⓯
⓰
⓱
⓲
⓳

[地図問題]

Ａ
Ｂ
Ｃ

動乱の時代

3世紀前半に後漢が滅亡すると、華北の魏・四川の蜀・長江中・下流域の呉が成立し、近隣の異民族を引き入れながら抗争を繰り返した❶ ▢▢▢ 時代となった。最有力の魏は蜀を滅ぼしたが、魏の将軍の司馬炎（武帝）が帝位を奪って❷ ▢ をたて、呉も破り中国を統一した。しかし、まもなく❷が帝位をめぐる一族の抗争で混乱すると、軍事力にすぐれた「五胡」と呼ばれる遊牧諸民族が各地で蜂起し、華北に数多くの王朝をたてた。五胡十六国時代と呼ばれる混乱のなかで、匈奴が❷を滅ぼした。❷の一族は江南に逃れ、建康（現在の南京）を都に❸ ▢▢ をたてた。

5世紀前半に、鮮卑の拓跋氏がたてた❹ ▢▢ が華北を統一した。同世紀後半になると、❹の❺ ▢▢ 帝は農耕民社会の安定につとめるようになり、平城から洛陽に遷都して鮮卑の服装や言語を禁止するなどの漢化政策を打ち出した。しかし、これらの政策に反発する軍人の反乱をきっかけに❹は分裂し、以後短命な4つの王朝が興亡した。❹以後の5王朝を総称して北朝という。

一方、❸滅亡後の江南に宋など4つの王朝が交替し、総称して南朝という。呉・❸を加え六朝ともいう。南朝では、戦乱の華北からの移住により、長江中・下流域の人口が急増し、水田などの開発が進んだ。❶時代から南北朝時代までの3世紀半にわたる動乱期を、魏晋南北朝時代と総称する。

魏晋南北朝時代の社会と文化

後漢末頃から、社会秩序の混乱を背景に、豪族は土地を失った人々を勢力下において荘園を経営し、指導力を高めた。❶時代の魏で始まった❻ ▢▢▢ は、官吏を任用する制度であったが、有力な豪族による高級官職の独占をまねき、同時に全国的な家柄の序列も固定化していった。こうして形成された名門を貴族と呼ぶ。貴族の影響力の拡大に対し、❹の❼ ▢▢ 制のように、国家が農民に土地を分け与えて小家族を基本とする社会を回復しようとする動きもあったが、効果は限定的であった。

漢王朝が滅び、伝統的な権威（儒教）が弱まると、道家思想や仏教の影響を受けながら、世俗を超越して自由な議論をおこなう❽ ▢▢ が流行した。4世紀、西方からの人や文化の流入にともなって仏教が盛んになり、華北を訪れ布教につとめた❾ ▢▢▢ や仏典を翻訳した❿ ▢▢▢ らが活躍した。仏の教えを求めて⓫ ▢▢▢ は中国からインドにおもむいた。また華北には多くの石窟寺院が造営された。❹の時代には民間信仰と神仙思想に道家の説を取り入れた⓬ ▢▢▢ も成立した。

南朝でも、仏教・⓬が儒学と並ぶ貴族の重要な教養となった。また、江南に逃れて来た貴族たちにとって南方の自然や田園の美は、文学や美術の題材となり、⓭ ▢▢▢ の詩はその代表である。文体は対句を多用し技巧をこらしたものが主流となり、南朝では古今の名文を集めた『⓮ ▢▢▢ 』が編まれた。絵画では「女史箴図」の作者とされる顧愷之、書では王羲之らが後世まで尊ばれた。

朝鮮・日本の国家形成

漢代までの東アジアでもっとも人口が密集していたのは華北であったが、戦乱によって人々が周辺地域へ流出し、中国文化圏も拡散した。それは、江南の貴族的文化の開花や、朝鮮半島や日本での新国家の形成に影響を与えた。

中国東北地方の南部におこった⓯ ▢▢▢ は、4世紀初めに朝鮮半島北部へ進出した。同じ頃、朝鮮半島南部では、小国をたばねた⓰ ▢▢ ・百済が成立した。この戦乱の朝鮮半島から、人や文化が日本へ流れていった。3世紀に⓱ ▢▢▢▢ の女王卑弥呼が魏に使節を送った頃、まだ日本は小国が争う状況にあったが、4世紀以降にヤマト政権による統一が進んだ。

朝鮮半島の国々は、中国王朝の権威を借りてみずからの力を高めようとし、盛んに⓲ ▢▢ をおこなった。5世紀のヤマト政権の王も、たびたび南朝に使いを送り、官職・称号を求めた。中国王朝の側も、近隣の勢力に積極的に官位や称号を与えて、自国の影響下に取り込んだ。

❶ 　3世紀前半の後漢滅亡後、華北の魏・四川の蜀・長江中・下流域の呉が、互いに抗争を繰り返した時代を何と呼ぶか。

❷ 　蜀を滅ぼした魏の将軍の**司馬炎（武帝）**が帝位を奪って王朝をたて、その後に呉を破り280年中国を再統一した。この王朝は何か。

❸ 　匈奴に滅ぼされ、**江南**へ逃れた❷の一族が、317年に建康（現在の南京）を都にしてたてた王朝は何か。

❹ 　5世紀前半、華北を統一した**鮮卑の拓跋氏**がたてた王朝は何か。

❺ 　❹の都を**平城**から洛陽に遷都し、鮮卑の服装や言語を禁止するなどの**漢化政策**を打ち出した第6代の皇帝はだれか。

❻ 　有望な人材を登用するために魏で始まった官吏の任用制度には、豪族が高級官職を独占するなどの欠点があったが、この制度とは何か。

❼ 　農民に土地を分け与えて小家族を基本とする社会を回復させるために、❺が実施した土地制度とは何か。

❽ 　魏や❷の時代に流行した風潮で、道家思想や仏教の影響を受け、世俗を超越し自由に議論した。この議論を何と呼ぶか。

❾ 　4世紀、華北を訪れ布教につとめた西域出身の仏教僧はだれか。

❿ 　5世紀に中国の長安へ迎えられ、仏典の漢語への翻訳に活躍した西域出身の仏教僧はだれか。

⓫ 　4世紀末、仏の教えを求めて陸路でインドにおもむき、帰国後仏典の漢訳につとめ、また「仏国記」を著した❸の時代の僧はだれか。

⓬ 　❹の時代に、普及する仏教に刺激を受け、民間信仰と神仙思想に道家の説を取り入れて成立した宗教は何か。

⓭ 　❹の時代に、南方の自然や田園の美を独特の平易で趣深い詩で残し、「帰去来辞」を書いたことで有名な詩人はだれか。

⓮ 　南朝の梁の**昭明太子**が、古今の名文を集め編纂した詩文集は何か。

⓯ 　中国東北地方の南部で建国し、4世紀初めに楽浪郡を滅ぼして朝鮮北部を領有した国はどこか。

⓰ 　4世紀半ばに朝鮮半島南部の小国を統一してできた国で、唐と結んで**百済**や⓯を滅ぼし朝鮮半島の大部分を支配した国はどこか。

⓱ 　「**魏志倭人伝**」に記載されている、3世紀に魏へ使節を送った女王卑弥呼の国はどこか。

⓲ 　中国の近隣諸国が中国皇帝の権威を借りてみずからの力を高めようとして、定期的に使者を送って貢物をすることを何というか。

[資料問題] 　右の「**女史箴図**」で女官たちの姿を描いたとされる南朝❸の画家はだれか。

❶
　　　　　　　　　　　　
❷
　　　　　　　　　　　　
❸
　　　　　　　　　　　　
❹
　　　　　　　　　　　　
❺
　　　　　　　　　　　　
❻
　　　　　　　　　　　　
❼
　　　　　　　　　　　　
❽
　　　　　　　　　　　　
❾
　　　　　　　　　　　　
❿
　　　　　　　　　　　　
⓫
　　　　　　　　　　　　
⓬
　　　　　　　　　　　　
⓭
　　　　　　　　　　　　
⓮
　　　　　　　　　　　　
⓯
　　　　　　　　　　　　
⓰
　　　　　　　　　　　　
⓱
　　　　　　　　　　　　
⓲
　　　　　　　　　　　　
[資料問題]

📘 p.50〜54／📕 p.47〜53

突厥・ウイグル・ソグド人

6世紀半ば、トルコ系遊牧民の❶[　　]が、可汗（カガン）の統率のもと、西方のソグディアナから中国北方域に至る中央ユーラシアを支配し、中国との絹馬貿易で莫大な利益を得て繁栄した。8世紀半ばに❶を倒したトルコ系の❷[　　]は、唐でおきた反乱を鎮めて唐との関係を深め、西方から伝来した**マニ教**を受容し国教とした。❷は840年にトルコ系の遊牧民キルギスに滅ぼされた。遊牧国家の発展に貢献したのは、イラン系の❸[　　]人であった。❸人は、**サマルカンド**を中心にオアシスを結ぶ隊商交易で活躍し、中央ユーラシア一帯に通商のネットワークを築いた。

隋から唐へ

北朝の軍人❹[　　]（[　　]）は、大興城（長安）を都に隋をたて、589年に南朝を倒し中国を統一した。国内は**均田制・租調庸制**を整備し、儒学の試験で官僚を採用する❺[　　]の制度をつくり、中央集権化をはかった。第2代煬帝は、江南を華北と結ぶ❻[　　]を完成させた。煬帝は、周辺諸国への遠征を繰り返したが、**高句麗遠征**失敗を機に各地で民衆反乱がおき、臣下に殺された。

618年、北朝の❼[　　]（高祖）が隋を倒し、**長安**を都に唐をたてた。第2代李世民（❽[　　]）は東突厥を破り、遊牧諸民族は❽を可汗とみなし支配下に入った。第3代高宗は、西突厥を服属させ、百済・高句麗を滅ぼし唐の最大版図を築いた。唐は諸民族の自治を認め❾[　　]に監督させた。

唐代の制度と文化・唐と近隣諸国

唐は、律や令といった法制にもとづく**律令国家**をつくり、中央には❿[　　]・[　　]などの官制を設け、地方は**州県制**とした。**均田制**をしき、農民には税として租・調・庸を課した。長安には諸国の使節や留学生・商人などが集まり、国際都市に発展し、キリスト教の一派（景教）や祆教（ゾロアスター教）・マニ教の寺院もつくられた。海路で訪れたムスリム商人も増え、**揚州・広州**などの港町が発展した。

道教・仏教が権力者の保護を受けて栄えた。⓫[　　]や義浄がインドを訪れて仏典をもち帰り、やがて、浄土宗や禅宗など中国独特の宗派も形成された。❺の導入によって儒学も盛んになり、⓬[　　]らにより『**五経正義**』が編まれた。文学では、**李白・杜甫**らの詩人が名作を生み出した。

唐の制度や文化の広がりは、唐を中心にした**東アジア文化圏**を形成した。インドの影響も受けて**チベット仏教**を生み出した**吐蕃**や、朝鮮半島の**新羅**、中国東北地方から朝鮮半島北部にかけて勢力を広げた**渤海**などとともに、**遣隋使・遣唐使**を通して中国文化を摂取した日本である。

唐の変容と五代

均田制の負担は農民には重く、逃亡した農民は貴族の**荘園**に吸収されていった。7世紀末の⓭[　　]（武則天）が❺官僚を重用したことで、政治の担い手は貴族から官僚へと移っていった。8世紀初めの⓮[　　]の時代には、均田制・租調庸制が崩れ没落する農民が増えた。また**府兵制**は⓯[　　]制にかわり、辺境においた**節度使**に軍団を指揮させた。755年に、節度使の**安禄山**と部下の**史思明**が、⓰[　　]の乱をおこすと、唐には押さえる力がなく❷の援軍で鎮圧した。その後は、有力な節度使が自立するようになった。唐は財政再建のため780年に⓱[　　]法を採用し、所有している土地に応じて夏・秋2回の税を課した。しかし、一時は立て直した唐であったが、875年に重要財源である専売制の塩の密売人への処罰に反発した⓲[　　]の乱がおこり、反乱が全国に広がるなかで、10世紀初め、節度使の⓳[　　]に滅ぼされた。

こののち華北は⓴[　　]の混乱した時代となり、貴族は衰え、かわって小作人（佃戸）に土地を耕させて小作料をとる新興の**地主層**の力が強まった。あわせて文化面では、個性的な技法を追求した**呉道玄**の山水画や**顔真卿**の書法があり、**韓愈**や**柳宗元**は漢代以前の古文の復興を主張した。

❶　6世紀半ばに中国の北朝を威圧して**絹馬貿易**をおこない、莫大な利益を得たトルコ系遊牧民族は何か。

❷　8世紀半ばに❶を倒し、また唐内部での反乱鎮圧で唐を救援したことにより、唐との関係を深めたトルコ系遊牧民族とは何か。

❸　**サマルカンド**などの都市を中心に早くから隊商交易に乗り出し、中央ユーラシアにおける通商ネットワークを構築したイラン系民族は何か。

❹　589年に南朝を倒して中国を統一し隋をたてた北朝の軍人はだれか。

❺　隋代に始まった儒学の試験で官僚を採用する制度とは何か。

❻　**煬帝**が、江南を華北と結ぶために完成させた大土木事業とは何か。

❼　618年に、隋を倒して、**長安**を都に唐をたてた北朝の軍人は誰か。

❽　中国を再統一し中央集権化を進め、東突厥を破って遊牧諸民族を支配した**李世民**は、第2代皇帝として何と呼ばれたか。

❾　唐が自治を認めた諸民族を監督するために設置した機関は何か。

❿　**中書省・門下省・尚書省**からなる唐の中央政府は、尚書省の下にある**吏・戸・礼・兵・刑・工部**の各行政機関とあわせて何と呼ばれたか。

⓫　7世紀に陸路でインドを訪れ、帰国後仏典の漢訳につとめるとともに、旅行記『大唐西域記』を残した仏僧はだれか。

⓬　❺の導入によって儒学も盛んになり、その経典の注釈書として『五経正義』を編纂した儒学者はだれか。

⓭　中国史上唯一の女性の皇帝であり、❺官僚を積極的に採用し、門閥貴族を退けるなど、多くの改革を断行したのはだれか。

⓮　⓭以降の唐の混乱を立て直したが、晩年は**楊貴妃**への寵愛から国内が乱れた皇帝はだれか。

⓯　⓮が導入した、農民からの徴兵にかえて傭兵を用いた兵制は何か。

⓰　755年に節度使の**安禄山**と部下の**史思明**がおこした反乱は何か。

⓱　夏・秋の2回、所有する土地に応じて税を課すとした、780年に実施された税制度は何か。

⓲　9世紀後半に塩の密売人がおこした農民反乱は何か。

⓳　10世紀の初めに唐を滅ぼした節度使はだれか。

⓴　唐滅亡後、華北で交替した5つの王朝と、そのほかの地域で興亡した10あまりの国をあわせた混乱の時代を何と呼ぶか。

[地図問題]　右図の**A**〜**D**の、唐と関係が深い異民族国家名を答えよ。

❶
❷
❸
❹
❺
❻
❼
❽
❾
❿
⓫
⓬
⓭
⓮
⓯
⓰
⓱
⓲
⓳
⓴

[地図問題]

A

B

C

D

10 仏教の成立と南アジアの統一国家　Ⅰ

⸺ p.55～57／⸺ p.54～56

<table>
<tr><td>都市国家の成長と
新しい宗教の展開</td></tr>
</table>

南アジアでは、前6世紀頃、各地に都市国家が生まれて商工業も活発になった。武士階層のクシャトリヤや、商業に従事するヴァイシャが勢力をのばすなど社会が大きく変化し、新たな思想や宗教が生まれた。

　その1つが、バラモン教の祭式至上主義から転換して、内面の思索を重視した❶□□□□□□哲学である。この❶哲学は輪廻転生（てんしょう）という迷いの道から、人はいかに脱却するかという解脱について説いた。一方で、❷□□□□□=□□□（釈迦、尊称はブッダ）が開いた❸□教は、輪廻転生からの解脱の道を、正しいおこないを実践して煩悩を捨て去ることとした。❹□□□□□□□□□が開いた❺□□□□□□□□教は、苦行と不殺生を解脱の道として強調した。両宗教は、バラモン教の権威やヴァルナ制を否定した新しい宗教であった。このため、バラモン教は民間信仰を取り入れて信仰の幅を拡大し、ヴェーダの神々にかわって**シヴァ神**や**ヴィシュヌ神**が主神となる❻□□□□□教が芽ばえはじめた。

<table>
<tr><td>統一国家の成立</td></tr>
</table>

前4世紀、マケドニアのアレクサンドロス大王がアケメネス朝を滅ぼし、さらに西北インドのインダス川流域まで進出した。この混乱から前4世紀末に登場した南アジア最初の統一王朝が❼□□□□□朝であった。

　前3世紀に第3代の❽□□□□□□王は南端部を除くインドの大部分を統一した。王は、征服活動で多くの犠牲者を出したことを悔いて、❸教への帰依を深め、ダルマ（法、守るべき社会倫理）を理念とした統治と平穏な社会をめざして各地に勅令を刻ませた。また、❾□□□の□□（編纂）やセイロン島（スリランカ）など各地への布教をおこなった。しかし官僚組織と軍隊の維持が財政難をまねいたことや、王家に対するバラモン階層の反発もあり、❼朝は王の死後に衰退した。

<table>
<tr><td>クシャーナ朝と
大乗仏教</td></tr>
</table>

❼朝が衰退すると、西北インドにはギリシア人やイラン人が進出してきた。紀元後1世紀には、バクトリア地方からクシャーン人が進出して❿□□□□□朝をたてた。❿朝は2世紀半ばの⓫□□□□□王の時代が最盛期であり、中央アジアからガンジス川中流域に至る地域を支配した。

　❿朝は交通路の要衝にあり、国際的な交易が活発におこなわれた。⓬□□□□との交易が盛んで大量の金がインドにもたらされた。また、⓬の貨幣を参考にして金貨が大量に発行された。

　紀元前後には、❸教のなかから新しい運動が生まれた。自身の悟りよりも人々の救済がより重要と考え、出家しないまま修行をおこなう意義を説いた⓭□□□信仰が広まった。この運動は、あらゆる人々の大きな乗りものという意味で⓮□□□□（□□□）と自称するとともに、自身のみの悟りを目的に出家者がきびしい修行をおこなう旧来の❸教を、利己的であると批判して小乗（小乗❸教）と呼んだ。また、ヘレニズム文化の影響を受け、⓯□□□が生み出された。❿朝の保護を受けた⓮は、⓰□□□□□を中心とする❸教美術とともに各地に伝えられ、中央アジアから中国・日本にまで影響を与えた。

　しかし、❿朝は3世紀になると、西方のササン朝の進出と地方勢力の台頭を受けて滅亡した。

西域諸国
パルティア　バクトリア　チベット高原
B ● カシミール
C
マトゥラー
A
アラビア海　　　ガンジス川　アジャンター
ベンガル湾
チョーラ朝
パーンディヤ朝
セイロン島

0　500km

▨ ❼朝の最大領域
□ ❿朝の領域
（2世紀半ば）

[地図問題]

❶　宇宙の本体である梵(ブラフマン)と人間存在の本質である我(アートマン)が、本質的に１つのものであること(梵我一如)を悟ることによって解脱に達すると示した哲学は何か。

❷　バラモン教の権威やヴァルナ制を否定し、解脱の道は、正しいおこないを実践して煩悩を捨て去ることだと説いたのはだれか。

❸　前５世紀頃、❷が始めた宗教は何か。

❹　バラモン教の権威やヴァルナ制を否定し、苦行と不殺生を解脱の道として強調し説いた人物はだれか。

❺　❹が始めた宗教は何か。

❻　民間信仰を取り入れ、❸教の影響も加わり、信仰の幅を拡大したバラモン教が、ヴェーダの神々にかわって**シヴァ神**や**ヴィシュヌ神**を主神として成立させたインドの民俗宗教は何か。

❼　マケドニアのアレクサンドロス大王が、西北インドに進出した混乱をきっかけに、前４世紀末に成立した南アジア最初の統一王朝は何か。

❽　前３世紀に南端部を除くインドの大部分を統一したが、多くの犠牲者が出たことを悔いて、❸教への帰依を深めた❼朝第３代の王はだれか。

❾　❷の弟子たちによっておこなわれた教説の収集・編纂事業を何と呼ぶか。

❿　紀元後１世紀に、バクトリア地方からイラン系のクシャーン人が進出し、西トルキスタンから西北インドにかけてたてた王朝は何か。

⓫　２世紀半ばに、中央アジアからガンジス川中流域に至る地域を支配して、❿朝の最盛期を築いた王はだれか。

⓬　大量の金がもたらされていた❿朝において、盛んにおこなわれていた経済活動は何か。

⓭　紀元前後に、❸教のなかで自身の悟りよりも人々の救済がより重要と考え、出家しないまま修行をおこなう意義を説いた信仰は何か。

⓮　自身のみの悟りを目的に出家者がきびしい修行をおこなう旧来の❸教を、利己的であると批判し、⓭信仰のもとすべての人々の救済をめざし「大きな乗り物」と自称した❸教を何と呼ぶか。

⓯　インドの❸教徒は❷を形で表現することをしなかったが、ギリシア系の人々が製作しはじめたことで礼拝の対象として欠かせなくなったものは何か。

⓰　❿朝の都を中心とした地域で１世紀後半から発達し、右写真のようにヘレニズムの影響を大きく受けた❸教美術が発達した地方はどこか。

〔地図問題〕　左ページの地図に示された❼朝の都Ａ・❿朝の都Ｂを答え、１世紀後半から右写真の❸美術が発達したＣの地方名を答えよ。

❶

❷

❸

❹

❺

❻

❼

❽

❾

❿

⓫

⓬

⓭

⓮

⓯

⓰

〔地図問題〕

Ａ

Ｂ

Ｃ

インド洋交易と南インドの諸王朝

南インド（インド亜大陸南部）は❶[　　　　　]系の人々が居住した地域であり、紀元前後からタミル語を使用した文芸活動が盛んにおこなわれ、北インドとは異なる独自の世界が形成された。

南インドは古くから❷[　　　　]（モンスーン）を利用したインド洋交易が盛んで、ローマ帝国と交易関係をもち、ローマの貨幣も各地で大量に発見されている。この交易は1世紀頃から活発化し、同じ頃に東南アジア・中国と結ぶ航路も開かれた。こうして、地中海から紅海やペルシア湾を通って南インドに達し、東南アジアや中国へと至る「❸[　　　　]」がひらけ、交易の発達を背景に南インドでは様々な国家が繁栄した。南インドからは綿布などが輸出され、東南アジアや中国とは、香辛料や絹・茶・陶磁器などが活発に取引された。

マウリヤ朝が衰退した前1世紀以降、デカン高原からインド洋沿岸にかけての広い領域で勢力をもったのが❹[　　　　　　　　]朝であった。この王朝のもとでは、仏教やジャイナ教が盛んであったとともに、北インドから多くのバラモンがまねかれた。その結果、北インドと南インドとの文化交流が進んだ。

グプタ朝とインド古代文化の黄金期

4世紀に入ると❺[　　　　]朝がおこり、第3代のチャンドラグプタ2世の時に最盛期を迎え、南アジア北部全域を統治する大王国となった。

❺朝では仏教やジャイナ教が盛んとなり、中国（東晋）から法顕が訪れた。一方、影響力を失いかけていたバラモンが再び重んじられ、バラモンの言葉である❻[　　　　　　]語が公用語化された。また、民間の信仰や慣習を吸収し仏教の影響も受け、シヴァ神やヴィシュヌ神を主神として徐々に形成されていた❼[　　　　　]教が社会に定着するようになった。

この時代には、日常生活の規範や宗教的義務などを定めた『❽[　　　　　　]』や、インド文学を代表する長編叙事詩である『❾[　　　　　　　]』と『❿[　　　　　　　]』もほぼ現在の形にまとめられた。❺朝の宮廷では❻文学が栄え、宮廷詩人カーリダーサは戯曲『シャクンタラー』を著した。天文学や文法学も発達し、十進法による数字の表記法や⓫[　　]の概念も生み出されて、のちにイスラーム文明を介してヨーロッパにも伝わった。美術では、ガンダーラ美術の影響から抜け出て、純インド的な表情をもつ⓬[　　　]様式が成立し、インド古典文化の黄金期が出現した。

❺朝は、中央アジアの遊牧民エフタルの進出による混乱や地方勢力が台頭したことで衰退し、6世紀半ばに滅亡した。7世紀になると⓭[　　　　]王が⓮[　　　　　　]朝をおこして南アジア北部の大半を支配し、唐から来た玄奘を保護した。しかし、王の死後国内は分裂し、インドにおける仏教もしだいに衰退した。

地方王権の展開とヒンドゥー教の浸透

8世紀からイスラーム勢力が進出してくる10世紀頃までの南アジアは、統一的な中央政権が存在せず、多数の地方王権からなる時代となり、北インドでは⓯[　　　　　]と総称される❼諸勢力の抗争が続いた。諸勢力は巨大な❼教寺院を建立して支配の正当性を示そうとし、また井戸や貯水池の建設などもおこなった。

一方、南インドの代表的な王朝のチョーラ朝は、灌漑施設の建設によって安定した農業生産を実現し、さらに「❸」の交易活動も活発におこなった。また、国内では❼教が広がった。最盛期の10～11世紀には、セイロン島や東南アジアへ軍事遠征をおこなったり、中国の北宋に商人使節を派遣するなどした。

❶ インダス文明の担い手ではないかとされるインドの先住民で、現在は南インドを中心に生活する人々の民族系統は何か。

❷ インド洋交易が盛んであったインド洋西側のアラビア海において、夏は南西から、冬は北東から吹く風のことを何と呼ぶか。

❸ 地中海から紅海やペルシア湾を通って南インドに達し、東南アジアや中国へと至る交易ルートは何と呼ばれたか。

❹ マウリヤ朝が衰退した前1世紀以降、クシャーナ朝より南のデカン高原からインド洋沿岸にかけての広い領域で勢力をもった王朝は何か。

❺ 4世紀に成立し、第3代のチャンドラグプタ2世の時に最盛期を迎え、南アジア北部全域を統治した大王国（王朝）は何か。

❻ インド＝ヨーロッパ語族に属する古代インドの言語で、梵語（ぼんご）とも呼ばれたバラモンの言葉とは何か。

❼ バラモン教に民間の信仰や慣習が吸収され、仏教の影響も受けて形成され、❺朝時代に定着していったインドの宗教は何か。

❽ 日常生活の規範や宗教的義務などを定めた法典は何か。

❾ ❻語で書かれた、北インドのバラタ族間の戦闘をテーマにした大叙事詩は何か。

❿ 古代インドのコーサラ国のラーマ王子の苦悩と冒険についてうたった英雄叙事詩は何か。

⓫ 古代インドの十進法による数字の表記法として使用され、のちにアラビアに伝わり数学を発展させた概念は何か。

⓬ インド古典文化の黄金期が出現した❺朝時代に成立し、ガンダーラの影響から脱して純インド的な表情をもった美術様式は何か。

⓭ ❺朝が、中央アジアの遊牧民エフタルの進出や地方勢力の台頭で滅亡した後、7世紀に南アジア北部の大半を支配し、唐から来た玄奘を保護したことでも知られる王はだれか。

⓮ ⓭王が創始し、王の死後分裂状態となった王朝は何か。

⓯ ⓮朝滅亡後から、イスラーム勢力が北インドに統一王朝をつくる13世紀頃まで、北インドで興亡（こうぼう）した❼諸勢力を何と呼んだか。

[地図問題] ⓬様式で描かれた下の壁画は、石窟寺院などで信仰を守った仏教僧らが残したものである。この壁画がある地図中Ａの地名は何か。

❶	
❷	
❸	
❹	
❺	
❻	
❼	
❽	
❾	
❿	
⓫	
⓬	
⓭	
⓮	
⓯	

[地図問題]

東南アジア世界の形成と展開

働 p.60～61／働 p.60～62

東南アジアの風土と人々

東南アジアは、インドシナ半島を中心とした大陸部と、マレー半島から現在のインドネシアやフィリピンを含む島々からなる諸島部から構成される。大陸部では、北部の山地に発する長大な河川が平原に流れ出てデルタを形成し、様々な言語を話す人々が入り組んで居住している。他方、諸島部では、高地から流れ出る河川が平地を横ぎり、それらの河川と海を交通路にして、おもにマレー系の諸言語を話す多くの民族が移動を繰り返した。

東南アジアの大部分は、年間を通して雨量が多い熱帯雨林気候と、雨季と乾季に二分されるサバナ気候に属し、❶□□□□をはじめ資源が豊かで、はやくから海を通じて外の世界とつながっていた。季節風を利用した交易が盛んにおこなわれて❷□□□□□が各地に成立し、古くはインドや中国、のちにはイスラーム教の影響を受けつつ独自の文明が形成された。

南アジア・中国文明の受容と東南アジアの国家形成

東南アジアでは、前4世紀になると、中国の影響下に、ベトナム北部に銅鼓などの独特の青銅器や鉄製農具を生み出した文化が発展した。紀元前後から南アジアや中国との交易が盛んとなり、1世紀末には❸□□□がメコン川下流域に、2世紀末には❹□□□□□がベトナムの中部に栄えた。

4世紀末から5世紀になると、南アジアから船舶が盛んに来航し、広い地域で「インド化」と呼ばれる諸変化が生じ、各地の政権のなかに南アジアの影響が強くみられるようになった。

大陸部では、6世紀にメコン川中流域にクメール人によってヒンドゥー教の影響の強い❺□□□□□□□□□がおこり、❸を滅ぼした。❺は9世紀以降、都をアンコールにおき（アンコール朝）、12世紀にはヒンドゥー教や仏教の強い影響を受けながらも独自の様式と規模をもつ❻□□□□□＝□□□□□を造営した。エーヤワディー（イラワディ）川下流域では、11世紀に❼□□□朝がおこり、スリランカとの交流により❽□□□仏教が伝わると、同地やタイなど大陸部の各地に❽仏教が広まった。ベトナム中南部で長期にわたって勢力を保持した❹は、インド洋から南シナ海を結ぶ海上交易にたずさわり、南アジアの影響を強く受けた寺院群を築いた。一方でベトナム北部地域は、前漢時代以来、中国に服属していたが、独立への動きも強く、10世紀末には北宋に独立を認めさせ、11世紀初めに、❾□朝をたてた❾氏は、のちに国名を❿□□（ダイベト）と称した。しかし、❾朝の統治は広域支配にはならず、ベトナム中南部の❹とも対立を続けた。

諸島部では、7世紀になると、それまで海上交通の難所であった⓫□□□□海峡を抜けるルートが発達して「インド化」が進んだ。7世紀半ばにスマトラ島におこった⓬□□□□□□は、海上交易に積極的にたずさわり、唐にも朝貢使節を派遣した。義浄は南アジアへの往復の途中に滞在し、大乗仏教が盛んな様子を記している。ジャワ島では、8世紀に大乗仏教国の⓭□□□□朝が生まれ、仏教寺院⓮□□□□□□□が建造されたが、その後、ヒンドゥー教の勢力が強くなっていった。

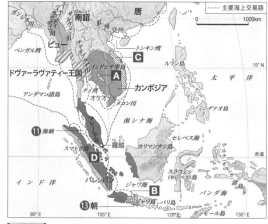

[地図問題]

❶ 海上交易のもっとも重要な貿易品で、南アジア・東南アジア特産のコショウ・シナモン・ナツメグなどの総称は何か。

❷ 東南アジアや南アジアに多くみられ、海岸や河川の交易ルート沿いに、中継港や物産の積み出し港として発展した国家を何と呼ぶか。

❸ 1世紀末、メコン川下流域に成立し、南アジアや中国との交易で栄えた国は何か。

❹ 2世紀末、ベトナム中部において、中国後漢王朝より独立し、南アジア・東南アジア・中国南部を結ぶ中継貿易で栄えた国は何か。

❺ 6世紀のメコン川中流域に、ヒンドゥー教の影響を強く受けたクメール人によってたてられた国家は何か。

❻ ❺の全盛期の12世紀に王墓として造営されたクメール建築の寺院で、はじめはヒンドゥー教の寺院として、のちに仏教寺院として使用された寺院遺跡は何か。

❼ 11世紀にミャンマー(ビルマ)のエーヤワディー(イラワディ)川下流域に成立した王朝は何か。

❽ 東南アジアやスリランカで広く信仰され、自身のみの悟りを目的に出家者がきびしい修行をおこなう仏教は何と呼ばれたか。

❾ 10世紀末、中国の北宋に独立を認めさせ、11世紀初めにベトナム北部で成立した王朝は何か。

❿ 昇竜(現在のハノイ)を都にした❾朝の国家名は何か。

⓫ 東南アジアにおいて、海上交通の難所といわれたマレー半島とスマトラ島の間の海峡は何か。

⓬ 7世紀半ばにスマトラ島に成立し、積極的に海上交易にたずさわり、唐にも朝貢使節を派遣して繁栄した王国は何か。

⓭ 8世紀にジャワ島に成立し、大乗仏教が盛んであった王朝は何か。

⓮ ⓭朝が建造した大乗仏教の石造遺跡は何か。

[地図・資料問題]　左の7〜9世紀頃の東南アジアの地図の A 〜 D について、以下の問に答えよ。

・ A の場所にある代表的遺跡名を答え、その遺跡の写真を右の写真から記号で答えよ。

・ B の場所にある代表的遺跡名を答え、その遺跡の写真を右の写真から記号で答えよ。

・ C の場所で2世紀末以降に栄えた国家の名前は何か。

・ D の場所に7世紀以降栄えた王国の名前は何か。

(ア)

(イ)

❶

❷

❸

❹

❺

❻

❼

❽

❾

❿

⓫

⓬

⓭

⓮

[地図・資料問題]

A

記号

B

記号

C

D

13 イラン諸国家の興亡とイラン文明

························ ⑱ p.62〜64／⑲ p.63〜65

アケメネス朝の興亡

アッシリア王国崩壊後のオリエント世界では、前6世紀半ば、メディアの支配からイラン(ペルシア)人の❶[　　　　　　　　]朝が自立して勢力を拡大した。第3代の王❷[　　　　　　　　]世は、エーゲ海北岸からインダス川に至る大帝国を建設し、オリエント世界を再び統一した。彼は各州に知事である❸[　　　　　　　]をおいて全国を統治し、❹「[　　　　]」「[　　　　]」と呼ばれる監察官を巡回させて中央集権化をはかった。海上ではフェニキア人の交易を保護し、陸上では国道(王の道)をつくり、駅伝制を整備した。❶朝は服属した異民族に寛容な政策をとったが、前5世紀前半にエーゲ海方面で反抗したギリシアへの遠征である❺[　　　　　]戦争に失敗して以後は、地方の離反が進み、ついに前330年、マケドニアのアレクサンドロス大王によって征服された。

パルティアとササン朝

アレクサンドロス大王は、西アジアからインド北西部にまで、一時的に東西にまたがる大帝国をつくりあげた。大王が征服した西アジアの領土は、彼の死後、ギリシア系の❻[　　　　　　]朝に受け継がれた。しかし前3世紀半ばに、アム川上流のギリシア人が独立して❼[　　　　　　]をたてると、遊牧イラン人もカスピ海東南部に❽[　　　　　]を建国して❻朝から独立した。❼は前2世紀半ばにメソポタミアへ進出し、「絹の道」(「シルク=ロード」)による東西交易の利益を独占して大いに栄えた。

3世紀になると、農耕イラン人の❾[　　　　]朝が❽を倒して成立し、イランの伝統を受け継ぐ統治をおこなった。第2代の王❿[　　　　　　　　]世は、シリアに進出してローマ軍を破り、東方ではインダス川西岸に至る広大な地域を統合した。5世紀後半、❾朝は中央アジアの遊牧民の侵入を受けたが、トルコ系遊牧民の突厥と結んで、侵入した遊牧民の⓫[　　　　　]を滅ぼし、またビザンツ帝国との戦いも優勢に進め、和平を結んだ。この強力な王が⓬[　　　　　]世であったが、⓬世の没後に❾朝は衰え、7世紀半ばにイスラーム教徒のアラブ人に征服されて滅んだ。

イラン文明の特徴

❶朝時代にイラン人はオリエントの諸文化を統合し、また、楔形文字を表音化したペルシア文字をつくった。イラン人の信仰した⓭[　　　　　]教は、のちに成立したユダヤ教やキリスト教にも影響を与えた。この宗教は、善(光明)神アフラ=マズダと悪(暗黒)神アーリマンの闘争を説き、最後には善神が勝利し人類に幸福がもたらされるとした。右写真のように、信者は火を神聖視するため「拝火教」とも呼ばれ、のちに中国に伝わって祆教と呼ばれた。

❽はアレクサンドロス大王のもたらしたヘレニズム文化の影響を強く受けていたが、紀元1世紀頃、イランの伝統文化が復活しはじめた。ギリシアとイランの神々が、ともに信仰されるようになり、公用語もペルシア語になった。

❾朝の時代には、⓭教が国教に定められ、ペルシア語が用いられた。教典『⓮[　　　　　]』も編集され、3世紀には⓭教に仏教・キリスト教を融合させた⓯[　　　　　]教が生まれた。また、❾朝では建築・美術・工芸が大いに発達し、精巧な銀器・ガラス器・毛織物の技術や様式は、イスラーム諸王朝によって受け継がれるとともに、東方では中国を経て、飛鳥・奈良時代の日本にまで伝えられた。

❶　前6世紀半ば、オリエントのメディアの支配から自立し、勢力を拡大したイラン(ペルシア)人王朝は何か。

❷　エーゲ海北岸からインダス川に至る大帝国を建設し、オリエント世界を再び統一した❶朝の第3代の王はだれか。

❸　中央集権体制を確立した❷王は、全国を州に分け、各州に長官を派遣して、徴税と治安維持にあたらせた。この長官は何と呼ばれたか。

❹　各州を巡察し、❸の行政に不正がないかなどの状況を王に報告した、王直属の監察官は何と呼ばれたか。

❺　前5世紀前半に、❶朝とギリシアの諸ポリスとのあいだでおきた戦争で、前後3回おこなわれ、❶朝が敗北した戦争は何か。

❻　アレクサンドロス大王の死後、大王が征服した西アジアの領土を受け継いだギリシア系の王朝は何か。

❼　前3世紀半ばに、❻朝の支配下から独立したアム川上流のギリシア人の国家は何か。

❽　前3世紀半ばに、❻朝の支配下から独立し、前2世紀には「絹の道」による東西交易の利益を独占して栄えた遊牧イラン人の国はどこか。

❾　3世紀に、❽を倒して農耕イラン人が建国した王朝は何か。

❿　シリアに進出してローマ軍を破り、東方ではインダス川西岸に至る広大な地域を統合した❾朝第2代の王はだれか。

⓫　東西交易路をめぐって❾朝と争い、5世紀後半に❾朝の領土に侵入したが、❾朝と突厥の攻撃を受けて滅んだ中央アジアの遊牧民は何か。

⓬　⓫を滅ぼし、ビザンツ帝国との戦いも優勢に進め和平を結び、❾朝の最盛期を現出した国王はだれか。

⓭　善神(アフラ＝マズダ)と悪神(アーリマン)の善悪二元論と最後の審判を教義とし、のちにイランの国教となった宗教は何か。

⓮　❾朝の時代に編集された⓭教の教典は何か。

⓯　3世紀に生まれた⓭教に仏教・キリスト教を融合させた宗教は何か。

[地図問題]　Ａの国道は別名何と呼ばれたか。
また、出発点の王都ⓐと西端の小アジアの都市ⓑを答えよ。
Ｂ、Ｃの地域において前3世紀半ばに独立した国家名を答えよ。

❶

❷

❸

❹

❺

❻

❼

❽

❾

❿

⓫

⓬

⓭

⓮

⓯

[地図問題]

Ａ

ⓐ

ⓑ

Ｂ

Ｃ

14 ギリシア世界 I

ポリスの成立と発展

ミケーネ文明崩壊後、ギリシアは混乱した時代に入った。この時代、ギリシア人は農耕を基本とする小さな集落にわかれていたが、しだいに鉄器が普及し農業生産力が高まると、土地や家畜を多く所有する貴族が力をもつようになった。前8世紀に入ると、各地で有力な貴族のもとで、城山を意味する❶[_____]を中心に人々が集住して、❷[_____]と呼ばれる都市国家を建設し、社会は安定した。さらに、彼らは大規模な植民活動にも乗り出し、各地に植民市が建設され、ギリシア世界の経済活動は活発になっていった。

❷は、城壁で囲まれた市域と周囲の田園から成り立っていた。市域の中心の❶は、砦であると同時に神殿が建てられる神聖な場であった。広場である❸[_____]では市場や集会が開かれた。各❷は独立した国家で、統一国家がつくられることはなかった。しかし、ギリシア人は共通の言語と神話、デルフォイの神託、4年に一度開かれるオリンピアの祭典などを通じて、同一民族の意識をもち続けた。また、彼らは自分たちを❹[_____]、異民族を❺[_____]と呼んだ。

市民と奴隷

❷の住民は自由人の市民とこれに隷属する奴隷からなっていた。市民たちの多くは農業を営んだ。市民にとっては❷こそが人間生活の基盤であった。また、市民には貴族と平民との区別があり、貴族は富裕者であり戦士でもあった。前7世紀までには、貴族政が各❷で成立したが、政治を独占する貴族に平民は従属しなかった。市民同士の関係は平等が原則であった。他方、奴隷は人格が認められず低い身分とされた。奴隷制度がもっとも発達した❻[_____]では、個人で奴隷を所有し、家内奴隷・農業奴隷として用いたほか、手工業や銀山の採掘などにも従事させた。❻と並ぶ強国❼[_____]では、市民よりもはるかに多いヘイロータイ（隷属農民）や商工業に従事するペリオイコイ（周辺民）が存在した。彼らの反乱を防ぐため、❼の市民は幼少時からきびしい軍国主義的規律に従って生活し、強力な陸軍をつくりあげた。

民主政への歩み

交易活動や農業生産の拡大は、平民を富裕にした。やがて富裕化した平民は、みずから購入した武具をもち、❽[_____]部隊を組織し戦い始めた。❽部隊が国防の主力となると、活躍した平民が参政権を求めて貴族と対立し、民主政への歩みが始まった。❻では、前7世紀、ドラコンが慣習法を成文化し、前6世紀初めに❾[_____]が貴族と平民の調停者として改革をおこない、財産額に応じた市民の参政権を定め、また負債を帳消しにし、以後、市民の債務奴隷化を禁止した。しかし双方の不満はおさまらず、前6世紀半ば、❿[_____]は平民の支持で非合法に政権を奪って独裁者となり、⓫[___]政治を実現した。前508年にアテネの指導者となった⓬[_____]は、血縁による部族制を改革して貴族の基盤を崩し、⓫の出現を防止するために⓭[_____]の制度をつくった。ここに民主政の基礎が築かれた。

ペルシア戦争とアテネ民主政

全オリエントを統一したアケメネス朝の支配に対し、ミレトスを中心としたギリシア人諸都市が反乱をおこし始まったのが、⓮[_____]戦争であった。❼と❻を主力とするギリシア軍はマラトンの戦いやサラミスの海戦でアケメネス朝軍を破り勝利し、❷の独立が守られた。戦後、多くの❷は再侵攻にそなえて⓯[____]同盟を結び、❻はその盟主となった。❻では軍艦の漕ぎ手として戦争に参加する無産市民の発言力が高まった。前5世紀半ば頃、将軍⓰[_____]のもとで、❻の民主政が完成された。平等に参政権をもつ成年男性市民の全体集会である⓱[___]が多数決で政策を決定し、将軍など一部を除き、役人や裁判の陪審員は市民から抽選で選ばれた。この民主政は、⓯同盟諸国を中心に広まった。しかし、奴隷・在留外人・女性には参政権がなく、また市民全員が参加する⓲[_____]政であった。

❶ 古代ギリシアの都市国家において、砦であると同時に神殿が建てられる神聖な場であった市域の中心の城山という意味の丘とは何か。

❷ 古代ギリシアにおいて、城壁で囲まれた中心市と、周囲の田園地帯からなる都市国家は何と呼ばれたか。

❸ ❶のふもとにあり、市場や集会が開かれた公共広場とは何か。

❹ 英雄ヘレンの子孫であると信じた古代ギリシア人は、みずからのことを何と呼んだか。

❺ 古代ギリシア人が、「わけのわからない言葉を話す者」と軽蔑した異民族のことを何と呼んだか。

❻ 集住によって形成され、奴隷制度がもっとも発達し、ギリシアで一番の海軍力をもった都市国家はどこか。

❼ 征服した先住民を**ヘイロータイ**や**ペリオイコイ**として支配し、きびしい軍国主義的体制により強力な陸軍を維持した都市国家とはどこか。

❽ 経済活動が拡大し、富裕になった平民たちが、みずから武具を購入して組織し、やがて国防の主力となっていった軍隊は何と呼ばれたか。

❾ 前6世紀初めに、貴族と平民の調停者として、財産額に応じた参政権、負債の帳消し、債務奴隷の禁止などの改革をおこなったのはだれか。

❿ 貴族と平民双方の不満を背景に、前6世紀半ば、不満をもった平民の支持により非合法に政権を奪ったのはだれか。

⓫ 非合法的手段で政権についた独裁者による政治を何と呼ぶか。

⓬ 前508年、血縁による部族制を改革して貴族の基盤を崩し、⓫政も防止して民主政の基礎を築いたとされるのはだれか。

⓭ ⓫の出現を防止するために⓬がおこなった改革は何か。

⓮ 前5世紀前半におこなわれた、アケメネス朝と❻・❼を中心とするギリシア諸都市との前後3回の戦争は何か。

⓯ ⓮戦争後、❻が盟主となって結成された軍事同盟は何か。

⓰ 前5世紀半ば頃の❻で、成年男性市民の集会が国家の政策を決定し、一部を除く官職は抽選で選出するなどの改革を指導したのはだれか。

⓱ 平等に参政権をもつ成年男性市民の全体集会とは何か。

⓲ 古代ギリシアの民主政は代議制ではなく、市民全員が参加する政治であった。この政治の形態を何というか。

[地図問題] 地図中の**A**〜**C**の都市名を答えよ。

A 集住型で成立し、海軍が強い。

B 征服型で成立し、陸軍が強い。

C アケメネス朝に反抗し戦争の原因となった。

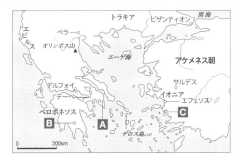

---

❶

❷

❸

❹

❺

❻

❼

❽

❾

❿

⓫

⓬

⓭

⓮

⓯

⓰

⓱

⓲

[地図問題]

A

B

C

⎯⎯⎯ p.67〜70／p.70〜74

ポリス社会の変容

デロス同盟によって急速に勢力を広げたアテネに、スパルタは脅威を感じ、やがて対立した両者は前431年❶ [　　　　　　　　] 戦争に突入した。ギリシアは、民主政を中心とするアテネ側と、貴族政を中心とするスパルタ側の2陣営にわかれて戦うことになった。戦いはペルシアと結んだスパルタがアテネを破ったが、その後も有力ポリス間の争いはおさまらず、戦争と疫病の影響で市民の人口が減り、貧富の差も拡大して、ポリス社会は変容しはじめた。

前4世紀後半、北方の**マケドニア**がフィリッポス2世のもとで軍事力を強め、前338年、**カイロネイアの戦い**でポリス連合軍を破った。そしてスパルタを除く全ギリシアのポリスが支配下におかれた。

ヘレニズム時代

フィリッポス2世の子の❷ [　　　　　　　　　　　] 大王は、ギリシア諸国に干渉するペルシアを討つため、マケドニアとギリシアの連合軍を率いて前334年、❸ [　　　　　　] に出発した。❷大王はアケメネス朝を滅ぼし、インド西北部まで軍を進めて、わずか10年で東西にまたがる大帝国を築いた。大王の急死により、その領土は**ディアドコイ**（後継者）と呼ばれる部下の将軍たちによって争われ、❹ [　　　　] 朝 [　　　]・❺ [　　　　] 朝 [　　]・❻ [　　　　　　] 朝 [　　] などに分裂した。❷大王の❸から❻の滅亡（前30年）までの約300年間を、❼ [　　　　　] 時代と呼ぶ。

ギリシアの生活と文化

ギリシア人は明るく合理的で人間中心的な文化を生み出し、のちのヨーロッパ近代文明の模範とされた。ギリシア文化は、市民が対等に議論するポリスの精神風土から生まれた。市民たちは、余暇を政治の議論や体育の訓練に使い、公私ともにバランスよく能力を発揮することを理想とした。ギリシア人が信仰した❽ [　　　　　　　　] らの神々は、人間と同じ姿や感情をもつとされた。ギリシアの文学は、神々と人間との関わりをうたった❾ [　　　　] の叙事詩から始まった。しかしその一方でギリシア人は、自然現象を神話ではなく合理的な根拠で説明する科学的態度を育て、前6世紀に❿ [　　　　　] 哲学がミレトスを中心に発達した。万物の根源を水と考えた⓫ [　　　　] や、数学の「三平方の定理」を発見した⓬ [　　　　　] が有名である。前5世紀以降、民主政下のアテネが文化の中心地となった。多くの演劇がもよおされ、「三大悲劇詩人」の**アイスキュロス**・⓭ [　　　　　　]・**エウリピデス**や、喜劇作家の**アリストファネス**が代表的な劇作家である。

弁論が市民生活にとって重要になってくると、相手をいかに説得するかを教える⓮ [　　　　] と呼ばれる職業教師が現れた。これに対して⓯ [　　　　　] は真理の絶対性を説き、知を愛する営み、すなわち**哲学**（フィロソフィア）を創始したが、民主政には批判的で、市民から誤解と反発を受けて処刑された。その哲学は、理想国家のあり方を説いた⓰ [　　　　] や、自然・人文・社会など多くの学問を体系化した⓱ [　　　　　　] に受け継がれていった。また⓲ [　　　] や**トゥキディデス**は、歴史記述の祖と呼ばれた。

建築・美術は調和と均整の美しさが追求され、代表例にアテネの⓳ [　　　　　] 神殿がある。

❼時代に入るとギリシア文化は東方にも波及し、各地域の文化からも影響を受けて独自の文化が生まれた。これを❼文化という。この時代にはポリスの枠にとらわれない生き方を理想とする⓴ [　　　　] 主義（ [　　　　　　　] ）の思想が生まれた。哲学では個人の心のやすらぎが重んじられ、精神的な快楽を求める**エピクロス派**や、禁欲を徳とする**ストア派**がその代表である。

また自然科学では、平面幾何学の**エウクレイデス**や、数学・物理学の**アルキメデス**らが活躍した。エジプトのアレクサンドリアには王立研究所（ムセイオン）が設けられた。

❶ デロス同盟により急速に勢力を広げたアテネに対し脅威を感じたスパルタが、ペルシアと結んで勝利した前431年に始まる戦争は何か。

❷ **マケドニア**のフィリッポス2世の子で、ギリシアと全オリエントを統一し大王と呼ばれたのはだれか。

❸ ❷大王が、マケドニアとギリシアの連合軍を率いてペルシアを討つために出発した前334年からの遠征は何と呼ばれたか。

❹ ❷大王の急死後、その領土は**ディアドコイ**（後継者）によって分割されたが、ギリシアとマケドニアに成立した国（王朝）は何か。

❺ ❹に同じく、西アジアの大部分を支配し成立した国（王朝）は何か。

❻ ❹に同じく、エジプトを支配し、都の**アレクサンドリア**が政治文化の中心として栄えた国（王朝）は何か。

❼ ❷大王が全オリエントを統一したことで、ギリシア文化がオリエント文化と融合した。このギリシア的文化・思想・時代を何と呼ぶか。

❽ ギリシア人たちが信仰したギリシアの主となる神々の総称は何か。

❾ 神々と人間との関わりをうたった叙事詩「**イリアス**」「**オデュッセイア**」を残した作者（編者）はだれか。

❿ 前6世紀、イオニア地方のミレトスを中心に発達した自然現象を神話ではなく合理的な根拠で説明しようとした哲学は何か。

⓫ **水**を万物の根源とし、「哲学の父」と呼ばれたのはだれか。

⓬ 数を万物の根源とし、数学の「三平方の定理」を発見したのはだれか。

⓭ ギリシア人が好んだ演劇において、**アイスキュロス・エウリピデス**とともに「三大悲劇詩人」と呼ばれた作家はだれか。

⓮ 前5世紀の民主政期のアテネに現れた、弁論を駆使して、相手をいかに説得するかを教える職業教師たちを何と呼ぶか。

⓯ 真理の絶対性を説いたが、民主政には批判的で、市民の誤解と反感を受けて処刑されたアテネの哲学者はだれか。

⓰ ⓯の弟子として、理想国家のあり方やイデア論にもとづいた観念哲学を説いたのはだれか。

⓱ ⓰の弟子として、自然・人文・社会など多くの学問を体系化した哲学者で、❷大王の家庭教師として知られるのはだれか。

⓲ **トゥキディデス**とともに歴史記述の祖と呼ばれ、過去のできごとを神話ではなく、史料の批判的な探究によって説明したのはだれか。

⓳ ペリクレスの時代に再建された右写真のアテネの神殿の名は何か。

⓴ ポリスの枠にとらわれない生き方を理想とし、世界全体を一つの共同体と考えた❼時代の思想は何か。

❶
❷
❸
❹
❺
❻
❼
❽
❾
❿
⓫
⓬
⓭
⓮
⓯
⓰
⓱
⓲
⓳
⓴

ローマ共和政

前1000年頃、イタリア半島に南下したイタリア人の一派ラテン人によって建設された都市国家が**ローマ**である。ローマは前6世紀末に先住民の**エトルリア人**の王を追放して**共和政**となったが、**貴族**と**平民**の身分差があり、貴族が最高官職である❶□□□□□や❷□□□□□の議員などを独占し、支配権を握った。平民の**重装歩兵**が国防の中心になると、平民が参政権を要求しはじめた。前5世紀前半に、平民を守る権限をもつ❸□□□□□と**平民会**が設けられ、慣習法を成文化した**十二表法**が定められた。そして、前4世紀前半の❹□□□□□・□□□□□**法**は、❶のうち1人は平民から選ばれるとし、前3世紀前半の❺□□□□□**法**で平民会の決議がローマの国法となることが定められると、平民と貴族の法律上の権利はほぼ同等となった。しかし、貴族と平民の区別は残り、実質的には❷が指導権をもち続けた。

地中海征服とその影響

ローマは、前3世紀前半には全イタリア半島を支配し、征服した諸都市の団結と反抗を予防するために、個別に同盟を結ぶ❻□□□□□をおこなった。ついでローマは、西地中海のフェニキア人の植民市**カルタゴ**と3回にわたる❼□□□□□**戦争**を戦った。敵の将軍**ハンニバル**に苦戦したが、ローマは戦いに勝利し地中海全体をほぼ制覇した。

　しかし、❽□□□□□から大量に輸入される安い穀物は、長期の従軍で農地が荒廃した中小農民を没落させた。彼らは無産市民となって都市ローマに流入し、❽からの安い穀物などで生活しローマ支配の恩恵を受けた。一方支配階層は、❽できびしく税を取り立てて莫大な富を手に入れ、農民が手放した土地や公有地を集め、多くの戦争捕虜の奴隷を使う大土地所有制（❾□□□□□）による農業経営をおこなった。結果、戦争は拡大し、市民間の経済的格差は広がり、軍事力の中核をにない参政権をもつ中小農民の没落は、ローマの共和政の土台をゆるがした。

内乱の1世紀

前2世紀、中小農民の救済をめざし❸に選ばれた❿□□□□□**兄弟**は、大土地所有者の土地を没収し再分配しようとしたが、大地主の反対で失敗した。以後有力な政治家たちは暴力で対立し、共和政は機能しなくなり、前1世紀には剣闘士**スパルタクス**の大反乱もおこった。「⓫□□□□□」と呼ばれる混乱を鎮圧した実力者の**ポンペイウス**・⓬□□□□□・**クラッスス**は、私的な政治同盟を結び政権を握った（**第1回三頭政治**）。**ガリア遠征**を成功させた⓬は、対立するポンペイウスを倒した後、独裁官に就任した。⓬は、元老院を無視したことから共和派に暗殺された。その後、⓬の部下**アントニウス**とレピドゥス、⓬の養子⓭□□□□□により**第2回三頭政治**が結成された。しかし権力争いは続き、⓭がプトレマイオス朝の女王**クレオパトラ**と結んだアントニウスを**アクティウムの海戦**で破ったことで⓫は終わった。

ローマ帝国

⓭は、前27年に元老院から⓮□□□□□（尊厳者）の称号を与えられ、帝政時代が始まった。⓭は元老院など共和政を尊重し、市民のなかの第一人者と自称しながら全政治権力を握った。この政治を⓯□□□□□といい、実質皇帝独裁であった。以後、約200年間は「⓰□□□□□（パクス＝ロマーナ）」と呼ばれる繁栄と平和が続いた。⓱□□□□□の時代はローマの最盛期であり、212年には帝国の全自由人に**ローマ市民権**が与えられた。

帝国の変容

⓱最後の⓲□□□□□＝□□□□□＝□□□□□**帝**の治世末期頃から、財政は行き詰まり、各❽の軍団が独自に皇帝を立てて争う⓳□□□□□の時代となった。北の**ゲルマン人**や東の**ササン朝**などの侵入も激しく、帝国は分裂の危機におちいった。社会の仕組みも変化し、都市は衰退し、富裕層は田園で下層市民などを小作人（⓴□□□□□）として働かせる小作制（**コロナトゥス**）を実施して、従来の❾にとってかわるようになった。

❶ ローマの行政・軍事を担当した任期１年で２名の最高執政官は何か。

❷ 貴族で構成されたローマ最高の諮問（しもん）機関は何か。

❸ **平民会**から選出され、平民を守る権限をもつ官職は何か。

❹ ❶の１人を平民から選ぶことを定めた前４世紀前半の法律は何か。

❺ 平民会の決議が❷の許可がなくてもローマの国法となることを定め、平民と貴族との法的平等がほぼ実現した前３世紀前半の法律は何か。

❻ 征服した諸都市と個別に同盟を結び、それぞれ異なる権利と義務を与え、被支配者の団結と反抗を予防したローマの統治方法は何か。

❼ ローマが、西地中海を支配していたフェニキア人の植民市**カルタゴ**と３回にわたって戦い、勝利して**シチリア島**などを獲得した戦争は何か。

❽ イタリア半島以外にあるローマの支配地を何と呼ぶか。

❾ 征服地である❽においておこなわれた奴隷を使った大土地所有制を何というか。

❿ 前２世紀、**中小農民の没落**による軍事力低下に危機感をいだき、あいついで❸に選出され土地の再分配などで中小農民の救済をめざしたが、大土地所有者の反対を受け失敗に終わった兄弟はだれか。

⓫ ❿兄弟の改革が失敗した後のローマの混乱した状態を何と呼ぶか。

⓬ **第１回三頭政治**を結成し、**ガリア遠征**を成功させ指導権を獲得（かくとく）し、対立した政敵打倒後、独裁官となり社会の安定化につとめたのはだれか。

⓭ ⓬の養子で、再び政治同盟を結んで政権を握り、対立した**アントニウス**を**アクティウムの海戦**で破って権力を確立したのはだれか。

⓮ 前27年に⓭が諮問機関の❷から与えられた称号とは何か。

⓯ ❷など共和政の制度を尊重し、市民のなかの第一人者（プリンケプス）と自称したが、全政治権力を握った⓮の政治体制を何と呼ぶか。

⓰ ⓮以後空前の繁栄と平和が続いたが、この約200年間を何と呼ぶか。

⓱ ⓰時代、帝国の最盛期に在位した５人の皇帝をたたえて何と呼ぶか。

⓲ 行き詰まった帝国の財政立て直しや、異民族の侵入などに苦労したが、**ストア派**の哲人皇帝の名を残した⓱の最後の皇帝はだれか。

⓳ 各❽の軍団が独自に皇帝を立てて❷と争い、短期間に多数の皇帝が即位するという混乱期の皇帝たちを何と呼ぶか。

⓴ 大土地所有者の土地で働いた下層市民らの小作人を何と呼ぶか。

［地図問題］ ローマが戦って勝利をおさめた右の地図中、**Ａ**の地域名と、**Ｂ**の植民市と、**Ｃ**のプトレマイオス朝の首都名を答えよ。

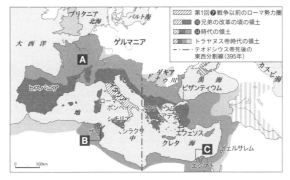

❶
❷
❸
❹
❺
❻
❼
❽
❾
❿
⓫
⓬
⓭
⓮
⓯
⓰
⓱
⓲
⓳
⓴

［地図問題］

Ａ

Ｂ

Ｃ

帝国の東西分裂と西ローマ帝国の滅亡

3世紀後半に即位した❶□□□□帝は、帝国の危機に際し諸改革をおこなった。さらに皇帝を神として礼拝させ、専制君主として支配したので、彼以降の帝政を❷□□□□□政(ドミナトゥス)という。続く❸□□□□□帝は、宗教上の改革によって帝国の再統一をはかった。またコロヌスを土地に固定し税収を確保し、下層民の身分や職業を世襲化した。330年、彼は新首都❹□□□□□を建設した。しかし、重税による属州の反乱があいつぎ、375年からのゲルマン人の大移動によって帝国内部は混乱した。395年、❺□□□□□□□帝は帝国を東西に分割して2子にわけ与えた。東ローマ帝国(ビザンツ帝国)は首都❹を中心に繁栄し、その後1453年まで続いた。一方、ローマを中心とする西ローマ帝国はゲルマン人の侵入で混乱をきわめ、476年に滅亡した。

ローマの生活と文化

ローマ人は、実用的文化にすぐれ、地中海世界全域にギリシア・ローマの文化を広めた。ローマ字は今日ヨーロッパの大多数の言語で用いられ、またローマ人の話した❻□□□語は、近代に至るまで教会や学術の国際的な公用語であった。土木・建築技術にもすぐれ、都市には浴場・凱旋門・闘技場が建設され、道路や水道橋もつくられた。

帝国の拡大にともない、万人が従う普遍的なローマ法が必要とされた。はじめはローマ市民だけに適用されていたが、やがて帝国の全人民に適用される万民法に成長した。6世紀、東ローマ帝国で編纂された『❼□□□□□□□』はその集大成である。またカエサルが制定した❽□□□□□暦は、現代のグレゴリウス暦(西暦)のもとである。ラテン文学には、❾□□□□□□□□□らの作品があり、ギリシア文学の影響が強い。散文ではカエサルの『ガリア戦記』がある。ギリシアの弁論術はローマでも発達し、弁論家キケロを生み出した。歴史記述ではリウィウスの『ローマ建国史』やタキトゥスの『ゲルマニア』がある。ギリシア人のプルタルコスは『対比列伝』を著した。自然科学では❿□□□□□□□の天動説が、中世ヨーロッパの宇宙観となった。

キリスト教の成立

1世紀頃、パレスチナのユダヤ教は、ローマの過酷な支配と貧困に苦しむ民衆の声を聞くことがなく、⓫□□□□□はその指導者たちを批判し、貧富の区別のない神の絶対愛と隣人愛を説いた。民衆は⓫を救世主(キリスト)と信じるようになったが、⓫はローマに対する反逆者として、イェルサレムで十字架刑に処せられた。しかし、⓫の弟子たちは、⓫の復活を信じた。キリスト教は、ペテロやパウロら⓬□□□たちの伝道活動により、帝国内に広がり、教会もつくられた。『⓭□□□□□□』が、『旧約聖書』とともにキリスト教の教典となった。

迫害から国教へ

唯一絶対神を信じるキリスト教徒は皇帝礼拝を拒み、国家祭儀にも参加しなかったため、反社会集団とみなされ、ネロ帝から❶帝の大迫害まで激しく迫害された。しかしキリスト教が帝国全土に拡大を続けたので、逆に帝国の統一を維持するために、❸帝は313年の⓮□□□□□□でキリスト教を公認した。325年には⓯□□□□□公会議を開催し、キリストを神と同一視する⓰□□□派を正統教義とし、キリストは人間だという⓱□□□□派は異端とした。⓰の説はのちに三位一体説として確立され、正統教義の根本となった。また⓲□□□□□□□などの教父たちは神学の発展に貢献した。392年、❺帝は⓰派キリスト教を国教とした。司教・司祭などの聖職者身分が成立し、教会の組織化が進んだ。

異端とされた⓱派は北方のゲルマン人のなかに広まった。また431年の⓳□□□□□公会議では、⓴□□□□□□派が異端とされ、その後ササン朝を経て唐代の中国に伝わり景教と呼ばれた。

❶ 3世紀後半に即位し、帝国を東と西にわけ、軍隊の増強や、徴税の強化などの諸改革をおこない、皇帝を神として礼拝させた皇帝はだれか。

❷ 法律や社会のしきたりの制約を受けずに、自分の思うままに政治をおこなうことができる権力者(政治)を何と呼ぶか。

❸ 新首都を築き、コロヌスを固定化して税収を確保し、職業・身分の世襲化や、巨大な官僚体制にもとづく❷的支配をおこなった皇帝はだれか。

❹ 330年に❸帝が、ビザンティウムに建設した新首都名は何か。

❺ 395年に帝国を東西に分割して2子にわけ与えた皇帝はだれか。

❻ ローマ人が話していた言葉は何か。

❼ 6世紀の東ローマ帝国で編纂されたローマ法を集大成したものは何か。

❽ 独裁官に就任したカエサルが制定した暦は何か。

❾ ラテン文学の黄金期といわれるアウグストゥス時代に、『アエネイス』を著したローマ最大の詩人といわれたのはだれか。

❿ 自然科学において、宇宙の中心に地球があり、太陽や惑星がその周囲を回っているとした天動説を説いたギリシア人学者はだれか。

⓫ パレスティナに生まれ、**メシア**を自覚し、**神の絶対愛**と**隣人愛**を説き、ローマに対する反逆者として十字架にかけられて処刑されたのはだれか。

⓬ ⓫の直弟子として、帝国の迫害にも負けず伝道活動をおこなった**ペテロ**や**パウロ**たち12人の弟子たちを何と呼ぶか。

⓭ ⓫の言行録、弟子たちの書簡などが記されたキリスト教の教典は何か。

⓮ 帝国の統一を維持するために❸帝が、それまで迫害されてきたキリスト教を公認した313年の勅令は何か。

⓯ キリスト教の教義を統一するために、❸帝が325年に招集したキリスト教初の公会議は何か。

⓰ ⓯公会議で**正統教義**とされた、キリストを神と同一視する宗派は何か。

⓱ ⓯公会議で**異端**とされ、帝国から追放処分されたのち、ゲルマン人に広まった宗派は何か。

⓲ 正統教義の確立につとめ、神学の発展に貢献した教父はだれか。

⓳ 教義統一のため431年に開かれた公会議は何か。

⓴ ⓳の公会議で、キリストの神性と人性は分離しているととなえ異端と宣告されたが、ササン朝を経て唐に伝わり景教と呼ばれた宗派は何か。

【資料問題】 右の写真の建物は、下層市民が「パンと見世物」を要求して楽しんだローマの円形闘技場である。何と呼ばれたか。

❶
❷
❸
❹
❺
❻
❼
❽
❾
❿
⓫
⓬
⓭
⓮
⓯
⓰
⓱
⓲
⓳
⓴

【資料問題】

18 アラブの大征服とカリフ政権の成立

📖 p.79〜83／📕 p.85〜90

アラブ軍による大征服

6世紀の西アジアでは、ササン朝とビザンツ帝国が対抗し、**アラビア半島**ではアラブ人がオアシスを中心に遊牧や農業、隊商交易をおこなっていた。

メッカに生まれた❶□□□□□は、610年頃、みずからを唯一神❷□□□□□の言葉を預けられた❸□□□と考え、偶像を崇拝する多神教を批判し、❷への絶対的な帰依を説く**イスラーム教**をとなえた。しかし、メッカの大商人から迫害を受けた❶は、622年❹□□□□に移住した。これを❺□□□□□と呼ぶ。信徒の共同体である❻□□□□を建設し、イスラーム教徒（ムスリム）を導く❶は、630年にメッカを征服し、**カーバ**をイスラーム教の聖殿として支配権を固め、その権威に多くのアラブ諸部族が従った。❶の死後、**アブー＝バクル**が後継者の❼□□□として選出され、その**正統カリフ時代**に征服活動（ジハード）を開始したアラブ＝ムスリム軍は、ササン朝を滅ぼし、ビザンツ帝国からエジプト・シリアを奪った。この頃聖典『❽□□□□』がまとめられた。

シリアのカリフ政権

第4代❼のアリーが暗殺されると、シリア総督の❾□□□□□□がダマスクスに**ウマイヤ朝**を開き、❼を世襲制とした。ウマイヤ朝を受け入れた多数の人々を**スンナ派**と呼び、アリーの血統を支持する人々は**シーア派**と呼ばれ、ウマイヤ朝に反対した。ウマイヤ朝は、東は中央アジアやインド西部、西は北アフリカやイベリア半島に侵攻したが、フランク王国には、732年の❿□□□□□・□□□□□の戦いで敗れた。ウマイヤ朝では、アラブ人が支配者集団として免税特権を与えられていたが、征服地の住民には土地税（⓫□□□□）と人頭税（⓬□□□□）が課せられ、イスラーム教に改宗しても免除はされなかった。

アッバース朝の繁栄

イラン人など異民族のあいだに新改宗者が増えると、信者は平等であるとして、アラブ人支配層への不満が生まれた。こうした社会の対立に乗じて、750年にムハンマドの叔父の子孫がウマイヤ朝を倒し**アッバース朝**を開いた。王朝では、新都⓭□□□□□が造営され、イスラーム教徒であれば⓬が免除され、また⓫も土地所有者に平等に課されるなど税制上は平等になった。政治は⓮□□□□□□（シャリーア）にもとづき、イスラーム法学者の**ウラマー**たちが活躍した。王朝は**ハールーン＝アッラシード**の時代に最盛期を迎えた。

イスラーム文化の成立

アッバース朝のもとでは、インド・イラン・ギリシアなどの文化が融合し、学問が興隆した。インドの数学から、アラビア数字が生まれた。9世紀以降、ギリシア語による哲学・医学などの文献が盛んに**アラビア語**に翻訳され、とくに**アリストテレス**の哲学はイスラーム神学に影響を与えた。また医学では⓯□□□□＝□□□□□らが活躍した。その一方で、『❽』や❶の言行に関する学問も発達し、⓮も整理された。文学では、インド・イラン・アラビア・ギリシアなどの説話を集大成した『⓰□□□□□□』（『**アラビアン＝ナイト**』）がまとめられた。美術・建築では、植物や文字を文様化した⓱□□□□□が発達し、中国の製紙法も伝わった。地域文化とイスラーム教・アラビア語が融合した、イスラーム文化の基礎ができた。

イスラーム政権の多極化

ウマイヤ朝の一族がイベリア半島に逃れて⓲□□□□□朝を建国し、首都コルドバに高度なイスラーム文化を開花させた。⓲朝の成立によりイスラーム政権の分裂が始まった。9世紀後半には、イランでサーマーン朝が自立した。10世紀、シーア派が北アフリカに⓳□□□□朝をたて、エジプトを征服後首都**カイロ**を建設し、❼を名乗り、⓲朝の君主も❼の称号を用いるようになり、分裂は決定的となった。アッバース朝の弱体化に乗じ、946年にシーア派イラン系の軍事政権⓴□□□□朝が⓭に入城し実権を握った。アッバース朝の支配は名目的となり、各地に多様な政権が並び立ち、イスラーム文明圏は拡大した。

❶ 610年頃、**メッカ**において、**イスラーム教**を創始したのはだれか。

❷ イスラーム教における唯一絶対神の名前は何か。

❸ 唯一神❷の言葉を預けられた者のことを何と呼ぶか。

❹ ❶は、富の独占(どくせん)に反対したことでメッカの大商人による迫害を受け、622年にメッカからどこへ移住したか。

❺ ❹のできごとをイスラーム世界では何と呼ぶか。

❻ 信徒の共同体のことをイスラーム世界では何と呼ぶか。

❼ ❶の死後、❶の後継者とされた❻の代表のことを何と呼ぶか。

❽ 唯一神❷の言葉が記録されたイスラーム教の聖典は何か。

❾ 第4代❼のアリーが暗殺された後、661年に**ダマスクス**を都として**ウマイヤ朝**を開き、❼の位の世襲を開始したシリア総督はだれか。

❿ イベリア半島に侵攻したウマイヤ朝が、フランク王国に敗れた732年の戦いは何か。

⓫ はじめは征服地の住民に課していたが、ウマイヤ朝末期からはアラビア人ムスリムにも課すようになった土地税を何というか。

⓬ イスラーム世界で、征服地の異教徒に課した人頭税を何というか。

⓭ 国家の中心をシリアからイラン・イラクに移した**アッバース朝**が造営した新たな都とはどこか。

⓮ 礼拝(れいはい)・断食(だんじき)・巡礼(じゅんれい)などの方法を示す「儀礼的規範(ぎれいてききはん)」と、婚姻(こんいん)・相続・刑罰(けいばつ)などに関する「法的規範」、租税(そぜい)や戦争の定義など支配者がおこなう統治(とうち)の基本も含むイスラームにおける法解釈を集成したものは何か。

⓯ 『医学典範(いがくてんぱん)』を著(あらわ)したイスラームの医学者はだれか。

⓰ インド・イラン・アラビア・ギリシアなどの説話が集成されアラビア語でまとめられたイスラームの代表的文学作品は何か。

⓱ 植物や文字を文様化し、**モスク**などの装飾(そうしょく)に使用されているイスラーム独自の幾何学文様や文字装飾などの文様を何と呼ぶか。

⓲ ウマイヤ朝の滅亡後、その一族がイベリア半島に逃れて首都**コルドバ**を中心に高度なイスラーム文化を開花させた王朝は何か。

⓳ 10世紀後半にエジプトを征服し、首都**カイロ**を建設した北アフリカのシーア派の一分派の王朝は何か。

⓴ 946年にアッバース朝の都⓭に入城し、❼の実権を握ったシーア派イラン系の軍事政権(王朝)は何か。

[地図問題] 10世紀後半のイスラームにおいて、❼を名乗った**A**、**B**、**C**の王朝名を答えよ。

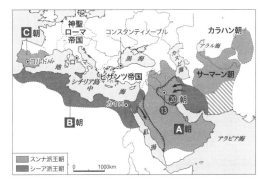

❶	
❷	
❸	
❹	
❺	
❻	
❼	
❽	
❾	
❿	
⓫	
⓬	
⓭	
⓮	
⓯	
⓰	
⓱	
⓲	
⓳	
⓴	
[地図問題]	
A	
B	
C	

ヨーロッパの風土と人々

ヨーロッパとは、ユーラシア大陸西端、ウラル山脈から大西洋までを指す。アルプス山脈以北の地域は平坦で、**ライン川・ドナウ川**などの大河が重要な水路となった。大西洋に面した地方は湿潤・温暖な西岸海洋性気候で、豊かな森林と肥沃な土地が広がり農耕・牧畜に適し、ケルト人・**❶**▢▢▢▢▢人が活動した。ヨーロッパは東部ほど乾燥し寒冷な大陸性気候で、ロシアの大森林地帯と中央ユーラシアの広大な草原地帯に連なり、**❷**▢▢▢▢人に加え、アジア系のマジャール人らが活動した。中央部の山脈より南の地中海沿岸は、夏に暑く乾燥する地中海性気候で、ギリシア人・イタリア人らが活動した。ヨーロッパでは、人間の大規模な移動が、多様な文化を混合させ、外部からの侵入もヨーロッパ世界の形成につながった。

**ゲルマン人の移動と
イスラーム勢力の侵入**

バルト海沿岸を原住地とする**❶**人は、先住民のケルト人を西に圧迫し、紀元前後頃にはローマ帝国と境を接するようになった。**❶**人は小部族にわかれ、重要な決定は成年男性による**❸**▢▢▢▢でおこなっていた。ローマ帝政後期には、人口増加による耕地不足から、ローマの下級官吏・傭兵・コロヌスとして平和的にローマ帝国内に移住していた。

4世紀後半、東方からアジア系**❹**▢▢▢人がヨーロッパへ侵入すると、**❶**人の一派の西ゴート人は375年に南下を始め、翌年にはドナウ川を渡りローマ帝国領内に移住した。これをきっかけに約200年におよぶ**❶**人の大移動が始まり、**❶**人は、侵入した帝国領内に部族国家をたてた。西ゴート人は、ガリア西南部とイベリア半島へ移動し建国した。**❹**人は、5世紀前半にパンノニアに一時大帝国をたてた。**❺**▢▢▢▢帝国は**❶**人と連合し、**❹**人の帝国を倒したが、すでに皇帝権力の衰えていた**❺**帝国は、476年**❶**人傭兵隊長オドアケルにより滅ぼされた。7世紀、急速に拡大してきたイスラーム勢力のウマイヤ朝がイベリア半島から侵入し、711年に西ゴート王国を滅ぼした。

ビザンツ帝国の成立

東ヨーロッパでは、**❻**▢▢▢▢▢▢帝国（東ローマ帝国）が**ギリシア正教**とギリシア古典文化を融合した独自の文明を築いていた。**❻**帝国は**❶**人の大移動による深刻な打撃は受けず、首都**❼**▢▢▢▢▢▢▢▢（旧名ビザンティウム）は、ヨーロッパ最大の貿易都市として栄えた。巨大な官僚制による皇帝専制支配が維持され、**❻**皇帝はギリシア正教会を支配する立場にあり、政治と宗教両面の最高権力者であった。6世紀に即位した**❽**▢▢▢▢▢▢▢▢大帝は、北アフリカやイタリアに進出し、一時的に地中海のほぼ全域の支配を復活させた。内政では『**❾**▢▢▢▢▢▢▢▢▢』の編纂や、**❿**▢▢▢▢＝聖堂を再建し、また中国から養蚕技術を取り入れ、**絹織物産業の基礎**を築いた。

フランク王国の発展

❶諸国家の大半は短命だったが、領土拡大をつづけもっとも有力な国として西ヨーロッパ世界の形成に大きな役割を果たしたのは、ガリア北部に建国した**⓫**▢▢▢▢▢王国であった。5世紀後半、**⓬**▢▢▢▢▢▢が**⓫**王に即位して**⓭**▢▢▢▢朝を開き、その後全**⓫**を統一した。また、ほかの**❶**人がローマ帝国で異端とされたキリスト教の**⓮**▢▢▢▢▢派を信仰するなかで、正統派の**⓯**▢▢▢▢▢▢派に改宗した。これにより**⓫**王国は、ローマ人支配層の支持を取りつけ協力関係が強化され、他部族との争いを正当化し、6世紀半ばには全ガリアを統一した。しかし、8世紀には**⓭**朝の権力は衰え、かわりに王家の行財政の長官である宮宰が実権を握るようになった。その頃、西ゴート王国を滅ぼしたイスラーム勢力のウマイヤ朝が、さらにガリアに侵攻した。宮宰の**⓰**▢▢▢▢＝▢▢▢▢▢は、732年に**⓱**▢▢▢▢▢・▢▢▢▢の戦いでこれを撃退し、西方キリスト教世界を守った。その子**⓲**▢▢▢▢は、751年**⓭**朝を廃して王位につき、**⓳**▢▢▢▢▢▢朝を開いた。

❶　バルト海沿岸を原住地とし、ヨーロッパの先住民であるケルト人を西に圧迫しながら、ローマ帝国と境を接するまで拡大した民族は何か。

❷　ロシアの大森林地帯と中央ユーラシアの広大な草原地帯に連なる地域を現住地とし、6世紀以降東欧・南欧の各地に拡大した民族は何か。

❸　❶人の部族国家において、武装した成年男性が重要な決定をおこなった最高決議機関は何か。

❹　❶人の一派の西ゴート人が375年に南下を始め、翌年にはドナウ川を渡ってローマ帝国領内に移住するきっかけとなった、4世紀後半に東方から侵入したアジア系の民族は何か。

❺　❶人傭兵隊長**オドアケル**によって476年に滅ぼされた、西ヨーロッパの帝国とはどこか。

❻　**ギリシア正教**とギリシア古典文化を融合した独自の文明を築いていた古代における東ヨーロッパの伝統国とはどこか。

❼　ボスフォラス海峡をのぞむ❻帝国の首都はどこか。

❽　6世紀、北アフリカやイタリアに進出して一時的に地中海のほぼ全域における支配を復活させた❻帝国の皇帝はだれか。

❾　❽大帝が、古代ローマ帝国皇帝の勅令集などを法学者のトリボニアヌスに命じて編纂させたローマの法律の集大成は何か。

❿　❽大帝が、首都❼に再建した❻帝国を代表する聖堂は何か。

⓫　ゲルマン諸国家の大半が短命だったのに対し、ローマとの協力関係を築いて、その後も領土を広げ繁栄したガリア北部の王国はどこか。

⓬　5世紀後半、⓫王国を建国し王に即位したのはだれか。

⓭　⓬王の統一によって成立した王朝名は何か。

⓮　多くの❶人が信仰し、ローマ帝国では異端とされたキリスト教の宗派は何か。

⓯　⓬王が改宗したキリスト教の正統派は何か。

⓰　8世紀に衰えた王家にかわり、ガリアに侵攻してきたイスラーム勢力撃退に活躍した、王家の行政と財政の長官であった宮宰はだれか。

⓱　宮宰の⓰が、イスラーム軍を撃退した732年の戦いは何か。

⓲　⓱の子で、前王朝の⓭朝を廃して王位についたのはだれか。

⓳　⓲が創始した新王朝名は何か。

[地図問題]　❶人国家のなかで、原住地**A**から一番遠くまで移動し、アフリカの**A**の場所に建国した一派は何か。

❶
_____

❷
_____

❸
_____

❹
_____

❺
_____

❻
_____

❼
_____

❽
_____

❾
_____

❿
_____

⓫
_____

⓬
_____

⓭
_____

⓮
_____

⓯
_____

⓰
_____

⓱
_____

⓲
_____

⓳
_____

[地図問題]
_____

榎 p.86〜90／詳 p.95〜101

ローマ＝カトリック教会の成長

フランク王国と協同して西ヨーロッパ世界を形成したのが、**ローマ＝カトリック教会**である。西ローマ帝国滅亡後に**ローマ教会**は、対立するコンスタンティノープル教会から分離し、6世紀以降、ゲルマン人布教や**修道院運動**などで西ヨーロッパに勢力を広げた。そして**教皇**は、教会で絶対的な権威をもつ存在となった。8世紀、ビザンツ皇帝レオン3世が、❶〔　　　　　〕令を発布すると、ゲルマン人布教に聖像を必要としていたローマ教会は、ビザンツ皇帝に対抗するためフランク王国に接近し、ピピンのフランク王位継承を認めた。その返礼にピピンはラヴェンナ地方を教皇に寄進し、❷〔　　　　〕の始まりとなった。

カール大帝

ピピンの子❸〔　　　　　〕**大帝**は、西ヨーロッパの大半を征服し、全国を州にわけ、地方の有力豪族を各州の伯に任命し、巡察使を派遣して伯を監督させた。❸大帝が、宮廷に**アルクイン**ら学者をまねいたことで文芸復興がおこった。これを❹〔　　　　〕＝〔　　　　〕という。ビザンツ皇帝に対抗できる後ろ盾を見出したローマ教皇❺〔　　　〕世は、800年のクリスマスの日に、❸大帝に**ローマ皇帝**の帝冠を与え、「**西ローマ帝国**」の復活を宣言した。結果、ローマ以来の文化とキリスト教に、ゲルマン的な要素が加わった❻〔　　　　　　　　　〕世界が誕生し、11世紀には、ローマ＝カトリック教会とギリシア正教会は完全に分離した。

分裂するフランク王国

❸大帝の死後に内紛がおこり、9世紀半ばには東・西フランクとイタリアの3つに分裂し、王家も断絶した。**東フランク**では、ザクセン家の❼〔　　　　〕世が、**マジャール人**やスラヴ人の侵入を退け、北イタリアを制圧して、962年に教皇からローマ皇帝の位を与えられ、❽〔　　　　　〕**帝国**が始まった。**西フランク**では、パリ伯**ユーグ**＝❾〔　　　　〕が王位につき❾朝を開いた。しかし、王権はきわめて弱かった。**イタリア**では、❽帝国の介入やイスラーム勢力の侵入などで、混乱が続いた。

外部勢力の侵入とヨーロッパ世界

8〜10世紀、西ヨーロッパはスラヴ人などの多くの異民族の侵入が続き、不安と混乱の時代が続いた。スカンディナヴィア半島やユトランド半島の**ノルマン人**たちの一部は、**ヴァイキング**となってヨーロッパ各地を侵略するようになった。10世紀初め、ノルマン人の一派は北フランスに❿〔　　　　　　〕国をたて、その一部は地中海にも進出し、12世紀前半に⓫〔　　　　　　〕国を建国した。大ブリテン島にも⓬〔　　　　　　　〕が侵入して**イングランド**を征服し、⓭〔　　　　　〕**朝**をたてた。**リューリク**はスラヴ人地域に進出し、9世紀に⓮〔　　　　〕国を建設した。⓮国はつづく⓯〔　　　　〕国とともにロシアの起源となった。また、ノルマン人の原住地にはデンマーク・スウェーデン・ノルウェーの諸王国がたてられ、キリスト教化されると、北欧は西ヨーロッパ世界に組み込まれた。

封建社会の成立

社会不安が続くなか、国王・諸侯などの有力者たちのあいだには、主君が家臣に**封土**（領地）を与えて保護するかわりに、家臣は主君に忠誠を誓って軍事的奉仕の義務を負うという、⓰〔　　　　　　〕が生まれた。多くの⓱〔　　　〕を家臣として従えた大諸侯は、国王にならぶ権力をもって自立した。有力者たちは、自給自足的な大小の領地を所有し、農民を支配する**領主**であり、所有地を⓲〔　　　〕といい、西ヨーロッパの⓲では、**三圃制**の農業がおこなわれた。⓳〔　　〕と呼ばれる不自由身分の農民は、移住の自由がなく、領主直営地で労働する賦役の義務と、自分の保有地からの生産物をおさめる**貢納**の義務を負った。ほかには結婚税や死亡税などを領主におさめた。領主は、国王が⓲に介入したり課税したりするのを拒む⓴〔　　　〕権や、領主裁判権をもち、⓲と農民を自由に支配した。こうして、11〜12世紀に**封建社会**は成立した。

❶　偶像崇拝（ぐうぞうすうはい）を禁止するイスラーム教からの批判にこたえる必要にせまられたビザンツ皇帝**レオン３世**が、８世紀に発布した法令は何か。

❷　**ピピンの寄進**に始まる、ローマ**教皇**が保持する領土を何と呼ぶか。

❸　ピピンの子で、外部勢力を撃退し、西ヨーロッパの大半の地域を征服してフランク王国の領土とし、集権的な支配を確立したのはだれか。

❹　❸大帝の宮廷にまねかれた**アルクイン**らの学者によっておきたラテン語による文芸復興を何と呼ぶか。

❺　800年のクリスマスの日に、❸大帝に**ローマ皇帝**の帝冠を与え、「西ローマ帝国」の復活を宣言したローマ教皇はだれか。

❻　西ローマ帝国の復活によって、ローマ以来の文化とキリスト教に、新たにゲルマン的な要素が加わって誕生した世界を何と呼ぶか。

❼　**マジャール人**やスラヴ人の侵入を退け、北イタリアを制圧して、962年に教皇からローマ皇帝の位を与えられたザクセン家の王はだれか。

❽　962年に❼世の戴冠により成立した帝国の名前は何か。

❾　カロリング朝が断絶した後、**西フランク**で新たに王となったパリ伯による王朝名は何か。

❿　10世紀初め、**ノルマン人**の一派が北フランスに建国した国は何か。

⓫　12世紀前半、ノルマン人の一派が南イタリアに建国した国は何か。

⓬　1066年、大ブリテン島に侵入して**イングランド**（イギリス）を征服したのはだれか。

⓭　征服したイングランドに⓬が創設した王朝は何か。

⓮　スラヴ人地域に進出した**リューリク**を首領（しゅりょう）とする一派（ルーシ）が、９世紀に建国した国は何か。

⓯　⓮国に続いて、リューリクの一族が南下して建国した国は何か。

⓰　主君が家臣に**封土**（領地）を与えて保護するかわりに、家臣は主君に忠誠を誓って軍事的奉仕の義務を負うという両者の関係を何と呼ぶか。

⓱　鎧（よろい）を着て馬に乗り戦ったヨーロッパの戦士身分を何と呼ぶか。

⓲　**領主**が農民を支配した個々の所有地を何と呼ぶか。

⓳　**領主直営地**で労働する義務（**賦役**）と、**農民の保有地**から生産物をおさめる義務（**貢納**）を領主に負った不自由身分の農民は何と呼ばれるか。

⓴　国王の役人が⓲に立ち入ったり課税したりするのを、領主が拒むことができる権利は何か。

【地図問題】　**A**、**B**、**C**に建国したノルマン人の国家名を答えよ。

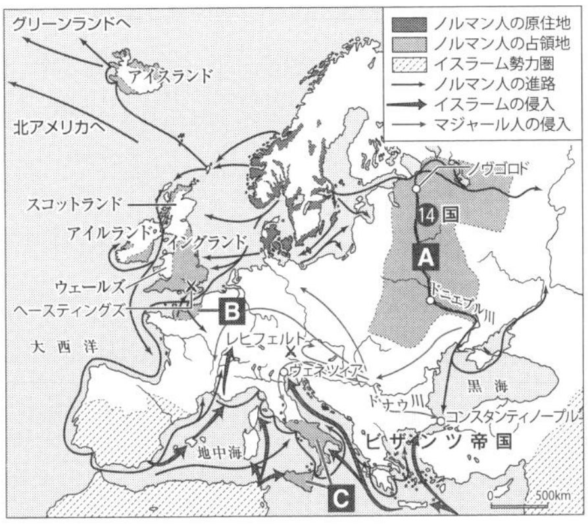

ノルマン人の原住地
ノルマン人の占領地
イスラーム勢力圏
ノルマン人の進路
イスラームの侵入
マジャール人の侵入
グリーンランドへ
アイスランド
北アメリカへ
スコットランド
アイルランド
イングランド
ウェールズ
ヘースティングズ
大西洋
B
レヒフェルト
ヴェネツィア
ノヴゴロド
⓮国
A
ドニエプル川
黒海
ドナウ川
コンスタンティノープル
ビザンツ帝国
地中海
C
0　500km

❶

❷

❸

❹

❺

❻

❼

❽

❾

❿

⓫

⓬

⓭

⓮

⓯

⓰

⓱

⓲

⓳

⓴

【地図問題】

A

B

C

21 | イスラーム教の諸地域への伝播

📖 p.94〜96／📕 p.106〜110

中央アジアのイスラーム化

8世紀初め、アラブ=ムスリム軍の拡大により、中央アジアのオアシス地域がイスラーム教に改宗した。そしてアラブ軍は、751年に❶[　　　　　　]の戦いで唐軍を破った。9世紀に中央アジア・イラン東北部に成立したイラン系の❷[　　　　　]朝は、すぐれた騎馬戦士であったトルコ人を、**マムルーク（奴隷軍人）**として西アジアに送った。一方、ウイグル滅亡後の中央ユーラシアでは、トルコ系遊牧集団の西進が活発化し、トルコ系の❸[　　　　]朝が建国された。イスラーム化した❸朝は、10世紀末に❷朝を倒し、中央アジアのオアシス地域に進出した。その後、中央アジアではトルコ語を話す人々が増え、この地域は「❹[　　　　　　]（トルコ人の土地）」と呼ばれるようになった。

南アジアへのイスラーム勢力の進出

ヴァルダナ朝滅亡後の混乱期の10世紀末、アフガニスタンの❺[　　　　]朝や、❺朝から独立した❻[　　　　　]朝が北インドへの軍事侵攻を繰り返し、13世紀初めには、インド最初のイスラーム王朝である**奴隷王朝**が誕生した。デリーを本拠にしたイスラーム系の5王朝を❼[　　　]=[　　　　　]朝と呼ぶ。イスラーム勢力の進出初期にはヒンドゥー教寺院の破壊もあったが、イスラーム教の教えは、インド古来からの神への献身を求める**バクティ**や苦行による神との合体を求める**ヨーガ**などとも共通性があり、都市住民やカースト差別に苦しむ人々のあいだに広まった。やがて、2つの宗教が融合した都市ができ、サンスクリット語の作品がペルシア語へ翻訳されるなど、❽[　　　]=[　　　　　　]文化が誕生した。

東南アジアの交易とイスラーム化

8世紀以降、海路を経て中国沿岸に進出していたムスリム商人は、唐末の混乱によりマレー半島まで撤退した。一方でその混乱に乗じて中国の商人は❾[　　　　]船で東南アジアに進出していった。10世紀後半の宋代にムスリム商人は、再び**広州**や**泉州**などに居留地をつくり、交易が活発になった。13世紀後半、元朝の東南アジア進出に対して、ベトナムの陳朝はこれを退けたが、ビルマのパガン朝は滅ぼされた。ジャワでは元軍の干渉を排し、ヒンドゥー王朝の**マジャパヒト王国**が成立した。元軍の侵攻はあったが、陸と海の交易ネットワークは拡大し、東南アジアにはイスラーム教が広まっていった。13世紀に諸島部を中心にムスリム商人や神秘主義教団が活動し、同世紀末にはスマトラ島に最初のイスラーム王朝ができ、つづけて14世紀末には❿[　　　　]王国が成立した。国際交易都市として発展したこの王国は、明との朝貢関係にあったが、明が海禁政策をとったことで、かわりに❿王はイスラーム勢力との関係を強化し、隣国タイからの影響力を阻止した。この後、イスラーム教は東南アジアの諸島部に広まり、スマトラでは⓫[　　　]王国が、ジャワでは⓬[　　　　]王国が成立した。

アフリカのイスラーム化

イスラーム教の成立以前のエチオピアではキリスト教徒の⓭[　　　　]王国が、ナイル川流域と紅海方面を結ぶ交易で栄え、アフリカ東岸の海港は、アッバース朝やファーティマ朝により活性化し、金や香料、象牙などが輸出された。アフリカ東岸のモガディシュ・マリンディ・キルワなどの海港のムスリム商人は、季節風を利用した**ダウ船**を操り、インド洋の交易ネットワークに参加していった。やがてこれらの地域では、アラビア語の影響を受けた⓮[　　　　]語が共通語となった。

西アフリカでは、サハラ砂漠北部の商人との交易で栄えていた⓯[　　　　]王国が、11世紀後半にムラービト朝の攻撃を受けて衰退すると、この地のイスラーム化が進んだ。13世紀に成立した⓰[　　　]王国や、つづく⓱[　　　　]王国の支配層はイスラーム教徒であった。ニジェール川中流の交易都市⓲[　　　　]は、アフリカ内陸部におけるイスラーム教の学問の中心地であった。

❶ 751年にアッバース朝と唐軍が戦い、その時に製紙法がイスラーム圏に伝わったことでも有名な戦いは何か。

❷ 騎馬戦士である草原地帯のトルコ人を**マムルーク**として、カリフの親衛隊に供給した中央アジア・イラン東北部のイラン系王朝は何か。

❸ 10世紀末に❷朝を倒して中央アジアのオアシス地域にも進出したトルコ系遊牧集団による中央アジア初のイスラーム王朝は何か。

❹ ペルシア語で「トルコ人の土地」と意味される中央アジアの草原、オアシス地域は何と呼ばれたか。

❺ 10世紀末以降、北インドに侵入したアフガニスタンの王朝は何か。

❻ ❺朝から独立し、❺朝につづいて北インドに侵入した王朝は何か。

❼ 奴隷王朝以降の**デリー**を本拠にして、君主がそれぞれ**スルタン**を名乗った5王朝の総称は何か。

❽ ❼朝以降のインドで、ヒンドゥー教とイスラーム教の要素が融合し生まれた文化を何と呼ぶか。

❾ 中国商人が活用した、蛇腹式(じゃばら)の木造帆船(はんせん)は何か。

❿ 14世紀末にマレー半島に成立し、15世紀には国際交易都市として発展した港市国家は何か。

⓫ 15世紀末にスマトラ島北部に成立したイスラーム港市国家は何か。

⓬ 16世紀末、ジャワ島中・東部を支配したイスラーム国家は何か。

⓭ エチオピアで、紀元前後頃から12世紀にかけて、ナイル川流域と紅海方面を結ぶ金や奴隷、象牙を扱う交易で栄えていた国はどこか。

⓮ イスラーム商人が活動を展開した、アフリカ東岸の海港の連なる海岸地方で用いられたアラビア語に影響を受けた共通語とは何か。

⓯ サハラ北部の岩塩(がんえん)と自国の金を交換(こうかん)するラクダを用いた隊商(たいしょう)交易で栄え、11世紀後半に**ムラービト朝**の攻撃を受けて衰退した国はどこか。

⓰ ムラービト朝の攻撃後、イスラーム化が進んだ西アフリカのニジェール川流域で、マンサ＝ムーサ王の時全盛期を迎えた国はどこか。

⓱ ⓰王国衰退の後、ニジェール川流域を支配し、西アフリカの隊商都市の大部分も支配して北アフリカとの交易で栄えた国はどこか。

⓲ アフリカ内陸部におけるイスラーム教の学問の中心地として発展したニジェール川中流の交易都市とはどこか。

[地図問題] 東南アジアにおける**A**、**B**、**C**のイスラーム国家(王朝)名を答えよ。

解答欄
❶
❷
❸
❹
❺
❻
❼
❽
❾
❿
⓫
⓬
⓭
⓮
⓯
⓰
⓱
⓲

[地図問題]

A

B

C

トルコ系遊牧民の西アジア進出とセルジューク朝

中央アジアの遊牧民であるトルコ人は、騎馬戦士としてすぐれていたので、アッバース朝時代から❶[＿＿＿＿＿＿]として登用され、彼らの活用は各地のイスラーム政権に広まった。11世紀には、トルコ系の遊牧部族が中央アジアから西進し❷[＿＿＿＿＿]朝をたて、1055年にブワイフ朝を追って**バグダード**に入城し、アッバース朝カリフから❸[＿＿＿＿＿]の称号を授けられた。❷朝は、統治にニザーム＝アルムルクらイラン人を登用し、スンナ派神学を奨励し**マドラサ**（学院）を各地につくった。この時代の文化面では、イスラーム諸学の完成者として知られる❹[＿＿＿＿＿]が名高く、数学者・天文学者の**ウマル＝ハイヤーム**は、すぐれたペルシア語による四行詩集（『ルバイヤート』）を残し、新たなペルシア語文学の世界を開拓した。❷朝では、ブワイフ朝時代に始まった❺[＿＿＿＿]制と呼ばれる軍事封土制度がおこなわれ、軍事奉仕の代償として軍人に農村などからの徴税権を与えた。

十字軍とアイユーブ朝

11世紀後半、❷朝はビザンツ帝国を破って、アナトリアの大半を支配した。それに対して西ヨーロッパ側は**十字軍運動**をおこし、イェルサレムを奪い、その後200年にわたりシリア・パレスチナに十字軍国家を存続させた。この十字軍と争ったクルド系軍人の**サラーフ＝アッディーン**は、エジプトのファーティマ朝を廃して、スンナ派の❻[＿＿＿＿]朝をおこした。さらに彼は、1187年に十字軍からイェルサレムを奪回した。

イル＝ハン国の西アジア支配

十字軍運動が続くなか、13世紀には東方から❼[＿＿＿＿]率いるモンゴル軍が西アジアに襲来した。❼は1258年にバグダードを攻略し、アッバース朝を滅亡させた。この地に❼がたてた❽[＿＿＿]＝[＿＿＿]国の君主は、やがてイスラーム教に改宗し、イラン系の官僚を重用して、財政制度を整えた。モンゴルによってユーラシア大陸や海域の交通網が整備され、東西交易が活発になった。文化面では、東アジアの影響を受け、写本絵画や陶器製造などの芸術が発展した。また、『集史』を編纂した❾[＿＿＿＿]＝[＿＿＿＿＿＿＿]らのすぐれた歴史家や、**ハーフィズ**らの詩人も活躍し、**イラン＝イスラーム文化**が花開いた。

マムルーク朝とカイロの繁栄

エジプトの❿[＿＿＿＿＿]朝は、❻朝が❶を重用したことで、❶の有力者が❸の地位を引き継いで13世紀に誕生した。❿朝は、十字軍国家を滅ぼし、さらにモンゴル軍も撃退した。❿朝時代には、小麦やサトウキビなどの生産が向上し、海上交易も発達した。首都⓫[＿＿＿＿]は商業・手工業の中心であり、同地を拠点とする⓬[＿＿＿＿＿]商人が、香辛料交易で活躍した。❿朝時代には、百科事典や伝記集が編纂され、学問の体系化が進んだ。歴史学では**イブン＝ハルドゥーン**が『世界史序説』を著した。一方、12世紀半ば以降、民衆のあいだに神を身近に感じる⓭[＿＿＿＿]（スーフィズム）が広がった。多数の⓭教団が都市や農村で活発に活動し、信仰や娯楽のために聖者廟への参詣もおこなわれた。

北アフリカ・イベリア半島の情勢

11世紀半ば、北アフリカでは先住民⓮[＿＿＿＿]人のイスラーム教化が進み、モロッコに⓯[＿＿＿＿]朝、つづいて⓰[＿＿＿＿＿]朝が建設された。これらの王朝は、後ウマイヤ朝の滅亡後に始まったキリスト教徒による**国土回復運動**（**レコンキスタ**）に対抗しイベリア半島に進出した。12世紀には、トレドやコルドバは、毛織物業や交易で栄えた。この地からは、アリストテレスの著作への注釈で知られる哲学者⓱[＿＿＿＿]＝[＿＿＿＿]や、『大旅行記』の⓲[＿＿＿＿]＝[＿＿＿＿＿＿＿]らなどの文化人が生まれた。しかし、レコンキスタにより、イベリア半島最後の王朝の⓳[＿＿＿＿]朝は1492年に滅亡した。⓳朝は、首都グラナダの⓴[＿＿＿＿＿＿]宮殿などすぐれた建造物を残した。

❶　アッバース朝時代の９世紀頃から、すぐれた騎馬戦士として活用されていた、中央アジアの遊牧民のトルコ人軍人は何と呼ばれたか。

❷　11世紀に中央アジアから西進したトルコ系の遊牧部族が、1055年にブワイフ朝を追って**バグダード**に入城し創設した王朝は何か。

❸　❷朝の創設者が、アッバース朝カリフから授けられた称号は何か。

❹　イスラーム諸学の完成者として知られ、後半生にはスーフィズムを取り入れ、スンナ派思想の展開に大きな影響を与えた人物はだれか。

❺　ブワイフ朝に始まり、❷朝時代に広くおこなわれた軍事奉仕の代償として軍人に農村などからの徴税権を与えた軍事封土制度は何か。

❻　クルド系軍人の**サラーフ＝アッディーン**が、エジプトのファーティマ朝を廃してたてた王朝は何か。

❼　1258年にバグダードを攻略してアッバース朝カリフを殺害し、アッバース朝を滅亡させたモンゴル人はだれか。

❽　❼が、1258年、イラン高原にたてた国は何か。

❾　イスラーム教に改宗したガザン＝ハンの時代に宰相（さいしょう）として税制改革をおこない、モンゴル史を含む『集史』を編纂したのはだれか。

❿　❻朝が重用した❶軍団の出身者が、13世紀にエジプトとシリアを領有してたてた王朝は何か。

⓫　ファーティマ朝以来❿朝まで都として機能し、商業・手工業の中心としても栄えたエジプトの都市はどこか。

⓬　⓫を拠点に香辛料交易で活躍したムスリム商人は何と呼ばれたか。

⓭　複雑化・形式化した信仰に反して、神を身近に感じ神との一体感を求め、12世紀半ば以降、民衆のあいだに広まった信仰（運動）は何か。

⓮　アラブ人の征服後、イスラーム教に改宗した北アフリカのモロッコ・アルジェリアの先住民を何と呼ぶか。

⓯　11世紀に⓮人が、モロッコのマラケシュにたてた王朝は何か。

⓰　12世紀半ばに、北アフリカとイベリア半島を支配した⓮人の王朝は何か。

⓱　アリストテレスの著作を注釈したコルドバ生まれの哲学者はだれか。

⓲　『大旅行記』を著したモロッコ生まれの旅行家はだれか。

⓳　1492年に滅亡したイベリア半島最後のイスラーム教徒の王朝は何か。

⓴　**グラナダ**にある**アラベスク**の装飾文様をほどこした宮殿は何か。

【地図問題】　11世紀に中央アジアから西進してきたトルコ系の遊牧部族の王朝▲は何か。また、インド洋と東地中海を紅海経由で結ぶ交易で栄えた都市Ｂは何か。

❶
❷
❸
❹
❺
❻
❼
❽
❾
❿
⓫
⓬
⓭
⓮
⓯
⓰
⓱
⓲
⓳
⓴

【地図問題】

Ａ

Ｂ

23 | 西ヨーロッパの封建社会

教 p.101〜104／詳 p.117〜122

教会の権威

中世西欧社会において、❶□□□□=□□□□教会はフランク王の保護を受け普遍的権威を確立した。教皇を頂点にした階層制組織が整備され、大司教や修道院長などは大領主でもあり、教会は農民から❷□□□□を取り立て、村ごとにある教会は、住民への影響力を強めた。一方、皇帝や国王などの世俗権力による聖職売買の問題がおこった。10世紀以降、フランスの❸□□□修道院を中心に改革運動がおこり、教皇❹□□□□世は、聖職売買や聖職者の妻帯を禁じ、聖職者を任命する聖職叙任権を世俗権力から教会に移して教皇権の強化をはかった。ドイツ国王(のち神聖ローマ皇帝)❺□□□□世はこれに反発し、叙任権闘争が始まった。教皇❹世は❺世を破門したため、1077年国王は教皇に謝罪した。この❻□□□□□□の後、1122年に皇帝は一部を残して叙任権を放棄し、叙任権闘争は終結した。教皇権は13世紀の❼□□□□□□□世のとき絶頂に達した。

十字軍とその影響

西欧では、11世紀頃から❽□□制の普及や犂の改良などで農業生産は増大し、人口も飛躍的に増えた。それとともに、修道院を中心にした開墾運動、エルベ川以東への東方植民、イベリア半島の国土回復運動などで、西欧世界は拡大に転じ、十字軍運動はもっとも大きな運動であった。11世紀後半、セルジューク朝が進出し聖地イェルサレムを占領されたことで、ビザンツ皇帝がローマ教皇に救援を求めてきた。教皇❾□□□□世が1095年の❿□□□宗教会議で聖地回復を訴え、翌年、⓫□□□□□□が開始された。99年には聖地を占領し、⓬□□□□□□などの十字軍国家をたてた。約200年間に7回おこなわれたが、⓭□□□□□□□のようにヴェネツィア商人の要求でコンスタンティノープルを占領するという暴挙もあった。聖地回復は最終的には達成されなかったため、教皇の権威はゆらぎ、諸侯も没落したが、遠征を指揮した国王の権威は高まり、イタリアの諸都市も復活し繁栄した。

商業の発展

西欧では、農業生産力の上昇で余った生産物を交換する定期市が各地に成立し、貨幣経済や遠隔地貿易が発達してきた。まずは地中海商業圏が発達し、ヴェネツィア・ジェノヴァ・ピサなどイタリアの港市には、東方貿易によって⓮□□□・宝石・絹織物など奢侈品がもたらされ、ミラノ・フィレンツェなどの内陸都市は毛織物業や金融業で栄えた。一方、北海・バルト海では北ヨーロッパ商業圏が発達した。リューベック・ハンブルク・ブレーメンなど北ドイツの諸都市は海産物・木材・穀物などを取引し、またガン・ブリュージュなどの⓯□□□□□地方は毛織物生産で繁栄し、イギリスは⓯に原料の羊毛を輸出した。これら2つの大商業圏を結んで、フランスの⓰□□□□□□地方などが定期市で繁栄した。

中世都市の成立と市民たち

11世紀以降、経済力を高めた中世都市は諸侯や司教ら封建領主から自治権を獲得し、自治都市に成長した。北イタリア諸都市は一種の都市国家として完全に独立した。ドイツの諸都市は、皇帝から特許状を得て自由都市(帝国都市)となり、諸侯と同じ地位に立った。これらの都市は、イタリアのロンバルディア同盟やドイツの⓱□□□同盟のような都市同盟を結成し、リューベックを盟主とする⓱同盟は14世紀に北ヨーロッパ商業圏を支配するに至った。自治の中心になったのは⓲□□□と呼ばれる同業組合である。職種別の同職⓲の組合員は親方(マイスター)に限られ、職人や徒弟とのあいだには厳格な身分序列があった。⓲は自由競争を禁じ、商品の品質・価格などを統制し、たがいの利益を守った。こうした都市には周辺の荘園から、農奴が自由を求めて流れ込むこともあった。アウクスブルクの⓳□□□□家は神聖ローマ皇帝の地位を左右し、フィレンツェの⓴□□□□家は一族からローマ教皇を出すなど、富豪も現れた。

❶ 中世西ヨーロッパ社会において、フランク王の保護を受けて普遍的な権威を確立した宗教組織は何か。

❷ 農民が教会にその年の収穫や畜産物の約10%をおさめた税は何か。

❸ 10世紀以降、教会の改革運動をおこなったフランスの修道院はどこか。

❹ 聖職売買や聖職者の妻帯を禁じ、聖職者を任命する権利（聖職叙任権）を世俗権力から教会に移して教皇権の強化をはかった教皇はだれか。

❺ ❹世に反発し叙任権闘争を始めたドイツ国王（のち神聖ローマ皇帝）はだれか。

❻ ドイツ国王❺世が、❹世に謝罪した、1077年の事件は何か。

❼ 13世紀、教皇権が絶頂期に達した時の教皇はだれか。

❽ 耕地を秋耕地、春耕地、休耕地にわけ、3年で一巡させる中世ヨーロッパにおける効率的農法は何か。

❾ セルジューク朝の侵攻によりビザンツ皇帝が救援を求めたことから、聖地回復の戦いを人々に訴えた教皇はだれか。

❿ ❾世が1095年に招集した宗教会議は何か。

⓫ ❾世が❿宗教会議で決定し、1096年に編制派遣した大遠征軍は何か。

⓬ 聖地を奪回した大遠征軍の⓫が、その地に建国した宗教国家は何か。

⓭ ヴェネツィア商人の要求で本来の目的からはずれ、コンスタンティノープルを占領した13世紀初めの大遠征軍は何か。

⓮ イタリアの港市へ東方貿易によってもたらされ、薬としても使用されたインド・東南アジア産の食品調味料の総称は何か。

⓯ イギリスが毛織物の原料である羊毛を輸出した先で、毛織物生産で繁栄したガン（ヘント）・ブリュージュなどの都市がある地方名は何か。

⓰ 地中海商業圏と北ヨーロッパ商業圏を結ぶ、中間地点として定期市が開かれ繁栄したフランス東北部の地方名は何か。

⓱ リューベックを盟主とする北ドイツ諸都市の都市同盟の名称は何か。

⓲ 中世都市で結成された、利益を同じくする商工業者による同業組合を何と呼ぶか。

⓳ 神聖ローマ皇帝の地位を左右するほどの財力をもったアウクスブルクの富豪は何家か。

⓴ みずからの一族から教皇を出すほどの力をもったフィレンツェの富豪は何家か。

[地図問題] 中世都市が発達した地図中 Ⓐ、Ⓑ、Ⓒの各地方名を答えよ。

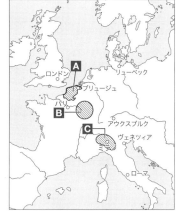

❶
❷
❸
❹
❺
❻
❼
❽
❾
❿
⓫
⓬
⓭
⓮
⓯
⓰
⓱
⓲
⓳
⓴

[地図問題]
Ⓐ
Ⓑ
Ⓒ

スラヴ人と周辺諸民族の自立

カルパティア山脈の北方に住んでいたスラヴ人は、6世紀以降に東ヨーロッパ全体へ進出した。

東スラヴ人が住むロシアでは、9世紀にノルマン人がノヴゴロド国、ついで❶[____]国を建国し、まもなくスラヴ人に同化した。❶国の❷[____]世は10世紀末にギリシア正教に改宗し、ロシアのビザンツ化を進めて最盛期をもたらした。しかし、13世紀にモンゴル人が侵入して、これ以降ロシアは約240年間にわたってその支配に服した。

15世紀になると❸[____]国が勢力をのばし、❹[____]世は東北ロシアを統一し、1480年にはモンゴルの支配から脱した。❹世はビザンツ帝国最後の皇帝の姪と結婚してローマ帝国の後継者を自任し、はじめて❺[____]の称号を用いた。また農奴制を強化する一方、諸侯をおさえて強大な権力を握った。首都モスクワはギリシア正教圏の中心の地位を確立し、彼の孫イヴァン4世によってロシア帝国の基礎がつくられた。

バルカン半島に南下した南スラヴ人のなかで最大勢力であった❻[____]人は、ビザンツ帝国に服属しギリシア正教に改宗したが、12世紀に独立し14世紀前半にはバルカン半島北部の強国となった。また、クロアティア人らは、フランク王国に服属しローマ＝カトリックを受容した。しかし南スラヴ人の大半は、14世紀末以降オスマン帝国の支配下に入りイスラーム教に改宗する者もいた。

西スラヴ人は西ヨーロッパの影響を受けて❼[____]＝[____]に[____]した。❽[____]人は10世紀頃建国し、14世紀には東方植民を進めるドイツ騎士団に対抗するためリトアニアと同君連合を結んで❾[____]朝（ヤゲロー朝）リトアニア＝ポーランド王国をつくった。同国では貴族による議会が発達し東ヨーロッパの強国となった。❿[____]人は10世紀にベーメン（ボヘミア）王国を統一したが、11世紀には神聖ローマ帝国に編入された。

東ヨーロッパの非スラヴ系諸民族も自立の道を歩んだ。⓫[____]人は7世紀にバルカン半島北部で建国し、スラヴ化してギリシア正教に改宗した。その後ビザンツ帝国による支配、独立を経て、14世紀にオスマン帝国に征服された。一方、⓬[____]人は10世紀末、パンノニア平原に⓭[____]王国を建国してローマ＝カトリックを受け入れた。⓭王国は15世紀に繁栄したが、16世紀にオスマン帝国の、17世紀末にはハプスブルク家の支配下に入った。

ビザンツ帝国の衰亡

ビザンツ帝国はユスティニアヌス大帝の死後、ササン朝やイスラーム勢力など外敵の侵入を受けて支配圏を縮小させた。7世紀以降、帝国は外敵の侵入に対処するため、⓮[__]制を敷き、帝国領を⓮（軍管区）にわけ、その司令官に軍事と行政の権限を与えた。⓮では農民に土地を与えて兵役を課す屯田兵制がおこなわれたため、土地を所有する自由農民が増え、彼らが帝国の基盤となった。10世紀〜11世紀前半にかけて、帝国はいったん勢力を回復したが、11世紀後半にはセルジューク朝の侵入を受けた。また11世紀末以降、軍役奉仕と引きかえに貴族に領地を与える⓯[____]制が国内でおこなわれるようになると、貴族は大土地所有者として勢力を拡大し、逆に皇帝の権力は衰えていった。13世紀初めには第4回十字軍に都コンスタンティノープルを奪われるなどの混乱が続き、1453年オスマン帝国に滅ぼされた。

ビザンツ文化

ビザンツ文化の特徴は、ギリシア古典文化とギリシア正教が融合した点にある。7世紀以降、⓰[____]語が公用語になり、⓰語の古典が研究され、またキリスト教神学が学問の中心となった。美術では、ハギア＝ソフィア聖堂を代表とするドームと⓱[____]を特色とする⓲[____]様式の教会と、聖像画のイコン美術も特徴的である。

❶　9世紀にノヴゴロド国のノルマン人が南下してたてた国はどこか。

❷　10世紀末にギリシア正教に改宗し、ロシアのビザンツ化を進め、最盛期をもたらした❶国の大公はだれか。

❸　15世紀のロシアにおいて、キプチャク＝ハン国より自立し、水陸の交通路をおさえ勢力をのばした国はどこか。

❹　東北ロシアを統一して、1480年にはモンゴルの支配から脱し、ビザンツ帝国最後の皇帝の姪と結婚した❸国の大公は誰か。

❺　ローマ帝国の後継者を自任した❹世が、はじめて自称した称号は何か。

❻　バルカン半島に南下し、ビザンツ帝国に服属しギリシア正教に改宗したが、12世紀に独立し強国を築いた南スラヴ人の代表的民族は何か。

❼　多くのスラヴ人がビザンツ帝国の影響を受けるなかで、西ヨーロッパの影響を受けた西スラヴ人は、どのような宗教的行動をとったか。

❽　14世紀にリトアニアと同君連合を結んだ西スラヴ人の民族は何か。

❾　15世紀に東方植民を進めるドイツ騎士団を撃破して強国となったリトアニア＝ポーランド王国の王朝名は何か。

❿　10世紀にベーメン（ボヘミア）王国を統一したが、11世紀には神聖ローマ帝国に編入された西スラヴ人の民族は何か。

⓫　7世紀にバルカン半島北部で建国し、スラヴ化してギリシア正教に改宗したが、ビザンツ帝国に併合された民族は何か。

⓬　10世紀末、パンノニア平原に王国を建国してローマ＝カトリックを受け入れたウラル語系の民族は何か。

⓭　⓬人がたてた王国名は何か。

⓮　ビザンツ帝国が、外敵の侵入に対処するため帝国領を分割し、それぞれの区域に司令官を派遣して軍事と行政の権限を与えた制度は何か。

⓯　11世紀末以降、軍役奉仕と引きかえに、貴族に領地を与えたビザンツ的封建制度は何か。

⓰　7世紀以降のビザンツ帝国における公用語は何か。

⓱　ガラス・石・貝殻などの小片を組み合わせて壁面を装飾した絵画を何と呼ぶか。

⓲　ギリシア十字の形、大きなドームと⓱を特色とするビザンツ帝国時代の教会建築の様式は何か。

[地図問題]　14世紀半ば〜15世紀の東ヨーロッパの地図中の A 、 B 、 C 、 D の国家名を答えよ。

❶ _____

❷ _____

❸ _____

❹ _____

❺ _____

❻ _____

❼ _____

❽ _____

❾ _____

❿ _____

⓫ _____

⓬ _____

⓭ _____

⓮ _____

⓯ _____

⓰ _____

⓱ _____

⓲ _____

[地図問題]

A _____

B _____

C _____

D _____

25 | 西ヨーロッパ世界の変容　Ⅰ

封建社会の衰退

14世紀に入ると、自給自足の封建社会が崩れ、❶ □□□□ 経済が浸透しはじめた。領主は❶を獲得するため、賦役をやめて直営地を農民に貸し、生産物や❶で地代をおさめさせるようになった。農民は地代をおさめた残りの❶を蓄え経済力をつけていった。また気候の寒冷化による凶作や飢饉、❷ □□□□ (ペスト)の流行、戦乱などで人口が減少すると、領主は労働力確保のために農民の待遇を向上させたため、農民の身分的束縛はますますゆるめられた。

こうしてイギリス・フランス・西南ドイツなどでは、多くの農民が地位を向上させて自営農民に成長していった。やがて経済的に困窮した領主が再び農民への束縛を強めると、農民たちは抵抗し、14世紀後半のフランスの❸ □□□□□ の乱やイギリスの❹ □□□□ ＝ □□□□ の乱などの大規模な農民一揆をおこした。一揆はいずれも鎮圧されたが、領主層はますます窮乏化し、さらに14〜15世紀に大砲の発明で戦術が変化すると、中小領主であった騎士は著しく没落し、その多くは国王の廷臣となった。一方、商業圏の拡大で市場を統一する**中央集権的な政治権力**の出現が望まれ、国王は都市の市民らの協力をえて諸侯をおさえた。各国は近代的中央集権国家の建設をはじめた。

教皇権の衰退

十字軍運動の失敗や王権の強化にともなって、教皇の権威は衰えはじめた。13世紀末の教皇❺ □□□□ 世は聖職者への課税に反対してイギリス・フランス国王と争った。1303年、教皇がフランス国王❻ □□□□□ 世に捕らえられ、まもなく亡くなるという**アナーニ事件**がおきた。その後、教皇庁は南フランスの❼ □□□□□ に移され、以後約70年間この事態は「**教皇のバビロン捕囚**」と呼ばれた。その後、教皇がローマに戻ると、❼にもフランスのあと押しを受けた別の教皇がたつ❽ □□□□ (大シスマ)と呼ばれる対立状態となり、教皇と教会の権威は著しく失墜した。

14世紀後半、イギリスの❾ □□□□ やベーメンの❿ □□ は、聖書こそ信仰のよりどころとして、教会はその教えから離れていると批判した。⓫ □□□□ 公会議は、彼らを異端と宣告して❿を火刑に処し、ローマの教皇を正統と認めて❽を終わらせた。しかし、ベーメンではチェコ民族運動と結んだ❿派の反乱が長く続いた(❿戦争)。

イギリスとフランス

13世紀以後、ヨーロッパ各国の王は、貴族・聖職者および都市の代表が出席する⓬ □□□□□ を開き、話し合いを通して国内統一をめざした。

イギリスは、**ノルマン朝**が征服によってたてられたため、他国に比べ王権が強かった。つづく12世紀にフランスから入った⓭ □□□□□ 朝はフランス西半部も領有していたが、⓮ □□□ 王は、フランス王と争ってその領地の大半を失い、教皇インノケンティウス3世とも争って破門された。⓮王が財政難から重税を課すと、貴族らは王に反抗し、1215年⓯ □□□ (□□ ＝ □□)を認めさせた。これは課税には高位聖職者と貴族の会議の承認を必要とすることなどを定めたもので、ここにイギリス立憲政治の基礎が築かれた。そして徐々に⓬の仕組みが整えられ、1295年に**模範議会**が開催された。14世紀半ばには、議会は高位聖職者と大貴族を代表する上院と、州と都市を代表する下院とにわかれた。イギリスの騎士は軍事的性格を失っていくが、彼らを中心とした地主層は**ジェントリ(郷紳)**と呼ばれ、州を代表する下院の一大勢力となった。

フランスの**カペー朝**は王権が弱かったが、12世紀末の国王⓰ □□□□ 世は⓮王と戦って国内のイギリス領の大半を奪い、ルイ9世は、異端の⓱ □□□ 派(カタリ派)を征服し王権を南フランスにも広げた。さらに❻世は教皇との争いに際して、1302年に聖職者・貴族・平民の代表者が出席する⓲ □□□□□ を開き、その支持を得て教皇をおさえ、王権を強化した。

❶ 14世紀、物々交換による自給自足の経済が崩れるのとは逆に商業が発展してきたが、その時普及し交換時に使用された経済媒介物（ばいかい）は何か。

❷ ヨーロッパの人口の3分の1が死亡したといわれている疫病（えきびょう）は何か。

❸ 1358年、フランスでおきた農民反乱は何か。

❹ 1381年、イギリスでおきた農民反乱は何か。

❺ 教皇権の絶対性を主張した教皇で、13世紀末におきた聖職者への課税問題で、イギリス・フランス国王と争ったローマ教皇はだれか。

❻ 1303年のアナーニ事件で、教皇❺世を捕らえたフランス国王はだれか。

❼ アナーニ事件後、教皇庁は南フランスのどこに移されたか。

❽ 14世紀末、ローマと❼に2人の教皇がならびたち、教皇と教会の権威が著しく失墜した混乱状態を何と呼ぶか。

❾ イギリスにおいて、聖書こそ信仰のよりどころとして、教会はその教えから離れていると批判したオクスフォード大学神学教授はだれか。

❿ ❾の説に共鳴し、のちに異端とされ処刑されたベーメンの神学者はだれか。

⓫ ❾と❿を異端と宣告して❿を火刑に処し、ローマの教皇を正統と認めて❽の混乱状態を終わらせた1414～18年の公会議は何か。

⓬ 13世紀以後、ヨーロッパ各国の王が、課税などを要請するために貴族・聖職者および都市の代表を招集（しょうしゅう）し開催したものは何か。

⓭ フランス西半部を領有し、12世紀に成立したイギリス王朝は何か。

⓮ フランス国王との戦いに敗れて大陸領土の大半を失い、さらに教皇インノケンティウス3世との大司教の叙任権争いの末に破門された⓭朝のイギリス国王はだれか。

⓯ 財政困難から重税を課した⓮王に対して、反抗した貴族たちが王に認めさせた1215年の法は何か。

⓰ 12世紀末に、イギリスの⓮王と戦って、フランス国内のイギリス領の大半を奪ったフランス国王はだれか。

⓱ ルイ9世が征服した、南フランスのキリスト教異端の一派は何か。

⓲ 仏王❻世が、教皇との争いに際し、聖職者・貴族・平民の代表者を集めて1302年に開いたものは何か。

[資料問題] 絵の中央で「アダムが耕しイヴが紡いだとき、だれが貴族だったか」と説き身分制度を批判している❹の乱の指導者はだれか。

❶

❷

❸

❹

❺

❻

❼

❽

❾

❿

⓫

⓬

⓭

⓮

⓯

⓰

⓱

⓲

[資料問題]

26 西ヨーロッパ世界の変容 Ⅱ

⊕ p.109〜111／⊕ p.130〜133

百年戦争とバラ戦争

フランスでカペー朝が断絶し❶[____]朝が成立すると、毛織物の産地の❷[_____]地方をめぐって対立していたイギリス国王❸[__][____]世は、母がカペー家出身であることから王位継承権を主張し、❹[____]戦争を始めた。当初は長弓兵を駆使したイギリス軍が優勢で、**エドワード黒太子**の活躍によりフランス南西部を奪った。フランス国内は黒死病の流行などで荒廃し、❺[_____]世のときには崩壊寸前であったが、農民の娘❻[____]=[____]が現れてオルレアンの包囲を破り国王を救出すると、フランスは勢いを盛り返し、ほぼ全土からイギリス軍を追い出した。長期の戦争のため、フランスでは諸侯・騎士が没落した。一方で❺世は大商人と結んで財政をたて直し、常備軍を設置するなど中央集権化を急速に進めた。

戦後のイギリスでは**ランカスター・ヨーク両家**による王位継承権をめぐる内乱の❼[____]戦争がおこった。❼戦争により諸侯・騎士は没落し、これをおさめたランカスター派の**ヘンリ7世**が1485年に即位して、❽[_____]朝を開いた。他方、ケルト系の隣国ウェールズは1536年にイギリスに併合されたが、スコットランドは独立を保ち続けた。

スペインとポルトガル

イベリア半島の大半を支配していたイスラーム勢力に対し、キリスト教徒は、約800年にわたり❾[_____]運動(レコンキスタ)の戦いを続けた。回復された領土には**カスティリャ・アラゴン・ポルトガル**の3王国がたてられ、その後カスティリャ王女❿[_____]とアラゴン王子⓫[_____]の結婚により、両国は1479年に統合されて⓬[_____]王国が成立した。⓬王国は1492年にイスラーム勢力最後の拠点であった**ナスル朝**のグラナダを陥落させ国土統一を果たし、海外進出に乗り出した。ポルトガルは12世紀にカスティリャから独立したのち、15世紀後半に王権を強化し、アジア航路の開拓を進めた。

ドイツ・スイス・イタリアと北欧

ドイツ(神聖ローマ帝国)は諸侯や自由都市の勢力が強く、また歴代皇帝はイタリア支配にこだわって国内の統治をおろそかにしたため13世紀後半には事実上皇帝がいない「⓭[_____]時代」という混乱が続いた。1356年、皇帝⓮[_____]世は「⓯[_____]」を発布して、神聖ローマ皇帝の選出権を聖俗の**七選帝侯**に認めた。15世紀以降になると、皇帝はオーストリアの**ハプスブルク家**から選ばれるようになった。

14世紀以降ドイツでは、大諸侯の領地である⓰[____]で集権化が進められ、帝国から自立する勢いをみせた。こうして国内には諸侯や自由都市など約300の⓰が分立し、統一にはほど遠かった。一方でドイツ人の勢力拡大は続き、スラヴ人やマジャール人が住んでいたエルベ川以東の地には、12世紀から大規模な⓱[_____]がおこなわれ、**ドイツ騎士団領**などの諸侯国がつくられた。これらの地域では15世紀以降、西ヨーロッパ向けの穀物生産が大規模におこなわれた。

スイス地方の農民は、13世紀末にハプスブルク家の支配に反抗して独立闘争を始め、現在のスイス連邦の母体をつくった。彼らは15世紀末には神聖ローマ帝国から事実上独立し、1648年の**ウェストファリア条約**で国際的に独立国として承認された。

イタリアは、南部にはシチリア王国とナポリ王国、中部に教皇領、北部にはヴェネツィア・フィレンツェ・ジェノヴァ・ミラノなどの都市国家が分立していた。神聖ローマ皇帝の介入によって、諸都市の内部では⓲[__]党(ゲルフ)と⓳[__]党(ギベリン)が争い、国内統一を困難にしていた。

北欧では、14世紀末にデンマークの摂政マルグレーテが主導して、デンマーク・スウェーデン・ノルウェーの3国のあいだに⓴[_____]同盟が結ばれ、同君連合の王国として一大勢力となった。

❶ カペー朝断絶後に成立したフランスの王朝は何か。

❷ 英仏両国の対立の原因となった毛織物産業が盛んな地方はどこか。

❸ 母が断絶したカペー家出身であることから、フランスの王位継承権を主張したイギリス国王はだれか。

❹ 1339年から1世紀以上続いたイギリスとフランスの戦争は何か。

❺ ❹戦争で劣勢のフランス軍を立て直し、港市カレー以外のほぼ全土からイギリス軍を追い出したフランス国王はだれか。

❻ オルレアンで包囲されていた❺世を救出し、フランスを勝利に導いたが、イギリス側に捕らえられ宗教裁判で火刑となったのはだれか。

❼ ❹戦争後のイギリスにおいて、ランカスター・ヨーク両家による王位継承の内乱がおこった。この戦争名は何か。

❽ ❼戦争をおさめ、1485年に即位したランカスター派のヘンリ7世が開いた王朝は何か。

❾ イベリア半島において、キリスト教徒がイスラーム教徒を追放し領土を奪回しようと展開した活動は何か。

❿ ❾運動を主導したカスティリャ王国の女王はだれか。

⓫ ❾運動を主導したアラゴン王国の王子で、❿と結婚したのはだれか。

⓬ ❿と⓫の結婚後、1479年に両国が統合して成立した新国家は何か。

⓭ 13世紀後半のドイツ（神聖ローマ帝国）でおきた、事実上皇帝が不在となった混乱を何と呼ぶか。

⓮ ⓭時代を解決に導いた神聖ローマ皇帝はだれか。

⓯ ⓮世が1356年に発布し、⓭時代を解決したものは何か。

⓰ 14世紀以降のドイツにおいて、集権化が進んだ大諸侯の領地など、帝国から自立して地方主権国家的存在となった各領地を何と呼ぶか。

⓱ スラヴ人やマジャール人が住んでいたエルベ川以東の地に、12世紀からドイツ人によっておこなわれた大規模な植民活動は何と呼ばれるか。

⓲ 12世紀以降、イタリアにおける教皇と神聖ローマ皇帝との抗争において、ゲルフとはどのような支持者の集団か。

⓳ ⓲党と抗争したギベリンとはどのような支持者の集団か。

⓴ 14世紀末にデンマークの摂政マルグレーテが主導し、スウェーデン・ノルウェーとの3国間で成立した同君連合の名称は何か。

[地図問題] 1397年に同君連合を結んだ地図中の**A**、**B**、**C**の国名は何か。また、神聖ローマ皇帝の選出権をもっていた黒わくの聖俗の諸侯たちの総称を何というか。

❶
❷
❸
❹
❺
❻
❼
❽
❾
❿
⓫
⓬
⓭
⓮
⓯
⓰
⓱
⓲
⓳
⓴

[地図問題]
A
B
C
総称

⦿ p.112～113／⦿ p.134～136

教会と修道院

中世の西ヨーロッパはキリスト教の時代であり、人々の日常生活全般に❶□□□□ ＝ □□□□□□教会の絶大な権威がいきわたっていた。また、修行の場であった❷□□□□□も大きな文化的役割を果たした。❷は、6世紀に❸□□□□□□□□がイタリアのモンテ＝カシノに開いたベネディクト修道会に始まる。同会は清貧・純潔・服従のきびしい戒律を修道士に課し、中世以降、各地に広がった。「祈り、働け」という原則は、労働を奴隷の仕事と考えていた従来の労働観を大きくかえた。12世紀以降、森林の開拓が進む❹□□□□□時代の先頭に立ったのはシトー修道会などであった。13世紀に修道会を建てた右の絵に示されている**フランチェスコ**のような「聖人」の活躍は、民衆の教化に大きく貢献した。

▲「小鳥に説教する聖フランチェスコ」

中世では学問は神の栄光のためにあった。❺□□□□は最高の学問であり、哲学や自然科学はその下におかれた。当時の学者・知識人であった聖職者たちは共通語である❻□□□□語を用いていた。

学問と大学

12世紀には、ビザンツ帝国やイスラーム圏に継承されていたギリシアの古典が❻語に翻訳されて学芸が大いに発展した。これを❼□□□□□□□□□□□□□という。イスラーム科学の影響は大きく、実験を重視する❽□□□□＝□□□□□の自然科学はのちの近代科学を準備した。

このような状況下で、キリスト教の信仰を論理的に体系化しようとする❾□□□□学が、❿□□□□＝□□□□□により大成され、教皇権の理論的支柱となった。

⓫□□□が誕生したのも12世紀頃からである。⓫は都市の発展を背景に、教授や学生の組合としてできたのが始まりで、一種のギルドであった。おもな⓫には❺・法学・医学の3学部があり、また基礎的な教養科目として自由七科も教育された。最古の⓫といわれるイタリアの**ボローニャ**⓫は法学で、また**パリ**⓫は❺でそれぞれ有名であった。イギリスではパリ⓫を模範に創設された**オクスフォード**⓫が、独自の学寮(コレッジ)制をもとに発展した。

美術と文学

中世都市は信仰の高まりと経済力を背景に、競って石造の教会を建てた。**教会建築**は中世ヨーロッパの美術を代表するものである。11世紀には厚い石壁に小さな窓をもつ重厚な⓬□□□□□様式が生み出され、12世紀に現れた⓭□□□□□様式は、尖頭アーチと高くそびえる塔を特徴とする。技術の進歩で広くなった窓は、左の写真のような⓮□□□□□□□で飾られ、外壁や柱には聖書を題材とした様々な彫刻がほどこされた。

学問に❻語が用いられたのに対し、騎士の武勲や恋愛をテーマに口語(俗語)で表現されたものが⓯□□□□物語である。なかでもフランスの『ローランの歌』、ドイツの『ニーベルンゲンの歌』、イギリスの『アーサー王物語』などが名高い。また、南フランスやドイツには⓰□□□□□□が現れ、宮廷において騎士の恋愛をテーマに叙情詩をうたった。

▲シャルトル大聖堂の⓮

❶　キリスト教の時代といわれた中世の西ヨーロッパにおいて、人々の日常生活全般に絶大な権威をおよぼしていた宗教的組織は何か。

❷　修道士・修道女が世俗を離れて、共同生活をしながら修行をした施設は何と呼ばれるか。

❸　6世紀にイタリアのモンテ＝カシノに、「祈り、働け」の原則を掲げて、西ヨーロッパ最古の❷を建てたのはだれか。

❹　ヨーロッパ諸地域において、支配権の拡大をめざす領主が❷を誘致し、開墾・植民運動をおこなった12～13世紀は何時代と呼ばれるか。

❺　学問は神の栄光のためにあり、哲学や自然科学はその下とされた中世における最高の学問とは何か。

❻　中世の学者・知識人であった聖職者たちが用いていた共通語は何か。

❼　ビザンツ帝国やイスラーム圏に継承されていたギリシアの古典が、❻語に翻訳されて学芸が大いに発展した12世紀の西欧の文化の復興運動は、何と呼ばれるか。

❽　イスラーム科学の影響から実験を重視し、のちの近代科学を準備したとされるイギリスの自然科学者はだれか。

❾　キリスト教の信仰を論理的に体系化し、中世の教皇権の理論的支柱となった学問は何か。

❿　『神学大全』を著し、❾学を大成したのはだれか。

⓫　12世紀頃に誕生したとされるヨーロッパの高等教育機関は何か。

⓬　厚い石壁に小さな窓と重厚さを特徴とした11世紀の建築様式は何か。

⓭　尖頭アーチと高くそびえる塔を特徴とした12世紀の建築様式は何か。

⓮　⓭様式の特徴でもある、教会の窓に用いられた絵ガラスとは何か。

⓯　中世における騎士の武勲や恋愛をテーマにして、口語（俗語）で表現された物語は何と呼ばれるか。

⓰　フランスでは**トルバドゥール**とも呼ばれ、西ヨーロッパ各地の宮廷などで、⓯物語を題材にして叙情詩をうたった詩人たちを何と呼ぶか。

[資料問題]　下の教会の写真を見て、それぞれの建築様式を答えよ。

Aランス大聖堂

Bシュパイアー大聖堂

❶

❷

❸

❹

❺

❻

❼

❽

❾

❿

⓫

⓬

⓭

⓮

⓯

⓰

[資料問題]

A

B

28 宋とアジア諸地域の自立化　I

教 p.114〜116／詳 p.137〜140

東アジアの勢力交替

安史の乱以降、唐を中心とした国際秩序がゆるむと、東アジア各地で独自の国家づくりがおこなわれ、中国商人も海上交易に進出するようになった。

10世紀初めの唐滅亡を契機に、近隣諸地域で政権交替があいついだ。9世紀半ばにウイグルが崩壊したのち、モンゴル系のキタイ（契丹）が勢力をのばし、10世紀初めに❶□□□□□□（太祖）がモンゴル高原東部に国をたてた。キタイは渤海を滅ぼし、❷□□□□□□□を獲得して華北に進出した。朝鮮半島では新羅が❸□□に、雲南では南詔が❹□□□にかわった。日本でも9世紀末に遣唐使が停止されるのと前後して、中国文化に日本文化の要素が加えられ、仮名文字などに代表される国風文化が栄えるようになった。また、律令体制の崩壊が進んで武士が台頭し、12世紀後半には鎌倉幕府がたてられた。

キタイは狩猟民・遊牧民を部族制によって、農耕民を州県制によっておさめる❺□□□□体制をしき、ウイグル文字と漢字の影響を受けて❻□□文字を生み出した。国号は、時期によってキタイと中国風の❼□の双方が用いられた。また、キタイでは仏教が受容された。11世紀には、チベット系タングートの❽□□やベトナムの❾□□（李朝）など新国家の独立もみられた。❽は漢字をまねて❽文字をつくり仏典を翻訳し、❾でも仏教や儒学が受容された。

12世紀になると、キタイの勢力下にいた、狩猟・農耕を生業とするツングース系の女真に❿□□□□が現れ、キタイから自立して⓫□をたてた。⓫は女真人を⓬□□・□□という部族制にもとづく軍事・社会制度によっておさめ、中国式の統治制度も採用した。また漢字や❻文字の影響を受けた女真文字もつくった。

北宋と南宋

五代の武将であった⓭□□□は、960年に宋（北宋）をたて、つぎの太宗は中国をほぼ統一した。宋は、皇帝の親衛軍を強化するとともに、科挙を整備して、貴族にかわり科挙出身の文人官僚が政権の中枢を担うようになった（文治主義）。

文治主義により中央政府の力は強まったが、一方で近隣諸国の台頭や文治重視による財政の圧迫により、宋の対外政策は難しいものとなった。❷の帰属をめぐって緊張関係にあったキタイとのあいだで、宋は毎年多額の銀や絹を贈る内容で⓮□□□□□を結んだ。❽が強勢になると、❽にも毎年銀や絹・茶を贈った。これらの費用が財政上の負担となるなか、11世紀後半に神宗が宰相に登用した⓯□□□は、農民や中小商工業者の保護・育成、治安維持や国境防備の民間委託などを盛り込んだ⓰□□と呼ばれる法を定めて改革をおこなった。しかし地主や大商人の反発は強く、彼の引退後は、改革に賛成する⓰党と反対する⓱□□□党の対立が激化し、国内は混乱した。

12世紀前半、⓫はキタイを滅ぼすと、さらに宋に侵入し、都を攻撃し陥落させ上皇徽宗と皇帝欽宗を捕虜として⓫に連行した。これを⓲□□□□□という。宋の一族は江南に逃れ、欽宗の弟（高宗）によって存続し、⓳□□と呼ばれた。華北は⓫の支配下に入った。⓳では、⓫に対する和平派と主戦派が対立したが、⓫との和議が結ばれ、淮河を国境とすること、⓳は⓫に対して臣下の礼をとり、毎年銀や絹を贈ることなどが取り決められた。

❶ 10世紀初めに、モンゴル高原東部にモンゴル系の遊牧国家キタイ（契丹）をつくったのはだれか。

❷ キタイが、後晋の建国を援助した代償として獲得し、のちに北宋とのあいだで帰属（所有権）問題がおきた華北の地域は何と呼ばれたか。

❸ 朝鮮半島を統一した王建が、10世紀初めに開城を都と定め、唐や宋の制度をとりいれ、仏教を国教としてたてた国は何か。

❹ 10世紀初め、雲南において南詔の滅亡後にたち、仏教文化を南詔より継続し発展させた国はどこか。

❺ キタイが民族の独自性を保つために、狩猟民・遊牧民を部族制によって、農耕民を州県制によっておさめた支配体制とは何か。

❻ ウイグル文字と漢字の影響を受けてつくられたキタイの文字は何か。

❼ キタイは、時期によってキタイと中国風の国号の双方を用いたが、中国風の国号は何か。

❽ 11世紀に、宋が毎年銀や絹・茶を贈る内容の和議を結んだチベット系タングートの国はどこか。

❾ 11世紀にベトナム人が北ベトナムにたてた李朝から19世紀にいたるまでの、ベトナム人による王朝の総称（国号）は何か。

❿ 12世紀に、キタイの勢力下から独立し、狩猟・農耕を生業とするツングース系の女真をたてた首長はだれか。

⓫ ❿がたてた国の王朝名（国号）は何か。

⓬ ⓫が採用した部族制にもとづく軍事・社会制度とは何か。

⓭ 960年に宋（北宋）をたてた五代の武将はだれか。

⓮ ❷の帰属をめぐって緊張関係にあったキタイとのあいだで、宋が毎年多額の銀や絹を贈る内容で結んだ1004年の和議は何か。

⓯ 11世紀後半に神宗の下で、宋の悪化した財政などの改革をおこなうが、保守派官僚の反対にあい宋の宰相を辞任したのはだれか。

⓰ ⓯が定めた、農民や中小商工業者の保護・育成、治安維持や国境防備の民間委託などを盛り込んだ法の総称は何か。

⓱ ⓯の改革に反対した司馬光らを中心とした保守派官僚たちは何と呼ばれたか。

⓲ 12世紀前半に、キタイを滅ぼした⓫が、宋に侵入し首都を攻撃し、宋の上皇徽宗と皇帝欽宗を捕虜とした1126〜27年の事件は何か。

⓳ ⓲の事件後、宋の一族が江南に逃れ、欽宗の弟（高宗）を即位させることで再建した王朝は何か。

【地図問題】 左の11世紀後半の東アジアの地図中にある、Aは北宋の都を、Bは南宋の都となった都市名を、Cはキタイと北宋間の緊張関係の原因となった華北の地域名を答えよ。

❶
❷
❸
❹
❺
❻
❼
❽
❾
❿
⓫
⓬
⓭
⓮
⓯
⓰
⓱
⓲
⓳

【地図問題】
A
B
C

⑱ p.116〜119／⑲ p.140〜143

宋代の社会と経済

唐代まで政治の中心は華北であったため、華北と江南を結ぶ大運河の重要性が大きく増していた。また唐代における生産力の高まりにより、唐末には城外や交通の要地にも**草市・鎮**と呼ばれる商業の拠点ができ、商品流通が盛んになっていた。こうした動きを受け、唐滅亡後、五代の多くが黄河と大運河の接点である❶[   ]を都とし、十国のうち江南に拠点をおいた国々は商業に力を入れた。経済発展により富裕になった人々は、土地を買い集めて地主となり、収穫物の半分ほどの小作料をとって**佃戸**と呼ばれる小作人に耕作させるようになった。こうした新興地主層は❷[   ]と呼ばれる。

❶に都をおいた北宋は、活発になった民間の商業活動をおもな財源とした。専売とされた塩・茶のほか、米や絹などを扱う大商人が現れ、❸[ ](商人)・❹[ ](手工業者)などの同業組合も生まれた。海上交易では絹や陶磁器・銅銭などが輸出され、宋は❺[   ]を広州・泉州・明州などの港に広くおいて管理につとめた。❻[   ]の開発は同地を拠点とした南宋の時代にさらに進み、低湿地の干拓や日照りに強い稲の導入などによって長江下流域は穀倉地帯となった。陶磁器や茶・絹の生産も拡大し、商品を運ぶ手段として水運が大いに発達した。

商業の活性化にともない、取引のために銅銭が大量に鋳造され、価値の高い金・銀も地金のまま決済に使われた。遠距離間の取引に便利な**手形**は唐代に現れていたが、宋ではこれが❼[   ]・[   ]と呼ばれる紙幣としても利用されるようになった。銅銭は❽[   ]を介して日本にも大量にもちだされて宋銭と呼ばれ、日本の貨幣経済の進展をうながした。

宋代の諸制度や政治は、経済や社会の動向と深く結びついていた。科挙は男性であれば基本的に誰でも受験できたが、儒学や詩文を学べるだけの経済力をもつ❷身分に有利だった。その結果、唐末から五代にかけて一掃された貴族にかわり、儒学の教養を身につけた資産家官僚の❾[   ]が地域社会において強い力をもつようになった。

宋代の文化

宋代の文化は、教養人である❾が担い手となったため、貴族的な華麗さから離れ、精神的・理知的な傾向が強まった点が特徴である。単色で簡素な造形の陶磁器の❿[   ]や[   ]、❾の描いた⓫[   ]の奥深さ、⓬[   ]に代表される詩文の作風などは、宋代文化を代表している。一方で、技巧的な装飾に趣を見出す風潮もあり、宮廷画家による写実的な⓭[   ]や、繊細ながら力強い徽宗の書なども現れた。

儒学では、経典全体を総合的に理解して宇宙・世界の根源的な原理を見出そうとする⓮[   ]が盛んになった。すべてのものごとの本質にせまろうとする態度は、儒学の正統な系譜として⓯[   ]を重んじ、華夷・君臣・父子の区別を強調する考え方を生んだ。北宋の⓰[   ]による編年体の歴史書『⓱[   ]』にも、君臣関係を重視する姿勢がみられる。宋学のなかでも正統としての地位を得た南宋の⓲[   ](朱子)の学問(朱子学)は、朝鮮や日本にも多大な影響を与えた。

中国独特の仏教である禅宗は、宋代に❾のあいだで流行し、日本にも伝わり、武士のあいだに広まった。日本からの留学僧も増加し、宋学の教えや漢詩文の技法をはじめ、様々な文化が日本に伝わった。また金代の華北では、儒・仏・道の調和を説き、道教の革新をとなえる**全真教**が開かれた。

一方、経済の発展は、新しい庶民的な文化や革新的な技術を生み出した。都市では講釈師によって語られる物語(小説)や歌と踊りをまじえた雑劇が人々を楽しませ、音楽にあわせてうたう詞が盛んにつくられた。唐代に始まった⓳[   ]は宋代に広まり、活字による印刷法(活版印刷術)も発明された。⓴[   ]や[   ]も宋代に実用化され、やがてヨーロッパに伝わった。

❶ 黄河と大運河の接点で繁栄した北宋の都はどこか。

❷ 収穫物の半分ほどの小作料をとって佃戸と呼ばれる小作人による大土地経営をおこなった宋代の新興地主層は何と呼ばれたか。

❸ 宋代に、民間の商業活動が活発になるなかで成立した、商人の同業組合は何と呼ばれたか。

❹ ❸と同じ背景で成立した、手工業者の同業組合は何と呼ばれたか。

❺ 唐代の玄宗の時、はじめて広州に設置され、宋代には泉州・明州などの港にもおかれた海上交易全般の管理をおこなった官庁は何か。

❻ 低湿地の干拓や日照りに強い稲の導入などにより穀倉地帯となった長江下流域の開発事業は何と呼ばれるか。

❼ 遠距離間の取引に便利であった唐代の手形が、宋代には紙幣としても利用されるようになった。この紙幣は何と呼ばれたか。

❽ 10世紀後半から13世紀半ばにかけての平氏政権時代におこなわれた、日本と宋とのあいだの貿易は何と呼ばれたか。

❾ 儒学の教養を身につけ、宋代の地域社会において強い力をもつようになり、政治的社会的指導者となった資産家官僚を何と呼ぶか。

❿ 宋代における、高度に発達した単色で簡素な造形の陶磁器を2種類答えよ。

⓫ 高い教養をみせた❾など、画家が本業ではない政治家や文人などが描いた絵画は何と呼ばれるか。

⓬ ⓫の「墨竹図」を残した人物で、そのほかに詩・文・詞や書にも秀でていた北宋の政治家は誰か。

⓭ 右の徽宗による「桃鳩図」に代表される、中国宮廷内の画院で描かれた宮廷様式の絵画は何と呼ばれるか。

⓮ 儒学の経典全体を総合的に理解して、宇宙・世界の根源的な原理を見出そうとする宋代に成立した哲学的な新儒学は何か。

⓯ 儒学の古典『大学』『中庸』『論語』『孟子』を総じて何と呼ぶか。

⓰ 北宋時代に、新法の王安石に対抗した旧法党の政治家で、歴史書の編纂にも携わったのはだれか。

⓱ 年月を追う編年体形式で、⓰が著した歴史書は何か。

⓲ 新儒学の⓮のなかでも正統としての地位を獲得し、朝鮮や日本にも多大な影響を与えた南宋の儒学者はだれか。

⓳ 唐代に始まり、科挙受験者の増加により大量の経典や参考書が必要となったことから普及した、木の板に文字を刻み印刷する技術は何か。

⓴ 宋代に実用化された技術で、航海に使用する方位を示す磁針機器と、火器に使用された引火により爆発する物質とはそれぞれ何か。

❶
❷
❸
❹
❺
❻
❼
❽
❾
❿
⓫
⓬
⓭
⓮
⓯
⓰
⓱
⓲
⓳
⓴

30 | モンゴルの大帝国

⑱ p.119〜122／㊫ p.144〜149

モンゴル帝国の形成

12世紀初めにキタイが滅亡し、その一族が西進して**カラキタイ（西遼）**を建国すると、遊牧諸勢力の再編が強まった。頭角を現した**テムジン**は、1206年のクリルタイで❶[　　　　]＝[　　]として即位し、諸部族を統一して大モンゴル国をたて、軍事・行政組織の千戸制をしき、強力な騎馬軍団を整えた。❶は金を圧倒したのち、ホラズム＝シャー朝に続き西夏も滅ぼした。❶の死後、**カアン**を称した**オゴデイ**が金を滅ぼして華北を領有した。**バトゥ**は西進してロシアや東欧を制圧し、**キプチャク＝ハン国**をたてた。中央アジアには**チャガタイ＝ハン国**が成立し、西アジアでは**フレグ**がアッバース朝を滅ぼし**イル＝ハン国**をたてた。カアンを称した**クビライ**は、南宋を滅ぼして中国全土を支配した。13世紀後半、中央ユーラシアとその東西に成立したモンゴル人の各政権は、カアンのもとに連合し❷[　　　　]帝国と呼ばれた。

元の東アジア支配

モンゴル高原から華北・チベット・高麗におよぶ地域一帯を支配したクビライは、中国風に国名を❸[　　]と定め、新都の❹[　　　　]（現在の北京）を築いた。❹は駅伝制と連結し運河により海とも結ばれ、山東半島を経て❹に向かう❺[　　　]と、杭州と❹を結ぶ新運河により、江南地方も❷帝国の商業圏となった。❹はヨーロッパにおよぶ陸と海の物流・情報ネットワークの中心となった。またクビライは、日本や東南アジアに遠征軍を送り、多大な影響を残した。❷帝国の交易を担ったのはおもに❻[　　　　]商人で、ユーラシアの銀経済（銀による決済）が中国におよんだ。❸は塩の専売や商業税により莫大な銀を集め、紙幣（❼[　　　]）を発行して銀の流通不足をおぎなった。利用価値が低下した銅銭は、❽[　　　]貿易により日本へ輸出された。

　元の統治の中枢はモンゴル人が担い、中央アジア・西アジア出身の❾[　　　　　]は、経済面で力をふるった。金の支配下の契丹・女真人を含む華北の人々は❿[　　　]、南宋の人々は⓫[　　　]と呼ばれた。商業を重視した❸は、支配地域の社会や文化を軽視し、儒学や科挙の役割は大きく後退したが、❹の建造や暦の改良に従事した郭守敬のように、実用的な能力は重視された。支配層のモンゴル人は⓬[　　　　]を重んじ、民衆のあいだでは⓭[　　　]と呼ばれた戯曲が流行した。

モンゴル帝国時代の東西交流

ユーラシアの統合は、ヒトやモノ、情報の移動・流通を活発化した。十字軍を展開していたヨーロッパは強大な❷帝国に関心をもち、教皇はプラノ＝カルピニを、フランス王ルイ9世はルブルックをモンゴル高原に派遣した。❹を訪れたイタリア人⓮[　　　　]＝[　　　]の『世界の記述』（『東方見聞録』）はヨーロッパで反響を呼んだ。13世紀末に教皇の命で❹に派遣された修道士⓯[　　　]＝[　　　　]はカトリックを布教した。イル＝ハン国の宰相ラシード＝アッディーンはユーラシア世界史の『集史』をペルシア語で著した。中国から西アジアに絵画の技法が伝わり、景徳鎮では西方の顔料による陶磁器がつくられ、海路で輸出された。

モンゴル帝国の解体とティムール朝

14世紀に入り、中国では、❼の濫発や専売制度の強化と飢饉に民衆は苦しみ、白蓮教徒による⓰[　　　]の乱などの農民反乱がおこり、1368年に元は明軍に追われてモンゴル高原に退いた。14世紀半ば、チャガタイ＝ハン国は東西に分裂し、そのなかから台頭した⓱[　　　　]が中央アジアに⓱朝をたて、❶の権威を尊重しつつ、トルコ系・モンゴル系遊牧民の軍事力とイラン系定住民の経済力や行政能力を結合した。⓱はキプチャク＝ハン国を攻撃した後、西進しアンカラの戦いでオスマン軍を破りバヤジット1世を捕虜としたが、明への遠征途中に病死した。⓱朝は内紛後、トルコ系遊牧ウズベクに滅ぼされた。⓱朝時代は、イル＝ハン国のイラン＝イスラーム文化と中央アジアのトルコ＝イスラーム文化とが交わり高度な文化が生まれた。首都⓲[　　　　]には、モスクやマドラサが建設された。

❶　諸部族を統一し**大モンゴル国**をたてた**テムジン**が、1206年の**クリルタ
イ**で君主を意味する**カン（ハン）**に即位し自称した新たな名前は何か。

❷　13世紀後半、中央ユーラシアとその東西に、高い自立性をもちながら
も**カアン**の下でゆるやかに各政権が連合し成立した帝国を何と呼ぶか。

❸　モンゴル高原から華北・チベット・高麗におよぶ地域を支配した**クビ
ライ**が改称した中国風の国名（国号）は何か。

❹　クビライが新たに築いた首都はどこか。

❺　江南と沿岸沿いに山東半島を経て❹を結ぶ海上輸送を何と呼ぶか。

❻　❷帝国における陸と海の交易をおもに担ったのは何という商人か。

❼　銀経済となり、銀の流通不足を補うために銅銭にかわる主要貨幣とし
て、クビライが発行した紙幣は何か。

❽　利用価値が低下した銅銭は、日本に輸出されたが、鎌倉から南北朝期
にかけて、日本と❸とのあいだでおこなわれた貿易は何か。

❾　経済面で重用された中央アジア・西アジア出身者は何と呼ばれたか。

❿　旧金支配下の契丹・女真人を含む華北の人々は何と呼ばれたか。

⓫　旧**南宋**の人々は何と呼ばれたか。

⓬　クビライの保護で、多大な寄付による出費が財政を圧迫する原因とな
った宗教は何か。

⓭　民衆のあいだで流行した『**西廂記**（せいそうき）』などの戯曲は何と呼ばれたか。

⓮　❹を訪れ、帰国後にまとめた『**世界の記述**』（『**東方見聞録**』）が、ヨー
ロッパで反響を呼んだイタリア人商人はだれか。

⓯　13世紀末に教皇の命で❹に派遣され、カトリックを布教した修道士は
だれか。

⓰　14世紀半ばに**白蓮教徒**などの宗教結社がおこした農民反乱は何か。

⓱　14世紀半ば、東西に分裂した**チャガタイ＝ハン国**の諸部族を統率し、
中央アジアに国をたてた後、オスマン軍を破ったのはだれか。

⓲　陸路の東西交易の拠点として古くから発展し、⓱朝時には首都として
トルコ＝イスラーム文化が花開いた中央アジアの都市はどこか。

【地図問題】　**A**～**D**の領域を支配した国を答えよ。

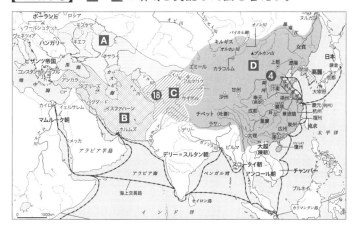

❶
_____
❷
_____
❸
_____
❹
_____
❺
_____
❻
_____
❼
_____
❽
_____
❾
_____
❿
_____
⓫
_____
⓬
_____
⓭
_____
⓮
_____
⓯
_____
⓰
_____
⓱
_____
⓲
_____

【地図問題】

A
_____
B
_____
C
_____
D
_____

31 アジア交易世界の興隆 Ⅰ

⏵ p.123〜125／⏵ p.150〜154

モンゴル帝国後のアジア　モンゴル帝国解体後は、中央アジア・西アジアを支配したティムール朝と、中国を支配した明朝が、二大帝国として繁栄した。しかし、西方ではオスマン帝国が勢力を拡大し、明朝の北方ではモンゴル系の諸集団が活動していた。日本では、室町幕府が14世紀末に南北朝を合一させ、朝鮮半島では、❶□□□□が高麗を倒し、1392年に**朝鮮王朝**をたてた。14世紀末には、東アジア諸地域で新しい政治秩序が成立した。

明初の政治　元末の❷□□□の乱のなかから❸□□□□が台頭し、1368年南京で❹□□帝として皇帝に即位し**明朝**をたてた。明軍に追われた元の帝室は、モンゴル高原で王朝を維持した。一方、❹帝は、**六部**を監督していた**中書省を廃止**して皇帝に権力を集中させた。農村では人口調査を全国的におこなって租税や土地の台帳を整備し、❺□□□制を導入して統制を強化した。さらに儒教的な6カ条の教訓からなる❻□□を広め、秩序の安定をはかった。内政面では朱子学を官学とし、唐にならって**明律・明令**を制定した。軍政面では、一般の**民戸**と別に**軍戸**を設けて世襲とし、軍戸には税を免除して軍役を課す❼□□□制を整備した。モンゴルに対しては、自分の息子たちを王として北方に配置した。❹帝を継いだ建文帝が諸王勢力の削減をはかると、北平を本拠とした燕王が挙兵し、建文帝から帝位を奪って❽□□□帝として即位した。彼は北平に都を移し**北京**と改称し、みずから**モンゴル遠征**をするなど積極的な対外政策をとった。また宦官でムスリムの❾□□に命じ、インド洋からアフリカ沿岸まで数回の遠征をおこなわせた。

明朝の朝貢世界　明朝は国内と同様、対外関係でもきびしい統制策をとり、民間人の海上交易を許さない❿□□□政策とし、政府の管理する⓫□□貿易のみを認めた。15世紀初め**中山王**が統一した琉球（現在の沖縄）は、明との⓫貿易で得た物資を用いて海上交易の要となった。14世紀末マレー半島に成立した⓬□□□□王国も❾の遠征をきっかけに台頭し、マジャパヒト王国にかわって東南アジア最大の交易拠点となった。

　明の⓫国であった**朝鮮**は、**科挙**の整備や朱子学の導入など、明にならった改革をおこない、15世紀前半の世宗は⓭□□□□□（ハングル）を制定した。**日本**は、遣唐使停止以来とだえていた中国への正式な使節派遣を一時復活させ、室町幕府の将軍であった**足利義満**が、明から「**日本国王**」に封ぜられ⓮□□貿易を始めた。**ベトナムの⓯□□朝**も明と⓫関係を結び、明の制度を取り入れた。

　北方では、モンゴル諸集団がしばしば中国に侵入した。15世紀の**土木の変**では、⓰□□□□が明の皇帝を土木堡で捕らえた。明は北方民族に対し、⓱□□を改修するなど守勢に転じた。

交易の活発化　16世紀に入ると、東南アジアではコショウなど香辛料の輸出が急激に増大した。ヨーロッパ勢力が、アジアの富を求めて進出してきたからで、アジア諸地域は大規模な交易・交流の舞台となった。しかし、大砲などで武装した⓲□□□□□□□が、16世紀初めに⓬を占領すると、ムスリム商人はスマトラ島やジャワ島に新たな拠点をつくって対抗した。これは、特産品を生産できる後背地と強力な武力をもつ国が交易の主役となったことを示した。

　16世紀半ば、中国の周辺では、北方のモンゴルや東南沿岸の⓳□□□の侵入が激化し、明を苦しめ⓴□□□□と呼ばれたが、それは貿易の利益を求める人々が明の貿易制限を打破しようとする動きであった。その動きには、モンゴル人や日本人だけでなく中国人も加わっていた。明は交易制限を緩和し、モンゴルとの交易場を設け、民間人の海上交易も許した。その結果、**日本銀**やアメリカ大陸で採掘された銀が大量に中国に流入した。この民間交易の活発化によって、明の⓫体制は崩壊に向かい、各地の武装した勢力による実力抗争の時代となった。

❶ 朝鮮半島の高麗を倒して、1392年に**朝鮮王朝**をたてたのはだれか。

❷ 元朝滅亡のきっかけとなった、1351～66年に**白蓮教**などの宗教結社が起こした農民反乱は何か。

❸ 元末の❷の乱のなかから台頭し、1368年に南京で皇帝に即位して**明朝**をたてたのはだれか。

❹ 皇帝となり一世一元の制を定めた❸は、その元号から何と呼ばれたか。

❺ 租税の徴収や治安維持を目的につくられた明代の村落行政制度は何か。

❻ 民衆教化のために❹帝が発布した、儒教的な6カ条の教訓は何か。

❼ 一般の**民戸**と別に**軍戸**を設けて世襲とし、軍戸には税を免除して軍役を課して編制した明の兵制は何か。

❽ 建文帝を倒した北平（**北京**）の燕王は皇帝に即位後は何と呼ばれたか。

❾ ❽帝の命で、計7回にわたり**南海遠征**をおこなった指揮官はだれか。

❿ 外国船の往来、中国人の渡航および民間人の海上交易を認めない明代の政策は何か。

⓫ 中国各王朝政府の管理下で認められた、周辺諸国との恩恵的な形態の貿易は何と呼ばれるか。

⓬ 14世紀末、マレー半島に成立したイスラーム王国は何か。

⓭ 15世紀前半、朝鮮王朝の世宗が制定した朝鮮の国字で、現在は**ハングル**と呼ばれている文字は何か。

⓮ 明が公認した貿易の証として発給した割符文書を用いておこなわれた日明間の貿易は何か。

⓯ 15世紀前半、明軍を退けてハノイを首都として成立した**ベトナム**の王朝は何か。

⓰ 15世紀にモンゴル諸族を統合し、中央アジアから中国東北地方にいたる領域を支配したモンゴル系の遊牧民族集団は何か。

⓱ 北方民族の進入を防衛するために明代に改修された建造物は何か。

⓲ 香辛料などを求めて大砲などの強力な火器で武装し、16世紀初めにマレー半島の⓬を占領したヨーロッパの国家はどこか。

⓳ 中国沿岸で活動した海賊および私貿易の集団は何と呼ばれたか。

⓴ 明を衰退させた一因で、北方からのアルタン＝ハーンらによるモンゴル諸部族の侵入と、中国東南で活動した⓳の侵入をあわせて何というか。

【地図問題】 明朝❽帝の命で、7回にわたる南海遠征をおこなった❾が訪れたアフリカの都市**A**と、東南アジアの拠点となった国家**B**の名称を答えよ。

❶
❷
❸
❹
❺
❻
❼
❽
❾
❿
⓫
⓬
⓭
⓮
⓯
⓰
⓱
⓲
⓳
⓴

【地図問題】

A

B

明代後期の社会と文化

国際商業の活発化は国内の商工業の発展をうながした。明代は長江下流域にかわり、中流域の湖広（現在の湖北・湖南省）が新たな穀倉地帯として成長し、「湖広熟すれば天下足る」と称せられた。江西省の❶□□□□□に代表される陶磁器も生産をのばし、生糸とともに国際商品となった。そして、海外からの銀の流入が増え、銀が主要な貨幣となり、16世紀には、各種の税や労役を銀に一本化して納入する❷□□□□□が導入された。しかし、軍費の増大による重税で農民の生活は苦しくなる一方で、山西商人や徽州商人など政府と結びついた大商人は、全国的に活動して莫大な富を築いた。富裕な商人や郷紳は都市に住み文化的な生活を楽しみ、大都市には、同郷出身者や同業者の互助・親睦をはかるため❸□□□・□□□がつくられた。

商業の発展と木版印刷による出版の急増で、『三国志演義』『水滸伝』『西遊記』などの小説が普及した。儒学は、16世紀初めの王守仁（❹□□□□）が、だれしもその心に真正の道徳をもっていると主張し、外面的な知識に頼る朱子学を批判した。この❺□□学は、人々に広く支持された。

明末には科学技術への関心も高まった。『本草綱目』（李時珍）、『農政全書』（徐光啓）、『天工開物』（宋応星）などの科学技術書がつくられ、東アジア諸国に影響を与えた。この背景には16世紀に来航したキリスト教宣教師の活動があった。イエズス会の❻□□□□□□は、中国布教を目前に病死し、その後❼□□□＝□□□らが中国で布教をおこなった。日本ではキリスト教は庶民層にまで広まったが、中国では知識人である士大夫層にとどまった。❼が作製した「❽□□□□□□□□」は新しい世界観を伝え、そのほか西洋暦法による『崇禎暦書』や『幾何原本』も刊行された。

東アジア・東南アジアの新興勢力

16世紀の東南アジアでは、ポルトガルがマラッカを、スペインはマニラを拠点とし、交易と支配をおこなった。スペインはメキシコのアカプルコからアメリカ大陸の銀をマニラへ運び中国に流入させ、逆にアジアからは、中国の生糸や陶磁器、インド産綿布などがマニラからアメリカ大陸を経由してスペインに運ばれた。この頃の東南アジアでは、交易の利益やヨーロッパからの武器を利用して強大化した国もあった。諸島部では、アチェ王国やマタラム王国が、香辛料などの交易で繁栄した。インドシナ半島では、タイの❾□□□□□朝やビルマのタウングー朝が米や獣皮の輸出で繁栄した。日本では、織田信長・❿□□□□□が南蛮貿易の利益を得つつ、新式鉄砲を活用し日本統一を進めた。❿による朝鮮侵攻は、明の援軍や朝鮮の⓫□□□□の水軍などの抵抗を受け、❿の死によって日本軍は撤退した。江戸幕府を開いた徳川家康は⓬□□□□□貿易を促進した。東南アジアの各地には中国人町や日本人町がつくられた。

日本の銀と中国の生糸の貿易は利益が大きかったが、倭寇を警戒する明は日中間の直接交易を許さず、マカオを拠点としたポルトガルや台湾に拠点を築いたオランダなどのヨーロッパ勢力が中継貿易で利益を得た。一方、江戸幕府は統治の基礎を固めるため、キリスト教禁止や交易統制を強化し、1630年代に日本人の海外渡航やポルトガル人の来航を禁じる「⓭□□□」を実施した。

一方、中国の東北地方には、農牧・狩猟生活を営む⓮□□□□（のち満洲と改称）が住み、明の支配を受けていた。16世紀末に⓯□□□□□□が⓮の統一に成功し、1616年に建国して国号を金（後金）とした。⓯は、⓰□□□の編制や満洲文字の制作など独自の国家建設を進めた。第2代⓱□□□□は、内モンゴルのチャハルを従えると、支配下の満洲人・漢人・モンゴル人に推戴されて36年に皇帝と称し、国号を⓲□□と定めた。また、⓲は朝鮮王朝を服属させた。

当時、明はあいつぐ戦乱で財政が悪化し、立て直しを試みたが、かえって国内は混乱し、⓳□□□□□の反乱軍に北京を占領され、明は1644年に滅亡した。

❶　古来より陶磁器の生産地として有名な江西省の工業都市はどこか。

❷　銀が主要な貨幣となった後半期の明において、16世紀に導入された、各種の税や労役を銀に一本化して納入する税法は何か。

❸　同郷や同業の商人や職人らの互助・親睦をはかるための施設は何か。

❹　儒学において、16世紀初め、だれしもその心に真正の道徳をもっていると主張し、外面的な知識に頼る朱子学を批判したのはだれか。

❺　❹によってとなえられた儒学の学説を何と呼ぶか。

❻　日本でのキリスト教普及に貢献し、その後中国布教もめざしたが上陸前に病死した**イエズス会**の宣教師はだれか。

❼　16世紀末にマカオで布教を始め、中国伝統文化の尊重と西欧科学技術の紹介に重点をおいた伝導で信頼を得たイエズス会の宣教師はだれか。

❽　❼が指導し完成した中国初の漢訳世界地図（下図）は何と呼ばれるか。

❾　15世紀にカンボジアのアンコール朝を滅ぼし、タイ北部のスコータイ朝を併合し、国際商業活動で繁栄したタイ人の王朝は何か。

❿　織田信長の日本統一事業を受け継ぎ、事実上日本全国を支配し、さらに2度にわたって**朝鮮侵攻**をした戦国武将はだれか。

⓫　水軍を強化し、侵攻した❿の日本軍を破った朝鮮の武将はだれか。

⓬　**江戸幕府**による渡航許可の朱印を押した公文書をもった貿易船による日本の対海外貿易を何と呼ぶか。

⓭　1641年以降、キリスト教禁教、海外との貿易統制を目的に、日本人の海外渡航禁止と外国船の来航規制を実施した江戸幕府の政策は何か。

⓮　中国の東北地方において、明の支配下で農牧・狩猟生活を営んでいたが、明との交易の利権をめぐって内部抗争が激化した部族は何か。

⓯　16世紀末に⓮の統一に成功し、1616年に建国して国号をアイシン（満洲語で金の意）と定めたのはだれか。

⓰　満洲人の血縁・地縁集団を再編制した軍事・行政組織を何と呼ぶか。

⓱　内モンゴルのチャハルを従え、支配下の満洲人・漢人・モンゴル人に推戴されて1636年に皇帝と称したのはだれか。

⓲　⓱が中国風に定めた国号は何か。

⓳　明末の混乱に乗じて北京を占領し、明を1644年に滅ぼした農民反乱軍の指導者はだれか。

❶
❷
❸
❹
❺
❻
❼
❽
❾
❿
⓫
⓬
⓭
⓮
⓯
⓰
⓱
⓲
⓳

33 ヨーロッパの海洋進出、アメリカ大陸の変容

郵 p.128〜131／郵 p.158〜161

ヨーロッパの海洋進出

13〜14世紀の地中海では、イタリア商人が活発に交易をおこなっていた。羅針盤や新型帆船が実用化され、地理学の知識も増え、活動の場を広げていった。交易品でアジアの香辛料はとくに重宝されたが、東地中海を支配するオスマン帝国を経由するため高価であった。同じ頃イベリア半島では、イスラーム教徒に対する国土回復運動が進行しており、ポルトガル・スペイン両国では、領土の拡大とキリスト教布教への熱意が高まっていた。

ヨーロッパのアジア参入

ポルトガルは「航海王子」❶□□□□□□の支援もあってアフリカ西岸の探検を進め、1488年には❷□□□□□=□□□□が喜望峰に達して、98年には❸□□□=□=□□□□がインドに到達した。

ポルトガルは、16世紀初めに東南アジアのマラッカを占領し、アジア内での中継貿易に乗り出した。さらに現地のムスリム商人を火器の力で圧倒しつつ、各地に要塞や商館を築いて、16世紀前半からインド洋で活発な交易をおこなった。さらに16世紀後半には東アジアにも進出し、日中間の交易を仲介して大きな利潤をあげた。ポルトガル人の交易網はアジアのほぼ全域におよび、その拠点にはカトリックの教会も設置された。こうした交易の利益で、首都リスボンは繁栄した。

ヨーロッパのアメリカ「発見」と征服

ポルトガルに遅れたスペインは、大西洋を横断してアジアに向かう❹□□□□□を後援した。1492年にカリブ海の島に到着した❹は、ここをインドと信じ、先住民をインディオ(インディアン)と呼んだ。その後、❺□□□□□=□□□□□の探検により、「新大陸」であることが判明し、彼にちなんで「アメリカ」と名付けられた。またポルトガル人❻□□□は、インドに向かう途中でブラジルに漂着した。スペイン王に援助されたポルトガル人❼□□□□の船隊は1522年、はじめて世界一周を達成した。

16世紀前半、スペインは中南米に「征服者」(コンキスタドール)の軍を送り込んだ。まず❽□□□□はメキシコでアステカ王国を、❾□□□□はペルーでインカ帝国を滅ぼした。その後「征服者」たちは、王室の認可を受けて、キリスト教布教の義務と引きかえに先住民を使役し、彼らに貢納・賦役を課した(エンコミエンダ制)。またポトシ(現在のボリビア)やメキシコで銀山が発見されると、先住民を強制労働に用いた。しかし、酷使と疫病で先住民が激減すると農園が開かれ、労働力としてアフリカから多数の黒人奴隷が運び込まれた。また、ポルトガル領のブラジルも同様であった。

こうして中南米はスペイン・ポルトガルの植民地となり、黒人奴隷を用いた大農園(プランテーション)を経営する、新たに入植した白人による支配体制が発達した。一方、支配された先住民・黒人にはカトリックの信仰が広まった。なおスペインは、フィリピンのマニラを拠点に、ガレオン船を用いて太平洋を横断する交易ルートを開き、メキシコの銀と中国物産の交易をおこなった。

「世界の一体化」と大西洋世界の形成

ヨーロッパ人の海洋進出をきっかけに「❿□□□□□□」が始まったが、その影響はヨーロッパ・アジア・中南米のそれぞれで異なっていた。ヨーロッパでは、国際商業が発達し、その中心地が地中海沿岸から大西洋沿岸に移動した(⓫□□□□)。しかし、アジアでは、ただちに大きな影響は波及しなかった。

これに対して中南米では、ヨーロッパ人は先住民の文明を滅ぼし、自分たちが入植するとともに黒人奴隷も運び込み、キリスト教を広めるなど、現地の社会を根本的にかえてしまった。一方でアメリカ大陸産の農作物はヨーロッパ社会に大きな影響をおよぼし、またヨーロッパがアメリカ大陸産の銀や砂糖などの販路となる関係も始まった。こうして一体化しつつあった世界の一角に「⓬□□□□□」が出現し、ヨーロッパと南北アメリカ大陸の結びつきはしだいに深まっていった。

① ポルトガルの「**航海王子**」と呼ばれ、アフリカ西岸の探検を進めたのはだれか。

② 1488年にアフリカ南端の岬に達したのはだれか。

③ 1498年にインド西岸の**カリカット**に到達し、インド航路の開拓に成功したのはだれか。

④ スペインの後援を受けて、大西洋を横断し1492年にカリブ海の島に到着したが、ここを最後までインドと信じたのはだれか。

⑤ ④の到達した地域を探検し、そこが「新大陸」であることを明らかにしたのはだれか。

⑥ 1500年、インドに向かう途中でブラジルに漂着したポルトガル人はだれか。

⑦ 1519年スペイン王の援助により西回りで南米南端の海峡を通り、太平洋を横断したが、フィリピンで殺害され、残った部下が1522年に帰港しはじめて世界一周が達成された。この航海者はだれか。

⑧ 16世紀前半、メキシコで**アステカ王国**を滅ぼした征服者はだれか。

⑨ ⑧と同時期に、**インカ帝国**を滅ぼした征服者はだれか。

⑩ 新航路の発見と交易の促進によって、世界各地に形成された地域的世界間の結びつきが強くなっていった。このことを何と呼ぶか。

⑪ ヨーロッパでは、国際商業が発達し、その中心地が地中海沿岸から大西洋沿岸に移動していった。この変化を何と呼ぶか。

⑫ 国際商業が発達し、ヨーロッパと南北アメリカ大陸の結びつきはしだいに深まっていった。その経済活動の中心となった世界を何と呼ぶか。

[地図問題] **A**～**D**の新航路を開拓した探検者を答えよ。また、**E**のアフリカ南端の岬の名称も答えよ。

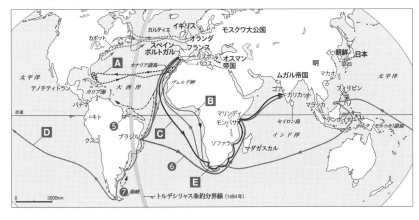

---

①

②

③

④

⑤

⑥

⑦

⑧

⑨

⑩

⑪

⑫

[地図問題]

A

B

C

D

E

34 オスマン帝国とサファヴィー朝・ムガル帝国の興隆

働 p.132〜136／働 p.162〜168

オスマン帝国の成立と発展

アナトリア西部でトルコ人が、14世紀初め頃、スルタンを中心とするオスマン帝国をたてたが、バヤジット1世のときティムール軍に大敗した。のち、勢力を回復しバルカン半島へ進出し、❶[＿＿＿＿＿＿＿]世が、1453年にコンスタンティノープル(のちのイスタンブル)を攻略し、ビザンツ帝国を滅亡させた。帝国はビザンツの中央集権的な統治制度と、トルコ的な軍事力をもつ国家として強大化した。帝国の拡大を支えたのはトルコ系騎士(シパーヒー)で、帝国は征服地の徴税権を分与し(ティマール制)支持を得た。また、支配地のキリスト教徒の子弟を徴用し、改宗させて編制した❷[＿＿＿＿＿＿＿]は、最新の火器を用いて帝国の拡大に貢献した。

16世紀に入ると、帝国はセリム1世のもとで東方のイスラーム王朝を退け、アナトリア東部を支配した。さらに1517年にはマムルーク朝を滅ぼし、イスラーム教の両聖都メッカとメディナの保護権を得た。❸[＿＿＿＿＿＿＿]世のときが最盛期で、ハンガリー征服後、ウィーンを包囲してハプスブルク家に脅威を与えた。また、❹[＿＿＿＿＿＿＿＿＿＿]に勝利して地中海の制海権を得た。

オスマン帝国下の社会

17世紀以降、ティマール制にかわって❺[＿＿＿＿＿＿]制が、税制の主流となった。18世紀には、❺制のもとで地方有力者(アーヤーン)が台頭した。帝国では、スルタンの定める法(カーヌーン)で統治や徴税を、イスラーム法では、ムスリム以外のキリスト教徒やユダヤ教徒への支配の原則も定め統治した。また、東西の交易により商業都市が成長した。スルタンから商業活動や居住の自由などのカピチュレーションが認められたヨーロッパ商人も活躍した。都市では様々な民族や宗教が共存し、音楽・芸能・食文化などで融合が進んだ。

サファヴィー朝とイラン社会

15世紀後半、アナトリア東部のトルコ系遊牧民のあいだで、過激な神秘主義(スーフィズム)を掲げる教団が支持を広げた。彼らはイラン高原に勢力を拡大し、16世紀初めにタブリーズを占領して❻[＿＿＿＿＿＿]朝をたてた。イラクをめぐってオスマン帝国のセリム1世に敗れたが、16世紀後半に即位した❼[＿＿＿＿＿＿＿]世が、奴隷軍人からなる歩兵部隊を編制し、イラクを奪い返し全盛期を現出させた。イラン中部の新首都❽[＿＿＿＿＿＿＿]は、「世界の半分」とうたわれるほどの繁栄を謳歌した。庭園や彩色タイルのモスクが都市を飾った。宗教面では、❻朝の支配者(シャー)は、建国当初の独自の信仰にかえ、シーア派の穏健な一派である❾[＿＿＿＿＿]派を受け入れ、シーア派を国教とした。

ムガル帝国の成立とインド＝イスラーム文化の開花・インド地方勢力の台頭

16世紀、ティムールの子孫❿[＿＿＿＿＿＿]が北インドに進出し、1526年の戦いでロディー朝に勝利し、イスラーム王朝のムガル帝国を築いた。第3代皇帝⓫[＿＿＿＿＿＿]は、支配階層の組織化をはかり、騎兵・騎馬数とそれに応じた給与によって彼らを等級づけ、官位を与えるマンサブダール制を導入した。税制を整備して中央集権化を進め、首都をデリーからアグラへ移した。宗教面では、ヒンドゥー教徒との融和をはかり、非イスラーム教徒に課していた⓬[＿＿＿＿＿]を廃止した。15〜16世紀には、不可触民への差別を批判したカビールや、イスラーム教とヒンドゥー教を融合したナーナクの⓭[＿＿＿]教が登場した。文化面でも融合の動きがみられ、イランの影響を受けた⓮[＿＿＿]や、公用語のペルシア語と地方語がまざった⓯[＿＿＿＿＿]語も誕生した。インド＝イスラーム建築では最高峰の⓰[＿＿＿]＝[＿＿＿]がつくられた。第6代皇帝⓱[＿＿＿＿＿＿＿]の時代に最大の領土となった。しかし、イスラーム教に深く帰依した⓱は、ヒンドゥー教寺院の破壊を命じ、⓬を復活させたのでヒンドゥー教徒の反発をまねき、帝国は弱体化し、西インドではヒンドゥー国家の建設をめざす⓲[＿＿＿＿＿]王国が登場し、西北インドでは⓭教徒が強大化した。

❶ 1453年にコンスタンティノープル（のちのイスタンブル）を攻略し、ビザンツ帝国を滅亡させたオスマン帝国第7代のスルタンはだれか。

❷ オスマン帝国が、支配地域のキリスト教徒の子弟を徴用し改宗させ「スルタンの奴隷」としたなかから編制した常備歩兵軍団（じょうびほへいぐんだん）を何と呼ぶか。

❸ ハンガリー征服後、さらにウィーン包囲をおこないハプスブルク家に脅威を与えたオスマン帝国最盛期のスルタンはだれか。

❹ ❸世が勝利して地中海の制海権を得た1538年の海戦は何か。

❺ 中央政府の官僚（かんりょう）やウラマー、軍人たちが契約を落札し、地方有力者（アーヤーン）に請け負わす形で普及（ふきゅう）・拡大したオスマンの徴税制は何か。

❻ 15世紀後半、アナトリア東部のトルコ系遊牧民のあいだで広がった過激な神秘主義（スーフィズム）を掲げる教団の指導者イスマーイールが、16世紀初めにイラン高原にたてた王朝は何か。

❼ 16世紀後半に即位すると、オスマン帝国に大敗した❻朝を立て直し、イラクを奪い返すなどして王朝の全盛期を現出させた王はだれか。

❽ ❼世がタブリーズから遷都し、「世界の半分」とうたわれ繁栄したイラン中部の新首都はどこか。

❾ ❻朝が建国したのちに受け入れたシーア派の穏健的な一派は何か。

❿ 1526年の戦いでデリー＝スルタン朝のロディー朝に勝利し、イスラーム王朝のムガル帝国の基礎（きそ）を築いたティムールの子孫とはだれか。

⓫ ムガル帝国ではマンサブダール制により支配階層を組織化し、土地測量（りょう）に基づく税制を整備して中央集権化を進めた。さらに新首都をアグラへ移し、ムガル帝国を確立した第3代皇帝（ぞく）はだれか。

⓬ ヒンドゥー教徒との融合をはかる⓫が、ヒンドゥー勢力を味方につけるために廃止した非イスラーム教徒に課していた税は何か。

⓭ イスラーム教とヒンドゥー教を融合したナーナクの新宗教は何か。

⓮ ムガル宮廷において、イランの技法や色彩の影響を受けて描かれた絵は何か。

⓯ ムガル帝国の公用語であるペルシア語と地方語がまざってできた新しい言葉は何か。

⓰ 右写真は、ムガル帝国第5代皇帝のシャー＝ジャハーンが建築したインド様式とイスラーム様式を融合した墓廟（ぼびょう）である。この壮大（そうだい）な建築物の名称は何か。

⓱ ムガル帝国の領土を最大にした第6代皇帝はだれか。

⓲ 17世紀中頃に西インドでヒンドゥー国家の建設をめざし、独立への動きを示した地方勢力は何か。

❶
❷
❸
❹
❺
❻
❼
❽
❾
❿
⓫
⓬
⓭
⓮
⓯
⓰
⓱
⓲

📖 p.137〜140／📕 p.169〜175

多民族国家・清朝

16世紀以降の動乱のなかで、新式の火器と強力な軍事力をもった**清**は、1644年、**李自成**が明を滅ぼすと、清に帰順した明将の**呉三桂**により導かれ長城内に入って北京を占領した。清は**北京**を都と定めて中国全土を征服し、南方に呉三桂ら3人の漢人武将を藩王として配置した。一方、❶□□□□□は、オランダ人を駆逐して台湾を占領し、反清活動を続けた。そして、全土の支配をめざす清朝から圧力を受けた呉らが、清に対し**三藩の乱**をおこした。第4代❷□□□□帝はこれを鎮圧し、きびしい海禁政策で❶の一族を圧迫し、1683年に降伏させて台湾を領土とした。清朝前半には、❷帝・❸□□□帝・❹□□□帝と有能な皇帝が続き、独裁的な権力のもと、建国以来、領土の拡大が続いた。❷帝の時代には、ロシアとの間で❺□□□□□□□□条約を結び国境を定めた。❹帝の時代には、天山山脈の南北にあったオイラト系の遊牧国家❻□□□□□□を滅ぼして東トルキスタン全域を占領し「**新疆**」と名づけた。清は広大な領土を、直轄領(中国内地・東北地方・台湾)と❼□□□(モンゴル・青海・チベット・新疆)にわけ統治した。❼は中央の❽□□□□が統轄したが、モンゴルではモンゴル王侯が、チベットではチベット仏教の指導者ダライ＝ラマらが、新疆ではウイグル人有力者(ベグ)が、清の監督官のもと支配を続けた。

清朝と東アジア・東南アジア

朝鮮の❾□□□は、清朝に征服され服属したことに強く反発し、自分たちこそが正統な中国文化の継承者だとの「**小中華**」意識から儒教儀礼を徹底した。❿□□は17世紀に薩摩藩の**島津氏**に服属したが、中国への朝貢は続け、日本と中国に「**両属**」する状態となった。そのなかで、日中双方の影響を受けた独自の文化が形成された。

勘合貿易が途絶した**日本**では、1630年代の「**鎖国**」後、江戸幕府は対外関係をきびしく統制した。しかし、長崎における中国・⓫□□□□との貿易、**対馬藩**を通じての朝鮮との関係、薩摩藩・❿を通じての中国との関係、松前藩を通じてのアイヌとの交易など、隣接諸国との交流は続いた。

東南アジアの諸島部では、17世紀末以降⓫の支配が進んだ。また東南アジアの諸島部・大陸部のいずれでも、中国本土の活況を背景に中国人移住者の⓬□□□が、経済面で大きな力を握った。彼らは、会館などの相互扶助機関をつくり、東南アジア各地の社会に根づいていった。

清代中国の社会と文化

明の制度をほぼ受け継ぎ、中国王朝の伝統を尊重した清朝は、大規模な編纂事業をおこして学者を優遇し、政府の要職は**満洲人・漢人**を同数とした。しかし、漢人男性に満洲人の髪形である⓭□□□□を強制し、反清的言論に対しては**文字の獄**や禁書で弾圧し、軍隊の⓮□□□を要地に駐屯させた。経済面では海禁が解除されると、海上貿易は順調に発展した。輸出が好調となり中国には銀が流れ込んだ。東南アジアに移住する⓬も増えた。18世紀半ば、❹帝は治安を理由に、ヨーロッパ船の来航を⓯□□□1港に制限した。税制では、18世紀初めの⓰□□□□制により、丁税が地税にくりこまれ、税制度が簡略化された。文化面では、明清交替の動乱期を経験した⓱□□□□が、秩序を回復するには事実にもとづく実証的な研究が必要だと主張し、それを受けて清代には儒教経典の言葉の意味を厳密に研究する⓲□□□学が発達した。『**紅楼夢**』など清代中期の長編小説は、精密な筆致で上流階級の生活を描写した。

イエズス会宣教師の**アダム＝シャール**は暦の改定をおこない、**カスティリオーネ**は円明園の設計などで活躍したが、布教において祖先崇拝などの儀礼を認めたため、他派の宣教師が教皇に訴えた⓳□□□問題がおこった。⓳問題に対し清朝は、❸帝がキリスト教の布教を禁止した。一方、宣教師たちが伝えた中国の文化や制度は、ヨーロッパにおいて高く評価され、芸術面では⓴□□□□□□と呼ばれる中国趣味が流行し、啓蒙思想家たちは中国と西洋を比較する政治論を戦わせた。

❶ 南京攻撃後は、オランダ人を駆逐して台湾を占領し、反清活動を続けた、母を日本人にもつ、明の復興運動の英雄はだれか。

❷ 呉三桂らの三藩の乱や台湾の❶の一族を平定して国内を統一し、外モンゴルの民族を破り、南進してきたロシアと戦って国境を定めるなど、清朝統治の基礎を固めた第4代皇帝はだれか。

❸ 清朝の前半期に❷帝につづき領土を拡大させ、国内では最高国家機関の軍機処を設置した第5代の皇帝はだれか。

❹ 東トルキスタン全域を占領し領土を広げ、清朝の最大領域を築いた第6代の皇帝はだれか。

❺ ❷帝がロシアとのあいだで両国の国境を定めた1689年の条約は何か。

❻ ❹帝の時代に滅ぼされた、天山山脈の南北を支配していたオイラト系の遊牧国家は何か。

❼ 右地図で、▨の部分に示した、清朝が支配したモンゴル・青海・チベット・新疆の総称は何か。

❽ ❼を統括する中央の組織は何か。

❾ 文官と武官の総称であったが、朝鮮時代には官僚をほぼ独占した特権的支配階層の家柄や身分を何と呼んだか。

❿ 17世紀に薩摩藩の島津氏に服属したが、中国への朝貢も続け、日中「両属」関係を維持した国はどこか。

⓫ 長崎で日本との貿易をおこなう一方で、17世紀末以降、東南アジアの諸島部での支配を進めた国はどこか。

⓬ 経済面で大きな力を握った中国人の移住者たちは何と呼ばれたか。

⓭ 漢人男性に対し清朝が強制した満洲人の髪形は何か。

⓮ 満洲・モンゴル・漢人で構成された清朝の軍隊は何と呼ばれたか。

⓯ 18世紀半ばに、❹帝が治安のためヨーロッパ船の来航を1港に制限し、行商という特定の商人たちに管理させた地図上の海港都市Ａは何か。

⓰ 18世紀初め、丁税（人頭税）が地税（土地税）にくりこまれ、簡略化され実施された清朝の税制度は何か。

⓱ 明清交替の動乱期を経験し、秩序を回復するには事実にもとづく実証的な研究が必要だと主張した思想家はだれか。

⓲ 清代において、儒教経典の言葉の意味を厳密に研究した学問は何か。

⓳ 布教にあたって、イエズス会宣教師は信者に祖先崇拝などの儀礼を認めていたが、これに反対する他派の宣教師が教皇に訴え、教皇がイエズス会の布教方法を否定するにいたった論争は何と呼ばれるか。

⓴ 宣教師たちがヨーロッパに伝えた中国の文化や制度を、ヨーロッパ人は高く評価し、彼らのあいだで流行した中国趣味は何と呼ばれるか。

❶
❷
❸
❹
❺
❻
❼
❽
❾
❿
⓫
⓬
⓭
⓮
⓯
⓰
⓱
⓲
⓳
⓴

73

36 ルネサンス

📖 p.141～143／📕 p.176～179

ルネサンス運動

中世末期のヨーロッパでは、黒死病（ペスト）により多くの死者が出たため、生ける者としての人間に以前よりも大きな価値が見出されるようになった。また自然界に働きかける技術への関心が強まり、自然とその一部である人間が肯定的なかたちで探究された。この動きにもとづいて多様な方面で展開された文化活動を**ルネサンス**と呼ぶ。ルネサンスは**フィレンツェ**などのイタリア諸都市で14世紀に始まって、16世紀までに西ヨーロッパ各地に広まった。

ただし、ルネサンスは**メディチ家**などの大富豪やフランス王・ローマ教皇などの権力者の保護のもとで展開したため、既存の社会体制を直接に批判することはなかった。

ルネサンスの精神と広がり

ルネサンスの目的の1つは、人が現世を生きるための指針を得ることにあり、そのため古代のギリシア・ローマの文化が探究された。文芸や思想面でのこの動きを、❶□□□**主義**（□□□□□□□）という。

ルネサンス期の科学は自然の隠された性質を解明しようとした。占星術は天文学の発達を導き、天体の動きが観測された。結果、中世以来の常識を変える❷□□□□□□**説**やポーランドの天文学者の❸□□□□□□□による❹□□**説**がとなえられ、人間の地上界と神が属するとされた天上界をわけていた従来の世界観が改められた。また錬金術は後世の化学の基礎となった。この時期には、はじめて人体の解剖図も描かれ、各種の動植物にも観察の目が向けられた。

ルネサンスの活動は、さらに様々な方面で展開された。建築では、古代建築の要素を取り入れて、均整と調和を重視する❺□□□□□□**様式**が成立した。絵画では、油絵の技法が**遠近法**を用いて確立されて、近代絵画の基本である写実主義への道がひらかれ、またキリスト教以外の主題も描かれるようになった。技術面でも重要な発明がなされた。中国伝来の❻□□□が改良され、鉄砲や大砲が発明されて戦術が一変し、騎士が没落した。この状況を❼□□**革命**と呼ぶ。中国から伝わった❽□□□□も、天体観測に頼っていた航海術を大きく変えて、ヨーロッパ人の海洋進出を可能とした。また❾□□□□□□□による❿□□□□**術**の改良と紙の普及によって可能となった大量の印刷物が文芸の振興をあと押しし、その後の**宗教改革**の一因となった。

❶主義のもとで、文芸でも豊かな成果が生み出された。⓫□□□□□による『**神曲**』が先駆となったように、ルネサンス期の文芸作品の多くは、ラテン語ではなく各国語で著され、のちの国民文化の形成に貢献した。❶主義者を代表する⓬□□□□□□□は、人間は愚かでも幸福に生きていけるとし、聖職者や学者を風刺した。その友人⓭□□□は『**ユートピア**』を著して、キリスト教の天国とは別の理想郷を示した。この時代には、人間の感情や肉体的欲求も肯定されるようになった。⓮□□□□□□□□□は人間の情念を歴史劇で描き出した。また、⓯□□□□□□□□は『**ドン＝キホーテ**』で、中世の騎士道を風刺した。

ルネサンス運動を経たあと、15～16世紀初めのヨーロッパは、経済的には海洋進出、精神的には宗教改革、政治的には**イタリア戦争**を経験したことにより、中世までとは異なる段階、すなわち**近世**と呼ばれる時代を迎えることになる。

A「最後の晩餐」

❶ 古代ギリシア・ローマ文化の探究を通して、人が現世を生きるための指針を得ることを目的とした、14世紀ルネサンスのイタリアに始まる文芸や思想面での動きは何と呼ばれるか。

❷ 中世では否定されていたが、16世紀にマゼランが世界周航したことで証明されたヘレニズム時代の地理的学説は何か。

❸ ヘレニズム時代のプトレマイオス天文学以来の学説に疑問を抱き、天体の動きを観測することで、中世では常識とされた**天動説**を否定する結論にいたったポーランドの天文学者はだれか。

❹ ❸のとなえた天文学説は何か。

❺ 古代建築の要素を取り入れ、均整と調和を重視した建築様式は何か。

❻ 鉄砲や大砲の発明につながった、中国伝来の火薬を使用した武器の総称は何か。

❼ 鉄砲や大砲の発明で戦術が一変し、騎士が没落した状況を何というか。

❽ 中国より伝わった、方位を測定するための道具は何か。

❾ 15世紀に金属活字を使用する印刷術を開発したドイツ人はだれか。

❿ 中国より伝わり❾が改良した、プレス機を利用した印刷技術は何か。

⓫ ラテン語ではなくイタリア語で『**神曲**』を著し、ルネサンスの先駆者となったイタリアの詩人はだれか。

⓬ 人間は愚かでも幸福に生きていけるとし、聖職者や学者を著書『**愚神礼讃**』で風刺した❶主義者を代表する作者はだれか。

⓭ 『**ユートピア**』を著して、キリスト教の天国とは別の理想郷を示した❶主義者はだれか。

⓮ 人間の情念を歴史劇で描き出したイギリスの劇作家はだれか。

⓯ 『**ドン＝キホーテ**』を著して、中世の騎士道を風刺したスペインの作家はだれか。

[資料問題]

Ａ たくみな遠近法技法を使って描かれた左の「**最後の晩餐**」の作者はだれか。

Ｂ ❺様式で建てられたキリスト教世界最大の規模を誇るローマ教皇庁にある下の写真の聖堂は何か。

Ｃ Ｂの大聖堂の建築にも携わった「**ダヴィデ像**」の作者はだれか。

Ｂ

Ｃ「ダヴィデ像」

| ❶ |
| ❷ |
| ❸ |
| ❹ |
| ❺ |
| ❻ |
| ❼ |
| ❽ |
| ❾ |
| ❿ |
| ⓫ |
| ⓬ |
| ⓭ |
| ⓮ |
| ⓯ |

[資料問題]

Ａ

Ｂ

Ｃ

37 宗教改革

📖 p.143〜145／📗 p.180〜183

宗教改革への動きとルター

中世末期のヨーロッパでは、疫病や戦争による社会不安から人々の信仰心は高まり、一方、聖職者や教会の腐敗への不満が強まっていた。

16世紀初めにローマ教皇が、サン＝ピエトロ大聖堂の改築資金を得るため❶□□□□を売り出した。1517年にドイツのルターは、「❷□□□□□□の□□」で異議をとなえた。ルターは、人は教会の導きではなく、みずから聖書を読むことで救われると主張し、特別な人間とされてきた聖職者と一般信徒との区別を廃して、聖職者は信徒に選ばれるものとし、妻帯も許されるとした。カトリック教会を根本的に否定するものとしてルターは、教皇から破門されたが、支持者は増えていった。当時、神聖ローマ皇帝❸□□□□□世は、東方のオスマン帝国と戦っており、反皇帝勢力に介入できなかった。そのため、ルターは反皇帝派の諸侯に保護されるとともに、『新約聖書』のドイツ語訳を完成させた。ルターの考えが、印刷術の発達により急速に広まるなか、ドイツで農民が一揆をおこし、聖書に根拠が示されていないとして、農奴制の廃止を掲げるまでに急進化し、❹□□□□戦争に発展した。初めは同情したルターだったが、農民が現世の利益のみを求めていると一揆に反対し領主側にたち、一揆は鎮圧された。一方、ルター派の諸侯は同盟を結び皇帝に対抗し内戦となったが、1555年の❺□□□□□□□の□□で終結した。諸侯は自身の領邦においてカトリックかルター派かの選択権を得た。ルター派の場合は、領邦内の教会の権威的存在として教皇から自立することになった。カトリック圏の一体性は崩れ、ルター派はドイツ北部や北欧に広まった。

カルヴァンと宗教改革の広がり

16世紀にはドイツ以外でも宗教改革が試みられ、これらの人々は❻□□□□□□（「抗議する者」の意）と総称された。

フランス出身の❼□□□□□はスイスのジュネーヴで、信仰のあつい信徒を代表に選出し、牧師と共同で教会を運営する❽□□主義という制度を確立した。❼は、神に救われるかどうかは人間の善行や信仰によるのではなく、あらかじめ決められているとの❾□□説を説いた。この❼の教会制度と教義は商工業者の心をとらえ、フランスやネーデルラント、イギリスなどに伝わった。

イギリスでは、国王❿□□□□世が王位継承問題で教皇と対立すると、1534年に⓫□□法を定めカトリックから離脱し、国王を教会の権威的存在である⓫とするイギリス国教会を成立させた。その後、教義面の改革も進み、エリザベス1世が1559年に⓬□□□法を定め❻国家となった。

カトリック改革とヨーロッパの宗教対立

16世紀には、カトリック教会も独自の⓭□□□□□□（対抗宗教改革）を進めていた。1545年からトリエント公会議が開かれ、ラテン語聖書の正当性や善行・儀式の重要性や聖像の使用など、従来の教義が再確認された。他方で❶の販売は禁じられ、聖職者の腐敗への対策がたてられた。こうしたカトリック教会の自己改革の動きは、文化面では豪華な表現を基調とする⓮□□□□様式を生み出す一方、禁書目録の制定や宗教裁判の強化など弾圧もともなった。

⓭のうち影響力が大きかったのが、⓯□□□□□＝□□□□□や⓰□□□□□らが結成した⓱□□□□□の活動であった。この教団は慈善活動よりも布教と教育に主眼をおき、⓱の修道士が、厳格な規律と強い使命感のもとに各地で活動した結果、南ドイツや東欧でカトリックが復活した。さらに、ヨーロッパの海外進出と連携し中南米やアジア諸地域で布教活動をおこなった。

宗教改革の結果、西欧のキリスト教世界は分裂した。カトリック・❻両信徒の信仰心は強まり、双方のあいだに迫害や内戦といった対立が生じることになった。また、こうした社会的緊張の高まりのなかで、「魔女狩り」がおこなわれた地域もあった。

❶　16世紀初めにローマ教皇が、**サン＝ピエトロ大聖堂**の改築資金を得るために販売した、贖罪の行為を免除するという証明書は何か。

❷　1517年にドイツの**ルター**が、❶の販売を批判し発表した文章は何か。

❸　東方のオスマン帝国と戦うと同時期に、国内においてはルターの宗教改革が在位中に始まった神聖ローマ皇帝はだれか。

❹　1524年にドイツ中・南部を中心に勃発し、聖書に根拠が示されていないとして、農奴制の廃止を訴え、しだいに急進化した農民一揆は何か。

❺　諸侯は自身の領邦の宗教をカトリックかルター派のどちらかに定める権利を得るとの内容で終結した、1555年の帝国議会での決定は何か。

❻　宗教改革後、カトリック教会から分離し、教皇権を認めない宗派の人々をカトリック側は何と呼んだか。

❼　スイスのジュネーヴで宗教改革を始めたフランス人はだれか。

❽　信仰のあつい信徒を代表に選出し、牧師と共同で教会を運営する教会制度は何と呼ばれるか。

❾　神に救われるかどうかは人間の善行や信仰によるのではなく、あらかじめ決められていると説いた❼の教説は何か。

❿　16世紀、王位継承問題で教皇と対立したことから、自国の宗教改革に着手したイギリス国王はだれか。

⓫　❿世が1534年に発布し、国王を自国の教会の権威的存在とする内容でカトリックからの離脱を実質宣言した法令は何か。

⓬　⓫法を発展させ、イギリス国教会の祈禱や礼拝などの教義面についての内容を明確にした、1559年に**エリザベス１世**が発布した法令は何か。

⓭　1545年から開かれた**トリエント公会議**を機に始まった、カトリック教会側の信仰上、道徳上の刷新をめざした動きは何と呼ばれるか。

⓮　調和・均整を重視したルネサンス様式に対し、⓭の状況のなかで生み出された文化面の豪華な表現を基調とする美術・建築様式は何か。

⓯　⓭のなかで新たな修道会を1534年に創設した中心的人物はだれか。

⓰　⓯とともに新修道会を創設し、宣教師として海外伝道に活躍するなかで、1543年に日本へはじめてキリスト教を伝えたのはだれか。

⓱　慈善活動よりも布教と教育に主眼をおき、⓯、⓰が1534年に創設し、カトリック教会の勢力回復に貢献した修道会は何か。

[地図問題]　地図中 **A**～**D** は、ヨーロッパ各国に広がった❼派の新教徒を示している。彼らはそれぞれの国で何と呼ばれたか。

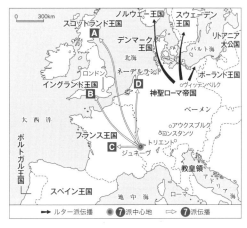

❶
----
❷
----
❸
----
❹
----
❺
----
❻
----
❼
----

❽
----

❾
----

❿

⓫

⓬

⓭

⓮

⓯

⓰

⓱

[地図問題]

A：スコットランド王国

B：イングランド王国

C：フランス王国

D：ネーデルラント

イタリア戦争と主権国家体制

近世の西欧諸国は、オスマン帝国の脅威のかたわら、海洋に進出し、周辺地域への勢力拡大にもつとめた。フランス国王のイタリア侵入に対し、神聖ローマ皇帝が介入したことで始まった❶[　　　　]戦争はその代表例である。戦争は断続的に続き、イタリアのルネサンスは終焉に向かい、諸国家の分断状況が固定された。❷[　　　　　　]は『君主論』を著し、統治には正義よりも強さと利益だと訴え、政治学を刷新した。

❶戦争中に即位した神聖ローマ皇帝**カール5世**は、**ハプスブルク家**の相続によって西欧の約半分を領土とし、ヨーロッパの統一をめざした。しかし、オスマン帝国との戦いや宗教改革によって挫折し、彼は領土を二分して退位した。その後のヨーロッパでは、個々の国家をこえた権力は成立せず、様々な国家が形式上は対等な立場で分立していった。各国は戦争を繰り返して国境を画定し、戦費捻出のために徴税機構を強化し、中央に権力を集中させて国家の存続を追求した。こうした国家を❸[　　　　　]、またその国際秩序を❸体制と呼び、16世紀半ばから17世紀半ばにかけて成立した。

この時代の❸の典型例が❹[　　　　]である。近世ヨーロッパ各国の王権は、貴族を抑制し、議会も制限して中央集権を進めた。その結果、国王が定住して行政機能を集中させた首都が各国に成立し、宮廷と華やかな宮廷文化も生まれた。また、**常備軍**と**官僚**が統治の柱となった。

ヨーロッパ諸国の動向

スペインは、カール5世の長男❺[　　]世の時代が全盛期で、ネーデルラントや南イタリアを継承し、ポルトガル王位も兼ねて、広大な植民地を含む「❻[　　　　　]」を領有した。フランスと講和し❶戦争を終結させ、1571年にはオスマン帝国を❼[　　　　]の海戦で破り、西地中海へのイスラーム勢力進出を阻止した。カトリックの盟主を自任しイエズス会を支援し、異端審問によりプロテスタントを弾圧した。

しかしネーデルラントではカルヴァン派が反発し、自治特権を奪われた現地の貴族も加わり反乱がおこった。南部（のちのベルギー）はスペインとの協調路線に転じたが、北部のオランダは❽[　　　　　]の指導のもと、反スペイン諸国の援助も受け抵抗を続け、1581年に独立を宣言した。この**オランダ独立戦争**は長期化したが、1609年、スペインは事実上の独立を認めた。スペインでは経済が疲弊し、ポルトガルとの同君連合も解消され、17世紀にその国力は急速に衰退した。

オランダを支援したイギリスの❾[　　　　]世は、1588年に❺世の❿[　　　　]（アルマダ）を撃退した。本格的な海外進出も始まり、北米大陸への植民やアジアの物産を求めて、1600年に⓫[　　　　]会社を設立した。国内の農村では囲い込みが進み、毛織物工業が栄えた。

フランスでは16世紀後半、国内で⓬[　　　　]と呼ばれたカルヴァン派とカトリックとの対立が深まり、⓬戦争に至った。長期にわたる内戦で王国の分解も危惧されたが、**ブルボン家**の⓭[　　　　]世は⓬からカトリックに改宗し、1598年に⓮[　　　　]の王令を発して⓬に信仰の自由を与えたため、フランスの宗教対立には終止符が打たれた。

三十年戦争

神聖ローマ帝国内で、1618年、⓯[　　　　]（ボヘミア）のプロテスタント貴族の反乱をきっかけに⓰[　　　]戦争が始まった。この戦争では、スウェーデンなど多くのプロテスタント国家のほか、反ハプスブルク政策をとるカトリックのフランスも反皇帝側で参戦した。そのため、戦争は当初の宗教対立から国家間の覇権争いとなり、主戦場となったドイツ社会の被害は甚大であった。1648年の⓱[　　　　　　]条約で終結し、オランダとスイスの独立が正式に認められ、帝国では**カルヴァン派**が公認された。領邦国家にはほぼ完全な主権が認められ、分裂状態となった帝国は形骸化した。また各国間の国際条約では、❸体制が法的に確立された。

❶　1494年、イタリアの覇権をねらうフランス国王がイタリアに侵入し、そこに対抗した神聖ローマ皇帝が介入したことで始まった戦争は何か。

❷　主著『君主論』で、統治においては正義よりも強さと利益を基本原理とすべきとして、政治学を刷新したフィレンツェの政治家はだれか。

❸　個々の国家をこえたローマ教皇や神聖ローマ皇帝などの権力が成立することはなく、様々な国家が形式上は対等な立場で分立し独立性を保ち、国境を画定し、中央に権力を集中させて(**最高権力**による統治)国家としてのまとまりを追求した国家を何と呼ぶか。

❹　16～18世紀のヨーロッパに現れた❸の典型例で、強力な王権による中央集権が進み、常備軍と官僚を統治の柱とした政治体制を何と呼ぶか。

❺　カール5世の長男として領土の半分を継承し、1580年からはポルトガルの王位も兼ねた、スペイン全盛期の国王はだれか。

❻　世界中に広がる広大な領土と植民地を支配した❺世の帝国をたたえる言葉は何か。

❼　スペインが、1571年にオスマン帝国の海軍を破った海戦は何か。

❽　スペイン支配に抵抗し、オランダ独立戦争を指導した人物はだれか。

❾　オランダの独立を支援したことに反発した❺世の圧力を排除し、海外進出を進め、イギリスを発展させたテューダー朝最後の国王はだれか。

❿　1588年にイギリスが撃退した、スペインの派遣した軍隊は何か。

⓫　アジアの物産を求めたイギリスが設立した特権的貿易会社は何か。

⓬　フランスにおけるカルヴァン派の人々は何と呼ばれたか。

⓭　⓬からカトリックに改宗することで国王に即位し、内戦を終結させた**ブルボン家(朝)**の国王はだれか。

⓮　⓭世が1598年に発布し、⓬に信仰の自由を与え、フランスの宗教対立に終止符を打った法令は何か。

⓯　プラハを中心に10世紀初頭チェック人が王国を建設し、11世紀の神聖ローマ帝国編入後のフス戦争以来、新教徒が多く住む地域はどこか。

⓰　⓯においてカトリックを強制されたプロテスタント貴族が反乱をおこし、その後全ドイツに波及した国際的宗教戦争は何か。

⓱　⓰戦争を終結させた、1648年の講和条約は何か。

[地図問題]　右の16世紀の地図を見て、フランス王家を取り囲むようにして拡大していた王家**Ａ**を答えよ。

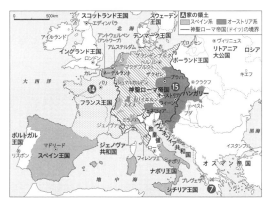

❶
❷
❸
❹
❺
❻
❼
❽
❾
❿
⓫
⓬
⓭
⓮
⓯
⓰
⓱

[地図問題]

オランダ・イギリス・フランスの台頭

教 p.150〜154／詳 p.189〜194

オランダの繁栄とイギリス・フランスの挑戦

オランダは独立後、首都の❶[＿＿＿＿＿]が17世紀には造船・金融・文化の中心として繁栄した。自国の❷[＿＿＿＿＿]会社は、世界各地でポルトガルやイギリスの勢力を排除して、ジャワ島のバタヴィアを拠点に香辛料交易を独占した。日本との交易は大きな利益を生み、また、北米大陸にはニューアムステルダムなどの植民地を建設した。この海洋大国に対し、イギリスが英蘭戦争で勝利し北米植民地を奪い、フランスは侵略戦争でオランダ本土の半分を一時占領した。18世紀以降、オランダは衰退していった。

イギリスの革命

イギリスでは1603年、スコットランド出身のジェームズ１世が即位しステュアート朝を創始した。王は❸[＿＿＿＿]説をとなえ議会を軽視し、子のチャールズ１世も専制を強めたため、議会との対立が深まり、革命が勃発した。王党派に対立した議会派のなかにピューリタンが多かったため、ピューリタン革命とも呼ばれる。革命は議会派が、❹[＿＿＿＿＿]の指導のもとで勝利し、1649年に国王を処刑して、共和政を開始した。❺[＿＿＿＿]は『リヴァイアサン』を著し、秩序には絶対的な権力も必要だと国王を擁護した。イギリスは、オランダに対抗するために、産業の育成と貿易の促進に重点をおいた❻[＿＿＿＿]政策をとり、オランダ船の排除を目的とした❼[＿＿]法の制定で、イギリス＝オランダ（英蘭）戦争が勃発した。一方、軍事独裁体制をしく❹の厳格な統治を嫌った国民は、❹の没後、❽[＿＿＿＿]により前王の子チャールズ２世を即位させた。しかし、王が反動化したため、王権を重んじるトーリ党と、議会を重んじるホイッグ党の対立が議会内で深まった。つづくジェームズ２世も議会を無視したため、1688年、議会は王の娘婿で新教徒のオランダ統領オラニエ公を夫妻で招請し、翌年夫妻は❾[＿＿＿]世・[＿＿＿]世として即位した。❾国王夫妻と議会は❿[＿＿＿＿＿]を制定し、議会の権限と国王の権力の範囲を確定した。この動きを⓫[＿＿＿]革命と呼ぶ。⓬[＿＿＿＿]は『統治二論』を著し、国王の権力は人民からの信託にもとづくとする⓭[＿＿＿＿]説をとなえ、人民の抵抗権も正当化し、アメリカ独立革命・フランス革命の根拠となった。1707年、イギリスはスコットランドと国家合同し⓮[＿＿＿＿＿]王国を形成した。1714年に王朝がとだえると、ドイツから王を迎えて、新たな同君連合を発足させた。18世紀前半の⓯[＿＿＿＿＿]首相は、内閣には議会と世論の信任が必要であるとし、⓰[＿＿＿]制（責任内閣制）が確立した。

フランスの絶対王政

フランスでは、ブルボン朝の国王のもとで貴族をおさえた中央集権化が進み全国三部会も停止された。対外的には三十年戦争に介入しハプスブルク家の勢力をおさえた。⓱[＿＿＿]世は、貴族のフロンドの乱を鎮圧すると、王権強化を進め❸説を掲げて絶対王政をきわめ、「太陽王」と呼ばれた。豪華なヴェルサイユ宮殿も建てられ、経済面では、⓲[＿＿＿＿＿]を登用して❻政策を展開し、オランダに対抗した。宗教面ではナントの王令を廃止した。⓱世は侵略戦争に力を注ぎ、常備軍を増強したが、スペイン継承戦争では反発した諸国家に敗れ、⓳[＿＿＿＿]条約の結果、スペインにブルボン朝が成立したが、フランスとの同君連合は認められず、北米大陸の領土の一部をイギリスに割譲し、フランスの覇権は失われた。

イギリスとフランスの覇権争い

18世紀の西欧は、イギリスとフランスの争いが基調となった。しかし、フランスにまさったイギリスが、スペイン継承戦争でジブラルタルなどの要衝を獲得すると、北米大陸に領土を広げ、スペインの中南米植民地に黒人奴隷を供給する特権も獲得した。さらに七年戦争と同時期のフレンチ＝インディアン戦争でも勝利したイギリスは、⓴[＿＿＿]条約で北米からフランスを駆逐し、インドでも広大な植民地を獲得した。

❶ 17世紀に、造船・金融・文化でも繁栄したオランダの首都はどこか。

❷ 1602年に設立され、オランダの海外進出を担った貿易会社は何か。

❸ 国王の権力は、神に直接由来する神聖不可侵なものだとする思想は何と呼ばれるか。

❹ ピューリタン革命において議会派を指導し、1649年に国王を処刑し共和政を開始したのはだれか。

❺ 主著『リヴァイアサン』で、無政府状態の混乱を防ぐためには、絶対的な権力も必要だと説き、国王の特権を擁護したのはだれか。

❻ 国家が経済に介入し保護貿易を展開するなかで、産業を育成し高関税による貿易収支の黒字と税収を増やすことをめざした経済政策は何か。

❼ イギリスが、オランダ船の排除を目的に制定した1651年の法は何か。

❽ ❹没後、1660年に共和政から王政に政体転換したことを何と呼ぶか。

❾ 1689年にイギリス国王として即位し共同統治をおこなった、亡命したジェームズ2世の娘とその婿のオランダ統領夫妻の即位後の名前は何か。

❿ 1689年に❾国王夫妻と議会が、議会の権限と国王の権力の範囲を確定するなど、イギリスの立憲君主政について定めた法は何か。

⓫ 1688年から1689年に無血で展開したイギリスの革命を何と呼ぶか。

⓬ 主著『統治二論』のなかで、国王の権力は人民からの信託にもとづくものであると考え、⓫革命を擁護したのはだれか。

⓭ ⓬の示した政治上の考え方を何と呼ぶか。

⓮ 1707年、イギリスとスコットランドが国家合同した後の国名は何か。

⓯ 18世紀前半に首相となり、内閣には議会と世論の信任が必要であるとの方針を示したホイッグ党の政治家はだれか。

⓰ 議会の多数派が内閣を組織し、議会に対して責任を負うとした政治上の制度は何と呼ばれるか。

⓱ 貴族によるフロンドの乱を収拾し貴族への統制をさらに強め、❸説を掲げて絶対王政をきわめ、「太陽王」と呼ばれたフランス王はだれか。

⓲ ⓱世のもとで、❻政策によりフランス経済を導いた財務総監はだれか。

⓳ スペインの王家断絶後に、フランスとの同君連合結成をめざし、⓱世がおこしたスペイン継承戦争における、1713年の講和条約は何か。

⓴ 七年戦争に並行して、英・仏が植民地支配の覇権をめぐり北米とインドで戦ったが、その時の1763年の講和条約は何か。

[地図問題] 広大な植民地を得たイギリスが、イギリス・アフリカ・アメリカ間で地図のように展開した貿易を何と呼ぶか。

❶
❷
❸
❹
❺
❻
❼
❽
❾
❿
⓫
⓬
⓭
⓮
⓯
⓰
⓱
⓲
⓳
⓴

[地図問題]

40 北欧・東欧の動向

ロシアの大国化

モスクワ大公国では、16世紀に❶[＿＿＿＿]世が独自の絶対王政（ツァーリズム）を確立した。❶世の死後に国内は乱れたが、17世紀初めに❷[＿＿＿]

[＿]朝が成立し、新国王が選出され混乱は終息した。17世紀半ばにロシアは、国境地帯の武装集団であるコサックを支援しつつ、ポーランドからウクライナ地方を奪った。同世紀末の❸[＿＿＿]

[＿]世（大帝）は西欧から多くの専門家をまねいて改革を進め、❹[＿＿＿]戦争でスウェーデンに勝利してバルト海の覇権を握り、新首都❺[＿＿＿＿＿＿]を建設した。東方でも領土を広げ、中国の清と❻[＿＿＿＿＿＿]条約を結んで国境を定めた。18世紀後半の❼[＿＿＿]

[＿]世は、さらに東方の日本へも使節を送った。彼女の治世でも様々な改革が試みられたが、農奴制はむしろ強化され、プガチョフの農民反乱がおこった。対外的にはオスマン帝国からクリミア半島を奪って黒海に進出し、プロイセン・オーストリアを主導しポーランドへの領土拡大を推し進めた。

ポーランドとスウェーデン

ポーランドでは、16世紀後半に王朝が断絶し、❽[＿＿＿＿＿]に移行した。17世紀には諸国との戦争で財政破綻し、18世紀後半には、ロシア・プロイセン・オーストリアの3国による❾[＿＿＿＿＿＿]で国家が消滅した。一方、16世紀前半にスウェーデンは絶対王政化を始め、三十年戦争でドイツにも領土を獲得し、バルト海地域の覇者となったが、18世紀初めの❹戦争でロシアに敗北し地位を低下させた。

プロイセンとオーストリアの動向

18世紀のドイツ地域では、プロイセンとオーストリアが主要国となった。プロイセンは、三十年戦争後、プロテスタント国家として絶対王政化を進め、地方の領主貴族の❿[＿＿＿＿]に農奴支配を認め、かわりに国家への課税を強化し財源とした。また官僚制を強化し、亡命したユグノーを受け入れてその産業技術を活用した。一方、オーストリアは、ハプスブルク家の当主がオーストリア大公と神聖ローマ皇帝を兼ねてきたが、三十年戦争後に帝国は形骸化した。しかし、オーストリアはオスマン帝国をウィーン包囲戦（第2次）で撃退し、1699年のカルロヴィッツ条約ではハンガリーなどを奪回したが、非ドイツ系地域が支配下に増えたことは、その後の難題となった。18世紀前半にハプスブルク家で男子の継承者がとだえ、皇女⓫[＿＿＿]＝

[＿＿＿]が大公位を継承すると、プロイセンの⓬[＿＿＿＿]世（大王）が諸国とともに異議をとなえ、⓭[＿＿＿＿＿＿]戦争をおこした。プロイセンはこれに勝利し、資源の豊かなシュレジエン地方を奪った。このためオーストリアは、⓮[＿＿]革命で仇敵のフランスと同盟し、一方でプロイセンはイギリスと同盟して⓯[＿＿]戦争が勃発した。プロイセンは辛勝して領土を確保し、さらにロシア・オーストリアとの3国で❾をおこない、ヨーロッパの強国となった。一方のオーストリアでは、⓫が諸改革をおこない、大国としての地位を維持した。

啓蒙専制主義

東欧で勢力を広げた諸国では、⓰[＿＿＿]専制主義による様々な改革を導入した。⓰思想の影響を受けた君主が、農業・商工業の奨励、宗教的寛容の実現などの改革をおこなった。プロイセンの⓬世は、「君主は国家第一の僕」と自称して一連の改革をおこなった。またアカデミーを復興し、サンスーシ宮殿を造営して思想家ヴォルテールや音楽家バッハをまねいた。オーストリアの⓫とその子⓱[＿＿＿＿＿]世も同様の改革を導入し、さらに税制の改革や官僚制の整備を進めたほか、カトリック教会への統制を強めて修道院を解散させた。文化的には、首都ウィーンはモーツァルトら音楽家が集う音楽の都となった。ロシアの❼世は、文芸の保護や社会福祉・地方行政制度の充実なども改革に組み入れた。改革を通じて、これら3国はヨーロッパ国際政治での地位を向上させたが、身分制など社会の根幹は変更されなかった。

❶ モスクワ大公国において、16世紀に独自の絶対王政（ツァーリズム）を確立し「雷帝」と呼ばれたのはだれか。

❷ 17世紀初めに成立し、❶世死後のロシアの政治混乱を終息させた王朝は何か。

❸ 17世紀末に西欧から多くの専門家をまねいてロシアの改革を進め、「大帝」と呼ばれた皇帝はだれか。

❹ ❸世がスウェーデンに勝利して**バルト海**の覇権を握った1700〜21年の戦争は何か。

❺ 1703年に❹戦争に勝利した❸世が、スウェーデンからこの地を奪って建設した新首都は何か。

❻ 東方に領土を広げた❸世が、1689年に中国清朝の康熙帝との間で結んだ国境画定条約は何か。

❼ 18世紀後半、多くの知識人と親交があり国内の改革に着手したが、農奴制の強化に反発した**プガチョフ**の農奴反乱以後は反動化し、また日本にも使節を送り東方進出をはかった皇帝はだれか。

❽ **ヤゲウォ朝**断絶後のポーランドでおこなわれた政治制度は何か。

❾ 1772年からポーランドに隣接する3国が、3度にわたってポーランドに対しておこなった侵略行為を何と呼ぶか。

❿ 地方の農奴を支配した、プロイセンの領主貴族は何と呼ばれるか。

⓫ 18世紀前半にハプスブルク家で男子のオーストリア大公継承者がとだえた時に即位した皇女はだれか。

⓬ ⓫の即位に対して、諸国とともに異議をとなえてしかけた戦争で領土を広げ、また「**君主は国家第一の僕**」と自称して一連の国内改革をおこなったプロイセン国王はだれか。

⓭ ⓬世が勝利し、**シュレジエン**をオーストリアから奪った、1740〜48年の戦争は何か。

⓮ オーストリアのハプスブルク家が、仇敵のフランスのブルボン家と同盟関係を結んだ政治上のできごとを何と呼ぶか。

⓯ シュレジエン奪還をめざすオーストリアとプロイセンの1756年からの戦争は何か。

⓰ 西欧の思想に影響された国王主導による上からの改革で、西欧のような近代化をめざした東欧の体制を何と呼ぶか。

⓱ オーストリアの⓫の子で国内改革に着手した皇帝はだれか。

[地図問題] 1772年から3回にわたって、王朝が断絶した隣国の領土を併合した**A**〜**C**の3国を答えよ。

	1772		
1793			
1795			
C	**B**	**A**

バルト海
ケーニヒスベルク
リトアニア
ベラルーシ
A
ダンツィヒ
C
西プロイセン
ポーランド
ワルシャワ
キエフ
ウクライナ
B
クラクフ
●ウィーン
--- ポーランド国境(1771)

❶
❷
❸
❹
❺
❻
❼
❽
❾
❿
⓫
⓬
⓭
⓮
⓯
⓰
⓱

[地図問題]

A

B

C

41 科学革命と啓蒙思想

囲 p.156〜158／詳 p.199〜201

科学革命　近世に入ると、自然界に関する古代の著作の権威が崩れ、自然を新たに解釈しようとする動きが始まった。

17世紀のガリレイや❶[　　　　]らは、望遠鏡を駆使して天体の運動法則を解明した。彼らの努力により、観察と実験で自然界の法則を解明し、その法則が検証を経て確認されるという自然科学の手続きが確立された。またこの時代には、科学協会やアカデミーが創設され、専門的な科学者が活動する場が整備されていった。こうした動きを❷[　　]革命と呼ぶ。

急速に進歩しはじめた自然科学の前提は、自然界を人間が正確に認識していることであった。これを保証したのがフランスの❸[　　　　]で、神から与えられた人間の理性が正しいと認めるものは真実とみなしてよいとした。この結果、ヨーロッパ思想の柱の１つとなる❹[　　]主義が確立された。これに対してイギリスのロックらは、人間の思考は獲得された知識の集積によって成立するとする❺[　　]主義をとなえた。さらにドイツの❻[　　　　]は❹主義と❺主義の２つの立場を統合しようと試み、❼[　　　]哲学への道を開いた。

❹主義は法学の分野にも広まり、人間に普遍的に共通するルールとしての❽[　　]法という概念が❾[　　　　]らによって深められ、社会契約説がとなえられた。また、❿[　　　]は❽法を国家関係の分析に適用することで、国際法の考え方を創始した。

❷革命や新しい哲学の発展を受けて、西欧では進歩主義の考え方が優勢となり、人間と社会は無限に進歩していくという考え方が広まった。

啓蒙思想　18世紀になると、人々に有用な知識を広め幸福の増大をめざす⓫[　　]思想が広まった。⓫思想家たちは、為政者に働きかけたり、世論を通じて行動を展開した。そうした状況下で、フランスのテュルゴや『諸国民の富（国富論）』を著したイギリスの⓬[　　]＝[　　]らは、西欧諸国が、農耕を中心とした自給自足的な段階から、分業と交換による商業段階へ移行しつつあると考え、⓭[　　　　]学を創始した。⓬はまた、市場は価格調整機能をもつため、特権や規制を緩和した方が国力は増大すると論じた。経済において**自由放任主義**が成立した。

フランスでは宗教面でも、⓮[　　　　　]らにより、異なる宗派のキリスト教を容認する姿勢が広まり、宗教的な対立は収束に向かった。

国家に関しても、人間の自由を守るための体制が考案された。⓯[　　　　]は『**法の精神**』を著し、イギリスの立憲君主政を例に権力の分立と王権の制限を主張した。他方で⓰[　　　]は、『**社会契約論**』を著して間接的な議会制ではなく、個人が社会の統治に直接民主政のかたちで参加して主権者となるべきと論じた。

⓫思想の最大の成果が百科事典であり、18世紀にフランスの⓱[　　　]・[　　　]らが編纂した『**百科全書**』以外にも、各国で百科事典が刊行された。⓫思想の広がりは、書物に限らず新聞・雑誌などの出版業が発達したことを背景としていた。こうした出版物は、ロンドンやパリの**コーヒーハウス**、カフェ、クラブ、サロンといった集いの場で読まれ、世論の形成をうながした。博物館や植物園が登場したのもこの時代であった。

知識人は、開明的な貴族といった上流階級だけでなく、⓲[　　　　](市民)からも生まれていた。近世の⓲は都市の商業を基盤に富を蓄積し、宮廷文化とは異なる独自の文化を形成しはじめた。のちに彼らは、経済力を基盤にして、政治の主役の座をめぐって貴族ら旧来の支配層と争った。これに対して、参政権をもたない民衆は、自分たちの意思表明の手段として暴動や一揆をおこした。

❶　1668年に反射望遠鏡（凹面鏡を使った望遠鏡）を発明試作し、**万有引力の法則**を発見して提唱し、地上から宇宙に至る力学の法則を解明しようとした物理学者はだれか。

❷　17世紀には、観察と実験で自然界の法則を解明し、その法則が検証を経て確認されるという自然科学の手続きが確立された。また、科学協会やアカデミーが創設され、専門的な科学者が活動する場が整備されていった。こうした一連の状況を何と呼ぶか。

❸　フランスの哲学者で、神から与えられた人間の理性が正しいと認めるものは真実とみなしてよいとしたのはだれか。

❹　ヨーロッパ思想の柱の１つで、❸が主張した立場は何と呼ばれるか。

❺　❹主義に対し、イギリスの**ロック**らが主張した、人間の思考は獲得された知識の集積によって成立するとする立場は何と呼ばれるか。

❻　❹主義と❺主義の２つの立場を統合したドイツの哲学者はだれか。

❼　認識するということは、人間が物事を正しく判断する力である**理性**が与えた形式で経験を理解することとし、理性を軸に❹主義と❺主義の２つの立場を統合した❻に始まる哲学は何か。

❽　人間が普遍的にもっている共通するルール（法・規範）を何と呼ぶか。

❾　著書『**リヴァイアサン**』のなかで、「**万人の万人に対する戦い**」状態とならないために国王特権が必要であると説いたイギリスの哲学者はだれか。

❿　❽法を国家関係の分析に適用することで、国際法の考え方を創始したオランダの法学者はだれか。

⓫　18世紀に広まった、人々に有用な知識を広め、幸福を増大させようとする思想は何か。

⓬　『**諸国民の富**』を著し、西欧諸国が自給自足的な段階から、分業と交換による商業段階へ移行しつつあるとの経済理論を発表したのはだれか。

⓭　⓬によって創始された自由主義経済学を、経済学の原点という意味で何というか。

⓮　著書『**寛容論**』において、対立するのではなく、異なる宗派のキリスト教を容認する姿勢が重要だと論じたフランスの⓫思想家はだれか。

⓯　『**法の精神**』を著し、イギリスの立憲君主政を例に権力の分立と王権の制限を主張したフランスの⓫思想家はだれか。

⓰　『**社会契約論**』を著し、間接的な議会制ではなく、個人が社会の統治に直接民主政の形で参加し主権者となるべきだと論じた思想家はだれか。

⓱　18世紀に科学・技術や哲学・思想・宗教などを紹介したフランスの『**百科全書**』を編纂した人物を２人答えよ。

⓲　近世において、都市の商業を基盤に富を蓄積し、宮廷文化とは異なる独自の文化を形成して、のちに貴族ら旧来の支配層と争った階層を何と呼ぶか。

❶
❷
❸
❹
❺
❻
❼
❽
❾
❿
⓫
⓬
⓭
⓮
⓯
⓰
⓱
⓲

42 産業革命

…………………………… 詳 p.162～165／新 p.206～208

近世ヨーロッパ経済の動向

15～16世紀のヨーロッパは「世界の一体化」を進めたが、内部でも大きな経済的変化がおこっていた。第1に、東西の地域差が広がった。商業革命で台頭したオランダなどの大西洋岸諸国に対して、プロイセン・ポーランド・ロシアなど東欧地域では、輸出農作物生産に重点を置いた領主による農場領主制が広まり、農奴制も強化された。第2に、近世のヨーロッパ経済は拡大と収縮を繰り返した。16世紀は、黒死病(ペスト)禍からの復興期であり、人口増加やアメリカ大陸の銀が流入し経済は好調であった。しかし17世紀は、凶作や疫病による人口の停滞や、流入する銀も減って経済は低調になった。この「17世紀の危機」から、18世紀は再び好況へと転じ、人口も増加して諸産業が活発化した。第3に、経済の活性化は消費を増大させた。16世紀以降、西ヨーロッパでは、富裕層を中心に、様々な分野で消費への需要が高まった。またイギリスでは、18世紀の❶□□□□により、大量の非農業人口をやしなえるようになった。

イギリス産業革命と工業社会

イギリスはフランスとの植民地争奪戦に勝利して広大な海外市場を得た。七年戦争後には、大西洋で❷□□□□□を大規模に展開し、武器や綿織物などの輸出とプランテーションの産品の再輸出が増大した。国内では、17世紀にインド産綿織物が輸入され人気商品となったが、主要工業の毛織物業の反発で、18世紀初めにはインド産綿織物の輸入が禁止された。しかしその人気は衰えず、原料の綿花を輸入して国内で綿織物を生産する動きも始まり、国内外で綿織物への需要も高まった。また、イギリスでは科学革命を背景とする機械工学の伝統があり、鉄鉱石や石炭などの資源にも恵まれていた。これらの条件が重なり、18世紀後半のイギリスで種々の技術革新が生まれ、❸□□□□が始まった。一連の技術革新のなかでもっとも重要なのが、炭坑の排水に用いられていた❹□□□□□の製造業への転用であり、化石エネルギーを動力とする経済活動が本格的に始まった。しかし、新しい機械の導入は多額の資金を必要とし、不況による倒産も多かったため、工場主は職人にかわる安価な労働力を求めた。こうして、❺□□□□と呼ばれる資本をもつ経営者が、賃金労働者を雇用しつつ、利益の拡大を目的に、自由に生産・販売を始めた。またこうした経営形態の工場では、職人の自律的な作業にかわって、機械にあわせた時間によって管理される労働形態が導入された。そして家庭と職場は、分離していった。❸は、こうした一連の技術革新と経営・労働形態の変革として、マンチェスターなどの新興工業都市で始まり、ほかの地域や産業に波及していった。この結果、❻□□□□と呼ばれる経済体制が確立した。

イギリスによる世界経済の再編成

❸によって綿製品の大量生産が可能になると、販売のための新たな市場と、拡大した生産を支えるための原料の供給地が必要となり、イギリスは、植民地獲得に積極的となった。東インド会社による植民地化が進められたインドは、綿製品の輸出市場とされ、現地の綿織物業は衰退し、インドの綿花はイギリスへの輸出品となり、アヘン栽培が奨励され中国へ輸出された。東インド会社には、徴税などの行政や軍事の権利も与えられ、一種の統治機関であった。

イギリスは、植民地以外の国々に対しても、通商条約を結んで貿易を強制した。19世紀前半に独立した中南米諸国は、イギリス綿製品の最大の市場とされ、一方で同地の経済は、対価として輸出する貴金属の産出や農産物の生産に特化させられた。またイギリス綿製品が流入した西アジアはヨーロッパ諸国への農産物の供給地となり、新たなかたちで世界経済に組み込まれた。さらにイギリスは、中国産の茶の輸入で莫大な貿易赤字を抱えていたため、逆に中国に自由貿易を強制する圧力を強めた。

イギリスは、世界最大の工業生産国として「❼□□□□□」と呼ばれた。工業機械の輸出が解禁されて以降、❸は19世紀前半にベルギー・フランス・アメリカ合衆国北部、ドイツにも波及した。

❶　大地主が、進んだ技術をもった農業資本家に「**囲い込み**」で広げた農地を貸し出して経営させる農業経営の変革や、輪作を中心とする農業技術の進歩などによって農業生産が充実した状況を何と呼ぶか。

❷　武器などを製造して西アフリカに輸出し、その売却代金で黒人奴隷を購入して南北アメリカで売却し、その代金で砂糖(南米)や綿花(北米)を購入して輸入するというイギリスの大西洋貿易のパターンを何と呼ぶか。

❸　工業分野において、次々と新たな技術革新が生じた、18世紀後半にイギリスで始まった事象を何と呼ぶか。

❹　**ワット**によって改良実用化された、水蒸気を利用する新動力とは何か。

❺　工場などの生産手段を所有し商品を生産して経済を左右し、政治上でも発言力を増していった人々を何と呼ぶか。

❻　生産手段を所有する❺が、**労働者**を雇って商品を生産し、利潤を追求していく経済・社会システムを何と呼ぶか。

❼　❸の結果、工業製品を大量生産し輸出するイギリスについて、各国は何と呼んだか。

【資料問題】　下の資料１、２の機械の名前もしくは発明者を答えよ。

▼資料１　綿織物の製造過程と技術革新

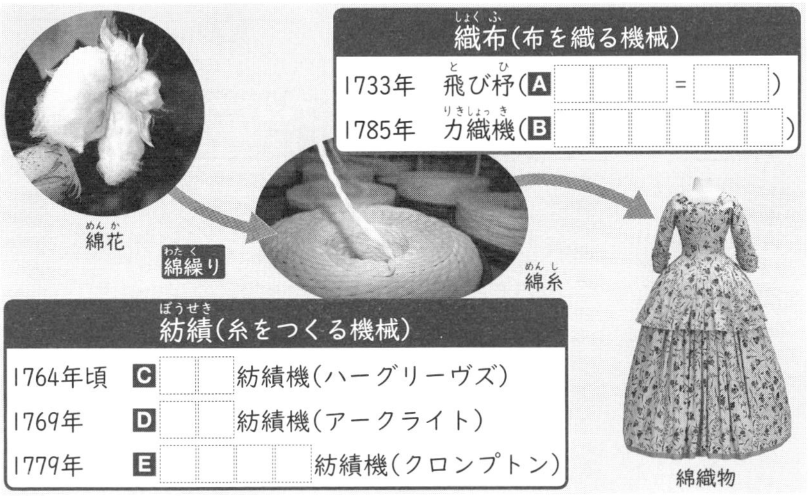
織布(しょくふ)(布を織る機械)
1733年　飛び杼(とびひ)(A ＿＿＿=＿＿)
1785年　力織機(りきしょっき)(B ＿＿＿＿＿＿)
綿花(めんか)
綿繰り(わたくり)
綿糸(めんし)
紡績(ぼうせき)(糸をつくる機械)
1764年頃　C ＿＿ 紡績機(ハーグリーヴズ)
1769年　D ＿＿ 紡績機(アークライト)
1779年　E ＿＿＿＿ 紡績機(クロンプトン)
綿織物

▼資料２　❹車ロコモーション号(F ＿＿＿＿＿＿＿＿)

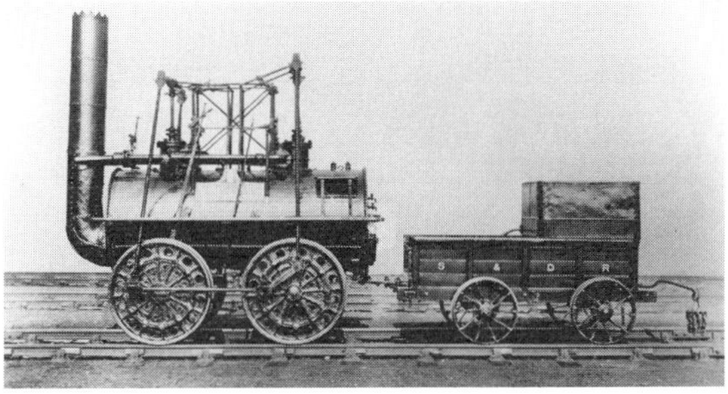

❶

❷

❸

❹

❺

❻

❼

【資料問題】

A

B

C

D

E

F

43 アメリカ合衆国の独立と発展

⑧ p.165~167／⑬ p.209~211

北アメリカ植民地の動向

北アメリカ大陸では、16世紀にスペインがメキシコとフロリダを植民地とした。17世紀にはイギリス人が東部沿岸地域に入植し、フランスはカナダやルイジアナに広大な領域をもっていたが、人口ではイギリス領植民地と比べて劣勢で、北アメリカのフレンチ＝インディアン戦争に並行した❶□□□□戦争に敗北し、フランス領植民地は崩壊した。

北米大陸のイギリス領植民地は、様々な性格をもつ**13の植民地**からなっていた。北部およびニューヨークを中心とする中部では、当初は自営農民や小規模の商工業者が主体だったが、18世紀には移民が加わり人口が急増し、林業・漁業・海運業が発達して、貿易に従事する大商人も現れた。南部では、**黒人奴隷**を用いた**プランテーション**が発達し、タバコや米、のちに綿花が、ヨーロッパや北アメリカ・カリブ海の各植民地に輸出された。イギリス領植民地は本国の❷□□□□□体制に組み込まれ、ほかのヨーロッパ諸国との直接の貿易を禁じられたが、強力なイギリス海軍の保護を受け、❶戦争後には本国の約3分の1の経済規模をもつまでに成長した。政治的には、各植民地は議会をもち、ある程度の自治が認められていた。また大学が設置され、新聞の発行などの言論活動もみられた。

アメリカ合衆国の独立

❶戦争後、その戦費で巨額の財政赤字を抱えたイギリス本国が課税強化のために、1765年、❸□□□法を導入すると、植民地側は、「❹□□□□□□□□□□」と反発し、本国議会での課税決定は無効であると本国に訴えた。その後、同法は撤回されたが、本国と植民地との対立が表面化した。つづいて本国が1773年に❺□□法などで植民地への干渉を再び試みると、植民地側は❻□□□□□□□□事件をおこして実力行使に出た。本国がボストン港封鎖の強硬策をとったため、植民地側は各植民地の代表からなる❼□□□□会議を開き対応策を協議した。1775年にボストン近辺の**レキシントン・コンコード**で武力衝突がおこると、❼会議は❽□□□□□□□を大陸軍の総司令官に任命し、イギリス本国と戦った。当初植民地側は、国王への忠誠を維持しつつ、戦いの目的として、植民地の人間がイギリス人としてもつ権利の確認を掲げていた。しかしペインの著した『❾□□□□＝□□□□』が世論を独立に導いたこともあり、植民地側は1776年に❿□□□□を発し、翌77年には**アメリカ合衆国**と名乗った。

独立戦争では、当初イギリスが優位であった。しかし、フランス・スペインがアメリカ側で参戦し、さらにロシアなどが⓫□□□□□□を結成して、イギリス海軍の動きを制約したために戦況がかわり、1781年の**ヨークタウンの戦い**でアメリカ・フランス連合軍が勝利した。イギリスは1783年の⓬□□条約でアメリカ合衆国の独立を承認した。しかしこれは、広大な領土をもつ共和国の誕生として、君主国の多かったヨーロッパに衝撃を与えた。また❿は、**ロックの抵抗権**を論拠に反乱を正当化しつつ、すべての人間が生来もっている権利の実現を国家建設の目的としていた。こうした理想を掲げた点で、アメリカ合衆国の独立は革命としての性格をもった。

アメリカ合衆国は、当初は旧13植民地が州としてゆるやかに連合する国家だったが、1788年に⓭□□□□□□□□が公布され、自治権をもつ各州が中央政府によって統括される連邦共和国となった。⓭では⓮□□□□・⓯□□□□・⓰□□□□□□などの制度が定められ、それぞれが行政・立法・司法の権限をもつことで、史上初の大統領制および⓱□□□□□国家となった。

初代大統領となった❽は、ヨーロッパとの距離をおきつつ内政を指導したが、中央政府による集権化をめざす**連邦派**と州の自立性を重視する**州権派**の対立が生じた。また❿の⓲□□□と□□□の理想は、その後の大西洋世界でおこる革命の指導原理となったが、現実のアメリカ合衆国は、黒人奴隷制を存続させたり、先住民から土地を奪うなど、白人中心の国家という性格を強くもっていた。

❶ 北米での**フレンチ＝インディアン戦争**と並行して、プロイセンとオーストリアが始めた戦争で、イギリスとフランスがそれぞれを支援する形で参加し、フランス・オーストリアが敗北した1756〜63年の戦争は何か。

❷ イギリスが、英領植民地に対し本国の産業保護を目的に、産業の規制や課税などを強化した経済政策を展開した体制を何と呼ぶか。

❸ ❶戦争後、その戦費で巨額の財政赤字を抱えたイギリス本国が課税強化のために導入した1765年の法令は何か。

❹ ❸法に対し、みずからの代表が参加していない本国議会での課税決定は無効だと反対した植民地側の反対運動のスローガンは何か。

❺ 破綻危機のイギリス東インド会社への優遇措置として、本国が13植民地で販売する茶を免税とした1773年の法令は何か。

❻ 右の絵のように、❺法に対し反対した人々が、先住民に扮して港に停泊していた会社の船を襲った事件は何か。

❼ ❻事件の後、本国が港を軍事封鎖する強硬策をとったため、植民地側が対応策を協議した各植民地の代表からなる会議は何か。

❽ ❼会議が、大陸軍の総司令官に任命したのはだれか。

❾ 本国と戦い独立することをためらう植民地の世論を独立へと導いた、トマス＝ペインの著書は何か。

❿ ジェファソンが起草し、**フランクリン**らが補筆修正し、1776年7月4日に、❼会議で採択された植民地側の立場や方向性を示した宣言文は何と呼ばれるか。

⓫ ロシアの**エカチェリーナ2世**が提唱し、間接的に植民地を援護する目的で結成した同盟は何か。

⓬ **ヨークタウンの戦い**でアメリカ・フランス連合軍が勝利した結果、イギリスが**アメリカ合衆国**の独立を承認した1783年の条約は何か。

⓭ 独立後、旧13植民地は、ゆるやかに連合する自治権をもった州となり、各州が中央政府によって統括される連邦共和国となったことを示した1778年の法律は何か。

⓮ 合衆国の国家元首にして行政府の長として、また外交および軍事を取り仕切る役職は何か。

⓯ ❼会議に始まる、合衆国の立法府は何か。

⓰ 違憲立法審査権をもつ、合衆国の司法組織の最高機関は何か。

⓱ 権力の集中や濫用の防止を目的に採用された政治制度は何か。

⓲ ❿の理想として示されている、政府や法律が成立する以前より人間がもっているとされた「**自然権**」を2つ答えよ。

❶
❷
❸
❹
❺
❻
❼
❽
❾
❿
⓫
⓬
⓭
⓮
⓯
⓰
⓱
⓲

⑲ p.168〜171／⑭ p.212〜217

フランス革命

絶対王政国家のフランスでは、聖職者の第一身分と貴族の第二身分が土地と公職をほぼ独占した一方で、税の大半は人口の約9割を占める平民の第三身分が担っていた。18世紀のフランスはあいつぐ戦争で慢性的な財政赤字であり、アメリカ独立戦争の戦費が財政破綻をまねき、❶_____世は第一・第二身分への課税を強化しようと、❷_____を招集した。1789年ヴェルサイユで❷が開かれると、議決方法で対立がおき、特権身分の一部と第三身分の議員は、自分たちが真の国民代表であるとして❸_____を自称し憲法制定を誓った。国王側が❸を武力弾圧する動きをみせると、パリの民衆は❹_____牢獄を攻撃した。そして全国に広がった農民の蜂起を受けて、❸は❺_____の廃止を決定し、さらにラ=ファイエットらの起草による❻_____を発して、人間の自由・平等、国民主権、私有財産の不可侵などを国王に認めさせた。また、国民の経済活動を自由化し、聖職者を国家の管理下におき、身分・特権といった格差や地域の相違を解消し、均質的な国民を主体とする❼_____構築に向かった。1791年には初の憲法が制定され、❽_____と国王による**立憲君主政**が発足した。

革命に危機感をもった国王一家が、王妃の実家オーストリアに亡命を試みて失敗した❾_____事件で、王は国民の信頼を失った。❾事件後、オーストリアとプロイセンが革命への介入姿勢をみせたため、革命政府は1792年、オーストリアへ宣戦した。当初フランス軍が劣勢だったため、各地から**義勇兵**がパリに集結した。義勇兵はさらに王宮を襲い**王権を停止**した。❽は解散し、男性普通選挙による❿_____が開かれた。❿は共和政を宣言し（**第一共和政**）、旧国王夫妻を処刑した。1793年、革命政府の徴兵制に反対する反乱や、教会勢力や王政の復活をめざす動きが強まると、⓫_____らは⓬_____に権力を集中して、抵抗勢力を弾圧する⓭_____政治を開始した。しかし、戦況の好転で独裁政治への不満が高まり、1794年の⓮_____の反動によって⓭政治は終了し、95年に**総裁政府**が発足した。しかし国内の分裂は根深く安定せず、新政府は無力であった。この状況をみて、イタリアやエジプトに遠征し名声を得ていた将軍ナポレオン=ボナパルトが、1799年にクーデタをおこして権力を握り、発布した憲法が国民投票で承認されると、彼が実質的な国家元首として認められ（**統領体制**）、フランス革命は終了した。

ナポレオンのヨーロッパ支配

ナポレオンは、1801年に教皇と和解すると、02年にはイギリスと講和した。国民の支持を集めたナポレオンは、経済・財政を再建させ、⓯_____を制定し❻の理想を法制化して、1804年、国民投票で皇帝⓰_____世として即位した（**第一帝政**）。しかし、即位に反発したヨーロッパ諸国との戦争が再び始まった。⓰世はオーストリアとロシアの連合軍に大勝し、イタリア半島全域を支配し、さらにドイツのほとんどの領邦国家を従属的な同盟国に編成したことで、神聖ローマ帝国を崩壊させた。プロイセンにも大勝し、ワルシャワ大公国をたてた。ヨーロッパの大半を支配下とした⓰世は、イギリスに対し1806年に⓱_____令をしき、ヨーロッパ諸国に対英貿易を禁じた。しかし広大な植民地をもつイギリスはこれに耐え、一方で対英輸出を禁じられた各国が苦しむなか、貿易を再開する国が現れた。1812年、⓰世は⓲_____に遠征したが、⓰世は大敗し軍事力を失った。フランスに抵抗する**ナショナリズム**が高まり、ドイツでは民衆蜂起がおこり、1813年からは解放戦争（**諸国民戦争**）が始まった。これに敗れた⓰世は退位し、❶世の弟が即位した。フランスでは立憲君主政が復活し⓳_____となったが、国民の多くは革命前の状態に戻ることを恐れていた。1814〜15年の**ウィーン会議**が難航していると、ナポレオンはパリで復位したが、1815年の**ワーテルローの戦い**で敗れて流刑となった。

❶　あいつぐ戦争で慢性的な財政赤字のなか、アメリカ独立戦争の戦費で破綻した財政の改革に着手したフランス国王はだれか。

❷　課税の強化に反発した**第一・第二身分**が開催を要請した、17世紀初め以来休止状態にあったフランスの身分制議会は何か。

❸　❷の議決方法をめぐる対立から特権身分の一部と**第三身分**の議員が、真の国民代表と宣言し、憲法制定を目的に掲げた組織は何か。

❹　国王側が❸を武力で弾圧しようとした時、パリの民衆が武器・弾薬を求めて1789年7月14日（**フランス革命の始まり**）に攻撃した施設は何か。

❺　全国に広がった農民の蜂起をおさえるために、❸は何を決定したか。

❻　人間の自由・平等、国民主権、私有財産の不可侵などの理想を示した、**ラ゠ファイエット**らの起草した宣言は何か。

❼　革命の方向性である、身分・特権といった格差や地域の相違が解消されて築かれた均質的な国民を主体とする国家を何と呼ぶか。

❽　1791年、初の憲法が制定されて成立した**立憲君主政**の議会は何か。

❾　国王一家が王妃の実家のオーストリアに亡命を試みたが失敗し、国民の信頼を失った1791年の事件は何か。

❿　**王権を停止**させたのち、男性普通選挙によって招集され、前議会より権力を譲り受け、共和政を宣言（**第一共和政**）した議会は何か。

⓫　ジャコバン派の指導者として❿で強権的な政治をおこない、のちにその独裁への不満が、自身の失脚につながったのはだれか。

⓬　❿において、⓫が権力を集中させた組織は何か。

⓭　⓫が抵抗勢力を弾圧し強権的におこなった政治を何と呼ぶか。

⓮　⓫を逮捕し、処刑した1794年のクーデタを何と呼ぶか。

⓯　1804年に**ナポレオン**が、フランス革命の成果として、❻の理想とした内容を法として制定したフランスの民法典（みんぽうてん）は通称何と呼ばれるか。

⓰　1804年、国民投票で皇帝に即位したナポレオンは何と呼ばれたか。

⓱　ヨーロッパ諸国にイギリスとの貿易を禁じた1806年の勅令は何か。

⓲　大軍を率いたナポレオンが大敗した、1812年の遠征は何か。

⓳　ナポレオンが退位し、❶世の弟が即位して再びブルボン朝による立憲君主政が復活したフランスの政体を何と呼ぶか。

［**史料問題**］　以下は❻の条文（抜粋）である。**A**〜**C**の空欄に適する語句は何か。

> 第1条　人間は（**A**）かつ権利において（**B**）なものとして生まれ、また、存在する。社会的な差別は、共同の利益にもとづいてのみ、設けることができる。
> 第17条　（**C**）は神聖かつ不可侵の権利であるから、何人も、適法に確認された公共の必要が明白にそれを要求する場合であって、また、事前の公正な補償（ほしょう）の条件のもとでなければ、それを奪われることはない。

❶
❷
❸
❹
❺
❻
❼
❽
❾
❿
⓫
⓬
⓭
⓮
⓯
⓰
⓱
⓲
⓳

［史料問題］
A
B
C

中南米諸国の独立

⊕ p.172〜173／⊕ p.217〜219

**環大西洋革命と
ハイチ革命**

16世紀以来、中南米はヨーロッパ諸国の植民地だったが、ナポレオンの侵攻と支配によって本国が動揺した結果、19世紀前半の数十年間にほとんどの植民地で新国家が独立した。これらの独立運動はアメリカ合衆国の独立革命やフランス革命からも影響を受けていたため、下の地図に示されているように大西洋をまたぐ、こうした一連の変化を❶□□□□□革命と呼ぶ。

最初の独立運動は、フランスの植民地であり、当時世界最大の砂糖・コーヒーの生産地であったイスパニョーラ島のサン゠ドマングでおこった。フランスから人権宣言の理想が伝わると、1791年、黒人奴隷の反乱がおこった。サン゠ドマングは、右の絵の黒人のトゥサン゠ルヴェルチュールらの主導のもと、同地の確保をめざすフランスを退けて、世界初の黒人共和国❷□□□□として独立した。反乱から1806年の共和政移行までの運動の総称を❷革命と呼ぶ。

**スペイン・ポルトガル植民地での
独立運動**

❷革命の一方、中南米での独立運動の担い手は❸□□□□□□□□□（白人入植者の子孫）であった。彼らは地主として先住民や黒人奴隷を支配した一方で、本国から派遣された植民地官僚に政治権力を握られて不満をつのらせていた。また本国による重商主義的な貿易統制に反対していた。ポルトガルの❹□□□□植民地は、ナポレオンの侵攻を受けて本国王室が避難してきたあと、イギリスとの貿易で経済的に発展した。国王はナポレオン戦争後に帰国したが、❹の❸は、本国からの統制の復活を恐れて王太子を皇帝に擁立し、ブラジル帝国が成立した（1822年）。

スペインの植民地では、本国におけるフランスへの抵抗運動に刺激されて、各地の❸が自立への歩みを始めた。フランス支配からの解放後に本国はこれを阻止しようとしたが、植民地側は独立戦争を開始した。植民地側は戦争を優位に進め、1816年に❺□□□□□□が独立を宣言し、また❻□□□□□□・❼□□□□・❽□□□□□□地域も、指導者❾□□□□□の活躍もあって1820年前後に独立した。新独立国は、大半が共和国となり、君主制・貴族制および奴隷制を廃止した。ただし先住民の立場は弱く、また独立後の中南米諸国では、❸による支配が独裁政権となる例もあり、不安定な政治が続いた。

一方、スペイン植民地で最大の人口と富を有した❿□□□□□□□では、独立運動は保守的な性格のものとなった。同地では、インディオやメスティーソ（インディオと白人の混血）などの被支配層が蜂起したが、白人の虐殺がおこるなどしだいに急進化した。さらに本国で自由主義的な憲法が公布されると、本国出身者や❸の支配層は、これが植民地にも施行されることを恐れた。そのため支配層は蜂起を弾圧しつつ、白人主導の独立国をたてた（1821年）。

中南米諸国の独立運動は、国際環境にも恵まれた。大西洋の制海権を握っていたイギリスは、新独立国との自由貿易を期待して運動を支援した。またヨーロッパ諸国の関心が中南米に向けられたため、アメリカ合衆国は、1823年に⓫□□□□□□を発して南北アメリカ大陸とヨーロッパの相互不干渉をとなえ、ヨーロッパ諸国を牽制した。

❶ 19世紀前半の数十年間にほとんどの中南米の植民地が新国家として独立したが、これらの独立運動はアメリカ独立革命やフランス革命の影響を受けていた。大西洋をまたぐこうした一連の変化を何と呼ぶか。

❷ イスパニョーラ島のサン＝ドマングにおいて、1791年より黒人の**トゥサン＝ルヴェルチュール**らが主導し、植民地の確保をめざすフランスを退けて、世界初の黒人共和国として1804年に独立した国はどこか。

❸ 中南米での独立運動の担い手である白人入植者の子孫（現地生まれの白人）は何と呼ばれるか。

❹ 1822年にポルトガルの王太子を皇帝に擁立し、帝国として独立したポルトガルの植民地はどこか。

❺ 1816年にスペインから独立した南米大陸南部の国はどこか。

❻ 1819年に南米大陸北部のスペイン副王領に建設された共和国はどこか。

❼ 1821年に独立し、24年に共和国となった、スペイン植民統治の中心地域はどこか。

❽ 1825年に共和国としてスペインから独立した、南米大陸中央部の国はどこか。

❾ 南米各地の独立運動を支援し、「解放者」と呼ばれ、その活躍から自身の名前が❽の国家名の由来ともなった❸出身の指導者はだれか。

❿ 中米の北部に位置し、スペイン植民地で最大の人口と富を有し、インディオやメスティーソら被支配層の蜂起を弾圧しつつ、1821年に白人主導で独立国をたてたのはどこか。

⓫ ヨーロッパ諸国の関心が中南米に向けられたため、ヨーロッパ諸国を牽制し、南北アメリカ大陸とヨーロッパの相互不干渉をとなえたアメリカ合衆国大統領による1823年の宣言は何か。

【 地図問題 】 下の中南米の地図中の A ～ F の国名を答えよ。

【 地図問題 】

A

B

C

D

E

F

46 | ウィーン体制と政治・社会の変動

⑩ p.174〜178／詳 p.220〜225

ウィーン会議

1814年、フランス革命からナポレオンの大陸支配の戦後処理のために**ウィーン会議**が開かれ、オスマン帝国を除く、全ヨーロッパの支配者が参加した。墺外相の❶[＿＿＿＿＿＿＿]が議長となり、タレーラン仏外相の❷[＿＿＿]主義により、ブルボン王家が復帰した。ヨーロッパの安定と自国の領土拡大を重視した会議の結果は、ウィーン議定書にまとめられ、ロシア皇帝はポーランド王を兼ね、プロイセンも領土を拡大した。オーストリアはイタリア北部地域を併合し、墺領ネーデルラントをオランダにゆずった。スイスは永世中立国になり、ドイツには35の君主国と4自由市からなる❸[＿＿＿＿＿]が成立した。この新しい国際秩序は**ウィーン体制**と呼ばれ、体制は❹[＿＿＿]同盟を結成した露・英・普・墺による列強体制が支えた。この時イギリスは、**セイロン島とケープ植民地**などを得て、世界帝国への基礎を固め、ロシアは**神聖同盟**を結成した。

立憲改革の進展とウィーン体制の動揺

❶らは、**自由主義的改革運動やナショナリズム運動**の抑圧をはかり、独・伊での青年・学生による自由主義的改革運動、スペインの立憲革命、ロシアのデカブリスト（十二月党員）の反乱などはいずれも鎮圧された。1821年の❺[＿＿＿＿＿＿]運動は列強の支持により成功した。この影響は中南米にも波及し、❶はこれを阻止しようとしたが、利害関係のあるイギリスが反対した。フランスは立憲君主政となり、きびしい反動政治がおこなわれた。不満を高めた国民は、**シャルル10世**に対し、1830年、パリで❻[＿＿＿]**革命**をおこした。王は亡命し、自由主義的とされたオルレアン家の**ルイ＝フィリップ**が新国王となり**七月王政**が成立した。❻革命の影響により、❼[＿＿＿＿＿]はオランダから独立したが、ポーランドやイタリアの蜂起は鎮圧され失敗した。西欧諸国が❶に協調しなくなり、ウィーン体制の反動政治は墺・独などに後退した。

イギリスの自由主義的改革

イギリスでは独自の改革が進められ、プロテスタント非国教徒やカトリック信徒への法的規約が撤廃され、1807年、奴隷貿易禁止、33年には奴隷制が廃止された。1832年の第1回❽[＿＿＿＿＿＿]では選挙区が再編され新たに産業資本家などが参政権を得て政治的発言力を強めた。参政権を得られなかった労働者たちが1830年代後半から、男性普通選挙をめざした❾[＿＿＿＿＿＿]運動を展開した。1833年東インド会社の中国貿易独占権廃止、46年穀物法廃止・49年航海法廃止など産業資本家の求める**自由主義政策**を進めた。

社会主義思想の成立

資本主義の進展にともない、資本家と労働者との経済格差が新たな問題となり、その改善をめざす理論は**社会主義**と呼ばれた。イギリスの❿[＿＿＿＿][＿＿＿]は労働組合運動を指導し、1833年の年少者の労働時間を制限する⓫[＿＿＿]**法**の制定にも尽力した。フランスの⓬[＿＿＿]＝[＿＿＿]は労働者の連帯をとなえ、**ルイ＝ブラン**は利益が平等に分配される経済体制を構想した。ドイツ生まれの⓭[＿＿＿＿]と友人の⓮[＿＿＿＿]は、資本主義の仕組みを研究しその限界を論じ（⓭主義）、1848年に『⓯[＿＿＿＿＿]』を発表し、社会主義実現のために労働者の国際的団結を訴え、以後の社会主義運動に大きな影響を与えた。

1848年革命

七月王政下のフランスで、普通選挙の実施を求めた中小資本家や労働者を政府が弾圧しようとすると、1848年2月にパリで⓰[＿＿＿]**革命**がおこった。王政は倒れ、共和政の臨時政府が樹立された（**第二共和政**）が、政情は安定しなかった。同年12月の大統領選挙で当選し、クーデタののち国民投票で帝政を復活させたのが⓱[＿＿＿＿＿]**世**（**第二帝政**）であった。⓰革命が⓲[＿＿＿]**革命**となって、波及したオーストリアでは❶が失脚し、プロイセンでは自由主義者らが統一国家と憲法制定のために**フランクフルト国民議会**に結集した。ハンガリーやベーメン、イタリアにもナショナリズム運動は広がり「⓳[＿＿＿＿＿]」と呼ばれ、ウィーン体制は崩壊した。

❶ 1814〜15年に、フランス革命からナポレオンの大陸支配の戦後処理と、ヨーロッパ秩序再建のために開かれた**ウィーン会議**の議長となった墺外相(のち宰相_(さいしょう))はだれか。

❷ 王朝や領土をフランス革命前の状態に回復させようという、仏外相の**タレーラン**がとなえた主張を何というか。

❸ 会議によってドイツに成立した、オーストリア・プロイセンなど35の君主国とハンブルクなどの4自由市から構成された国家連合は何か。

❹ 会議で成立した国際秩序のウィーン体制を支えた、ロシア・イギリス・プロイセン・オーストリアが組織した同盟は何か。

❺ 列強の支持により成功した、1821年に始まったオスマン帝国内の**ナショナリズム**運動は何か。

❻ 右の絵は**ドラクロワ**の「**民衆を導く自由の女神**_(めがみ)」である。この絵の題材となった、フランス国民が反動政治を続けた、**シャルル10世**を退位させ亡命させた1830年のパリのできごとを何というか。

❼ ❻革命の影響で、オランダから独立し、立憲王国となった国はどこか。

❽ 産業革命後の社会の現実に合わなくなったことから、選挙区の再編や参政権の見直しを求めた運動によって実現した1832年のできごとは何か。

❾ 参政権を獲得できなかった労働者が、1830年代後半から、男性普通選挙の実施_(じっし)などを要求し展開した運動は何か。

❿ イギリスにおいて、労働組合運動を指導し、生協運動にも取り組んだ**社会主義者**はだれか。

⓫ 1833年に❿が尽力し、イギリスで制定された年少者の労働時間を制限する法律は何か。

⓬ 労働者の連帯をとなえたフランスの初期の社会主義者はだれか。

⓭ 資本主義の仕組みを研究し、資本主義にはそもそも無理があり、いずれ崩壊すると論じたドイツの社会主義者はだれか。

⓮ ⓭の友人で、⓭主義の理論の確立と普及_(ふきゅう)に貢献_(こうけん)したのはだれか。

⓯ ⓭と⓮が、1848年に発表した著作は何か。

⓰ 選挙権拡大運動に取り組む中小資本家や労働者を、**七月王政**政府が弾圧しようとしたため、1848年2月にパリでおこったできごとは何か。

⓱ 1848年12月の大統領選挙で、ナポレオン1世の甥_(おい)の**ルイ＝ナポレオン**が当選し、51年クーデタによって独裁権_(どくさいけん)を握り、52年には国民投票で帝政を復活させた。彼は、皇帝となり名前をどう改めたか。

⓲ ⓰革命はオーストリア・ドイツに波及して何と呼ばれたか。

⓳ ヨーロッパ各地で自由主義的改革運動がおこり、ナショナリズムが高_(こう)揚_(よう)し、ウィーン体制が崩壊した状況を何と呼んだか。

❶
❷
❸
❹
❺
❻
❼
❽
❾
❿
⓫
⓬
⓭
⓮
⓯
⓰
⓱
⓲
⓳

クリミア戦争

ロシアは反革命の擁護者として国際的に有利な立場となり、南下政策を再開し、1853年、オスマン帝国に宣戦し❶[　　　　　]戦争を始めた。しかし、英・仏がオスマン帝国を支援したためロシアは敗れ、1856年のパリ条約で黒海の中立化を再確認させられ、南下は失敗した。❶戦争後、ヨーロッパ諸国は国内の諸問題に追われることになり、国際問題に対する列強の共同行動は難しくなって、列強体制の統制力は弱まった。そのため1870年までの国際状況は、列強の干渉や規制をあまり受けず、国家統一など大きな変革に向けての戦争が多発した。

列強の新体制——ロシア・イギリス・フランスの対応

〈ロシアの大改革〉 ❶戦争で敗北したロシアの❷[　　　　　][　　　　　]世は、ロシアの立ちおくれを認め、1861年に❸[　　　　　]令を布告した。その後皇帝は様々な近代化改革を実施したが、改革の気運に乗じてポーランドの民族主義者が蜂起すると、再び専制政治に戻った。工業が未成熟なロシアで、社会改革を提唱したのは知識人層の❹[　　　　　　　　　]であった。そのなかには皇帝の姿勢に不満をもち、農民を啓蒙して社会主義改革の実現をめざすものが現れた。彼らは「❺[　　]＝[　　　　]（人民のなかへ）」を掲げて農民に働きかけたので、❻[　　　　　　　]と呼ばれる。しかし運動は失敗に終わり、一部の❻は要人殺害で専制を打倒しようと、皇帝や政府高官を暗殺した。

〈イギリス〉 19世紀、イギリスは自由貿易を本格化させ、同世紀半ばから蒸気鉄道を輸出し、電信の通信とあわせて交通・通信に革命的な変化をもたらした（**交通革命・通信革命**）。首都ロンドンは、商業および金融を通じて世界経済に大きな影響力をおよぼし、1851年には世界初の❼[　　　　]会が開催された。イギリスが強力な経済力を背景に、各国の利害対立を調整できたので、ナポレオン戦争以降のヨーロッパでは基本的に平和が維持され、この状況は「❽[　　　　]＝[　　　　　　]」と呼ばれた。60年代には❾[　　　　]女王のもと、総選挙の結果にもとづいて❿[　　　　]党・⓫[　　]党が交互に政権を担当する議会政治が定着した。❿党の⓬[　　　　　　]、⓫党の⓭[　　　　　　]らは、重要な改革をつぎつぎに実現して、貴族制を維持するイギリスの階級間の関係も円滑化した。1867年の**第2回選挙法改正**で都市部の労働者（工場の労働者）の多くが、84年の**第3回選挙法改正**で農村部の労働者などが選挙権を得て、民主化が進展した。

他方、1801年にイギリスに併合された⓮[　　　　　　]では、イギリス系人口の多い北部で産業革命が始まったが、南部は40年代後半にジャガイモ飢饉と呼ばれる大飢饉に襲われ大きな犠牲を出し、大量の移民をアメリカに送り出した。独立への動きも強まり、1880〜90年代に⓭が自治法案を提出したが、帝国の解体につながるとの危惧から議会で否決され、⓮問題は20世紀にもちこされた。

〈フランス第二帝政と第三共和政〉 フランスの第二帝政下では、ナポレオン3世が自由貿易政策をとってイギリスと通商条約を結び、パリで2度も❼会を開催した。また支持基盤をまとめるため、レセップスのスエズ運河建設を支援し、**第2次アヘン戦争・イタリア統一戦争・インドシナ出兵**などの積極的な対外政策を追求した。しかし、⓯[　　　　　]遠征に失敗し、さらに⓰[　　　　]＝[　　]戦争で惨敗し、帝政は崩壊した。パリでは1870年に臨時国防政府が成立して抗戦を続けたが、翌年に降伏した。アルザス・ロレーヌの割譲を認めるなどの屈辱的な講和に抗議して、社会主義者やパリ民衆が立ち上がり、史上初めての革命的自治政府の⓱[　　]＝[　　　　　]を樹立したが、臨時政府側の軍事力によって倒された。その後、国内では王党派と共和派のあいだで将来の政体をめぐる対立が続いた。1875年、共和国憲法が制定されて⓲[　　　　]政の基礎がすえられ、80年以降フランス革命を原点とする国民統合が進んだ。

❶ 南下政策を進めたロシアが、オスマン帝国内の**ギリシア正教徒保護**を名目にはじめた1853〜56年の戦争は何か。

❷ ❶戦争に敗北し国内の立ちおくれを認め、近代化に着手した皇帝はだれか。

❸ 近代化改革を実施する皇帝❷世が、1861年に布告した勅令は何か。

❹ 工業が未成熟なロシアで社会改革を提唱した知識人層を何と呼ぶか。

❺ 1870年代、❹のなかには反動化した皇帝の姿勢に不満をもち、農民を啓蒙して社会主義改革の実現をめざした❹が掲げたスローガンは何か。

❻ ❺を掲げて農村に入り活動したものたちは何と呼ばれたか。

❼ 商業および金融を通じて世界経済に大きな影響力をおよぼしたイギリスの首都ロンドンで、1851年に開催されたできごとは何か。

❽ ナポレオン戦争以降に、強力な経済力を背景に各国の利害対立を調整したイギリスによって、ヨーロッパで維持された平和を何と呼ぶか。

❾ 広大な植民地を擁し、世界経済の覇者として君臨した、19世紀を代表するイギリスの女王はだれか。

❿ 1860年代のイギリス二大政党時代に、地主階級が支持基盤であった政党は何か。

⓫ ❿党との二大政党時代に自由主義改革を推進した政党は何か。

⓬ ❿党の政治家で、首相在任中に**スエズ運河会社株の取得やインド帝国樹立**など、大英帝国の強化を進めた人物はだれか。

⓭ ⓫党の政治家で、成人男性のほとんどが有権者となった**第3回選挙法改正**をおこなったのはだれか。

⓮ 1880〜90年代に⓭が自治法案を提出したが、議会で否決され成立しなかった場所はどこか。

⓯ 積極的な対外政策を追求したナポレオン3世が、現地人の激しい抵抗とアメリカの抗議もあって失敗に終わった1861年からの遠征は何か。

⓰ 1870〜71年におこなわれ、ナポレオン3世が降伏しその後退位して帝政が崩壊した時のプロイセンとの戦争は何か。

⓱ ⓰戦争の講和に抗議した社会主義者やパリ民衆が立ち上がり樹立した、史上初めての革命的自治政府は何か。

⓲ 第二帝政崩壊後に成立し、1880年以降フランス革命を原点とする国民統合を進めた政体は何か。

[資料問題] 右の絵には、❶戦争の際に戦争の負傷者をイスタンブルの病院で看護するイギリス人女性が描かれている。この女性はだれか。

❶
❷
❸
❹
❺
❻
❼
❽
❾
❿
⓫
⓬
⓭
⓮
⓯
⓰
⓱
⓲

[資料問題]

新国民国家の成立　〈イタリアの統一〉　二月革命後に、政治結社❶□□□□□□□□のの❷□□□□□□□□□□□も参加した**ローマ共和国**が、フランスに倒された。統一運動の中心は**サルデーニャ王国**に移り、国王**ヴィットーリオ＝エマヌエーレ２世**と首相**カヴール**が自由主義的改革を進め、**ナポレオン３世**と秘密同盟を結び、1859年にオーストリアと戦い**ロンバルディア**を獲得し、翌年**サヴォイア**などをフランスに譲って中部イタリアを併合した。同時に❶出身の❸□□□□□□□□□□は両**シチリア王国**を占領し、サルデーニャ王にゆだねた。この結果、1861年に❹□□□□□□□王国が成立し、サルデーニャ国王が国王位についた。66年には墺領の**ヴェネツィア**を、70年には**ローマ教皇領**を併合し、国家統一を実現した。しかし、**トリエステ・南チロル**などは含まれず、「❺□□□□□□□□□□□」をめぐりオーストリアとは対立が続いた。

〈ドイツの統一〉　1834年に**プロイセン**を中心にオーストリアを除く大部分の領邦による**ドイツ関税同盟**が発足した。しかし1848年革命後の**フランクフルト国民議会**では意見が対立し、ドイツ統一は失敗した。プロイセンでは、1862年に**ユンカー**出身で保守強硬派の❻□□□□□□□□が首相となり❼□□□□政策をとなえ、軍備拡大をはかった。1864年、プロイセンは**シュレスヴィヒ・ホルシュタイン**両州の管理をめぐる**普墺戦争**でオーストリアに勝利した。ドイツ連邦は解体され、1867年プロイセンを盟主とする❽□□□□□□連邦が結成された。ドイツから除外されたオーストリアは、**マジャール人**にハンガリー王国を認め、同君連合の❾□□□□□□□＝□□□□□□帝国になった。ナポレオン３世は、プロイセンの強大化を恐れ、❿□□□□□＝□□□□□戦争を始めた。プロイセンは❽連邦と南ドイツ諸邦の支持を得て仏を圧倒し、**スダン**でナポレオン３世を捕虜にし、1871年、❻はフランスに、**アルザス・ロレーヌ**の割譲、高額の賠償金を課す講和を結んだ。

ドイツ帝国とビスマルク外交　1871年１月、プロイセン国王⓫□□□□□□□□□世は、ヴェルサイユ宮殿で皇帝に即位し、⓬□□□□□帝国が成立した。⓬帝国は連邦国家で、プロイセン国王が皇帝を兼ねた。各領邦の制度は残され、男性普通選挙による帝国議会の権限は弱く、帝国宰相は皇帝にのみ責任を負い、独裁的権力を行使できた。帝国宰相となった❻は反プロイセン感情の強い南部のカトリック教徒を警戒し、⓭□□□□□□□で抑圧した。また社会主義運動を防ぐために**社会主義者鎮圧法**を制定する一方で、社会保険制度を導入した。外交面では列強体制を再建させながら、フランスの孤立化政策をとった。独・墺・露の⓮□□□□同盟（73年）、独・墺・伊の⓯□□□□同盟（82年）、独・露の⓰□□□□条約（87年）の同盟網による国際体制を❻体制と呼ぶ。

　列強の領土拡大政策は続いた。1875年、オスマン帝国のバルカン地域で農民反乱が、翌年にはブルガリアで独立蜂起がおきたが、オスマン帝国は武力で鎮圧した。ロシアはこれに直接介入し、1877年オスマン帝国に宣戦し、この⓱□□□□□＝□□□□戦争で勝利した。翌年の⓲□□□□＝□□□□□条約でロシアは、ブルガリアを保護下におき、バルカン半島へ進出した。しかし、墺・英がこれに反対すると、❻は1878年に⓳□□□□□会議を開き対立を調停した。結果、⓳条約でロシアは南下を阻止され、以後中央アジア・東アジア方面に向かった。❻はフランスの**チュニジア**支配を支持するなど、列強の関心を欧州地域外に向け、欧州における勢力の現状維持をはかった。

国際運動の進展　19世紀には国境をこえた交流や連帯する運動も増加した。社会主義運動では1864年にロンドンで⓴□□□□□□□□□□□□が結成され、70年代半ばに解散したが、1889年にパリで再結成された。戦争犠牲者救済のために**国際赤十字**が結成され、**国際オリンピック大会**も始まった。また、**移民**による欧州の拡大と交流も19世紀の重要な特色である。

❶ 伊の共和主義と民族統一を掲げ1831年に結成された政治結社は何か。

❷ ❶を創設し、1849年樹立のローマ共和国にも参加したのはだれか。

❸ ❶の出身者で、千人隊（赤シャツ隊）を率いて両シチリア王国を占領し、その地をサルデーニャ王にゆだねたのはだれか。

❹ ヴェネツィアと教皇領を除いて統一され、1861年にできた国は何か。

❺ トリエステ・南チロルなど墺領にとどまった地域は何と呼ばれたか。

❻ 1862年にプロイセン国王が首相に任命したユンカー出身者はだれか。

❼ 議会で「帝国の統一は言論や多数決ではなく、鉄（武器）と血（兵士）によってのみ解決される」と演説した❻の政策は何と呼ばれたか。

❽ プロイセンを盟主として、1867年に結成された連邦国家は何か。

❾ 墺が隣国とのあいだで1867年に成立させた二重帝国（同君連合）は何か。

❿ 1870年にプロイセンの強大化を恐れたナポレオン3世の宣戦布告で始まり、スダンで彼は捕虜となり、そしてフランスが降伏した戦争は何か。

⓫ ❿戦争中の1871年1月に占領したヴェルサイユ宮殿で、皇帝に即位したプロイセン国王はだれか。

⓬ プロイセン国王⓫世が皇帝を兼ね、1871年に成立した連邦国家は何か。

⓭ ❻による南ドイツのカトリック教徒に対する抑圧は何と呼ばれるか。

⓮ フランスの孤立化を意図して❻が、1873年に墺・露と結成した同盟は何か。

⓯ フランスのチュニジア占領に反発したイタリアが、1882年に独と墺の同盟に加わり成立した軍事的相互援助同盟は何か。

⓰ 1887年に成立したドイツとロシアの秘密軍事条約は何か。

⓱ ロシアが、1877年にオスマン帝国に宣戦し、勝利した戦争は何か。

⓲ ロシアがブルガリアを保護下におき、バルカン半島へ進出し、南下政策が成功したかにみえた⓱戦争の講和条約は何か。

⓳ 墺・英が露の南下に反対し、調停役の❻が1878年に開いた会議は何か。

⓴ 1864年にロンドンで創立された世界初の労働者の国際組織で、労働者の団結と解放を目的とした組織は何か。

【地図問題】 北欧地域の動向についての各説明文の国名を答え、右の地図中よりその国を示す場所を記号で選べ。

🅰 普・墺に領土を奪われたが、農業・牧畜を中心に経済を安定させた。

🅱 ウィーン会議で他国領となったが、20世紀初めに国民投票で独立国家になった。

🅲 露・普の台頭で強国の地位を失ったが、19世初めに立憲制議会主義を確立した。

❶

❷

❸

❹

❺

❻

❼

❽

❾

❿

⓫

⓬

⓭

⓮

⓯

⓰

⓱

⓲

⓳

⓴

【地図問題】

🅰 国名　　　　　記号

🅱 国名　　　　　記号

🅲 国名　　　　　記号

アメリカ合衆国の領土拡大

19世紀前半、合衆国はフランスから❶[＿＿＿＿＿]を購入して領土を倍増したのち、スペインから**フロリダ**を購入して、カリブ海にも到達した。また、通商問題をめぐる❷[＿＿＿]＝[＿＿＿]**戦争**を戦った結果、州をこえたアメリカ人としての自覚が強まった。同時にイギリスからの工業製品がとだえたため、工業化がうながされた。19世紀半ばには、合衆国の西方への膨張が神に定められた❸[＿＿＿＿＿]であるとのスローガンのもと、合衆国は**テキサス**を併合し、**アメリカ＝メキシコ戦争**に勝利し、**カリフォルニア**を獲得し、領土が太平洋岸に達した。また直後に同地で金鉱が発見されると、世界中から人々が到来する❹[＿＿＿＿＿]がおきた。太平洋への関心も高まり、中国と正式な国交を開いた。またペリーを日本へ派遣して**日本の開国**を実現したほか、1867年にはロシアから❺[＿＿＿]を買収した。国内では、合衆国政府は先住民から土地を安価で購入し、白人入植者に売却して農地に転換させる❻[＿＿＿]を展開した。農地は激増したが、土地購入に応じない先住民に対しては❼[＿＿＿]を設けて強制移住させた。一部の先住民は武力で抵抗したが鎮圧され、先住民の人口は激減した。

西部への拡大は、**奴隷制問題**をめぐる国内の対立を強めた。奴隷制は北部諸州では廃止されたが、奴隷制プランテーションを経済の基盤とする南部諸州は廃止に反対した。18世紀末に綿繰り機が発明され、大量の綿を販売することが可能となり、南部の奴隷制は19世紀に拡大した。西部に新しい州が誕生すると、北部は人道主義から新州での奴隷制に反対したが、南部は新州にも奴隷制を認めるように求めた。このため1820年に、新たな奴隷州を国土の南北のほぼ中間線以南にのみ認める❽[＿＿]協定が定められた。しかし、1854年に**カンザス・ネブラスカ**の両準州について、奴隷制の可否は住民の投票で決定するとした法律が制定され、❽協定は破られた。北部では奴隷制反対を掲げる❾[＿＿]党が発足し、南部では❿[＿＿]党の一部が合衆国からの分離を主張し、南北の対立が激化した。

南北戦争

大統領選で共和党の⓫[＿＿＿]が勝利し、⓫は南部の奴隷制の即時廃止は求めないとして、南部の分離を阻止しようとした。しかし南部諸州は1861年に⓬[＿＿＿]国を発足させ、⓭[＿＿]戦争が始まった。⓭戦争は、当初は南部が優勢だったが、北部は1862年に西部公有地での開拓農民に土地を授与する法律を定めて西部諸州の支持を固め、さらに63年に⓫が⓮[＿＿＿]宣言を出して国際世論も味方につけた。同年の⓯[＿＿＿]の戦いに勝利して工業力にまさる北部が優勢となり、1865年に南部は降伏し、合衆国は再び統一された。⓭戦争は、大型の火器や鉄道が活用されたこともあり、アメリカ史上最多の死者を出した。

アメリカ合衆国の大国化

⓭戦争後、南部の再建と社会改革が北軍の占領下で進められ、憲法の修正により正式に⓰[＿＿]は廃止された。しかし、黒人は法的には自由人となったものの、多くは小作農として貧しい生活をおくった。他方、一部の白人は、**クー＝クラックス＝クラン（KKK）**などの秘密結社を組織して黒人を迫害した。また、1870年代後半に北軍の南部占領が終了すると、南部では州法などで黒人の投票権を制限し、差別を制度化したため、憲法の条項は骨抜きになった。西部では、牧畜業や小麦生産が発達して、欧州への輸出が始まり、合衆国は**世界最大級の農業生産力**をもった。東部と西部を結ぶ有線電信が開通し、1869年には最初の⓱[＿＿＿]が完成した。1890年代には⓲[＿＿＿]の消滅が宣言された。合衆国は重工業も躍進させ、19世紀末には英・独をしのぐ⓳**世界最大の**[＿＿＿]ともなった。経済発展を支えたのは欧州各地からの⓴[＿＿]であり、19世紀に人口は10倍以上に増えた。⓴の多くは低賃金の非熟練労働者であり、経済拡大で独占企業が成長した結果、合衆国では所得格差の大きい社会が形成された。

❶ 19世紀前半に合衆国がフランスから購入した領土はどこか。

❷ 州をこえたアメリカ人としての自覚が強まったとされる、イギリスと通商問題をめぐって戦った1812～14年の戦争は何か。

❸ 合衆国が西方に膨張することは、神からの運命だとする標語は何か。

❹ 1848年にカリフォルニアで金鉱が発見され、1849年に世界中から人々が殺到した状況を何というか。

❺ 合衆国が、1867年にロシアから買収した領土はどこか。

❻ 合衆国政府が先住民から土地を安価で購入し、白人入植者に売却して農地に転換させることで、農地を開拓していった状況を何と呼ぶか。

❼ 強制移住させられた先住民に居住地として与えられた場所は何か。

❽ 奴隷州か否かの争いについて、新たな奴隷州を国土の南北のほぼ中間線以南にのみ認める妥協がはかられた、その1820年の協定は何か。

❾ 奴隷制反対を掲げて発足した北部の政党は何か。

❿ 西部の小農民や南部の大農園主らが1820年代に結成し、その一部が南部で合衆国からの分離を主張するようになった政党は何か。

⓫ 1860年の大統領選で当選し第16代合衆国大統領となったのはだれか。

⓬ 選挙結果に不服な南部7州が合衆国を脱退し結成した連邦名は何か。

⓭ ⓫の当選に反発した⓬国が成立して、1861年に始まった戦争は何か。

⓮ 1863年に⓫大統領が発表し、国際世論も味方につけた宣言は何か。

⓯ 劣勢であった北軍が、激戦を勝利でおさめた1863年の戦いは何か。

⓰ ⓭戦争後、南部の再建と社会改革が北軍の占領下で進められ、憲法の修正により正式に憲法上で廃止されたものは何か。

⓱ 1869年に整備され開通した東部と西部を結ぶ交通機関は何か。

⓲ 未開拓地がなくなったとして1890年代に合衆国政府は何を宣言したか。

⓳ 重工業も躍進した合衆国は、19世紀末にはイギリス・ドイツをしのぎ、アメリカ世界最大の何の国と呼ばれたか。

⓴ ⓳の経済発展を支えた欧州各地から移動してきた人々を何と呼ぶか。

[地図問題] Aは都市名を、B～Eは合衆国が獲得した領土名を答えよ。

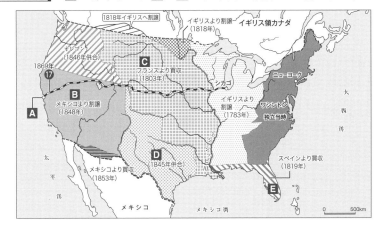

❶	
❷	
❸	
❹	
❺	
❻	
❼	
❽	
❾	
❿	
⓫	
⓬	
⓭	
⓮	
⓯	
⓰	
⓱	
⓲	
⓳	
⓴	

[地図問題]

A

B

C

D

E

19世紀欧米文化の展開と市民文化の繁栄

………… 📖 p.187~189／📘 p.238~241

主流文化の変遷と市民文化の成立

フランス革命後、ヨーロッパでは宮廷(貴族)文化が後退し、❶[　　　]が優位となり、19世紀後半には、各国で国民統合が進んで❷[　　　]の潮流が主流になった。❷は貴族文化・❶の融合の産物として成立し、学校教育や美術・建築・音楽・文学などを通じて、国民国家の成立をあと押しした。交通革命や、電信・電話、大衆新聞の登場など、技術革新も❷の浸透に貢献し、ヨーロッパの❷は❸ヨーロッパ[　　　]に発展した。また19世紀末には、世界を「欧米文明世界」、中国・インド・日本などの「文明途上世界」、アフリカなどの「未開世界」に区分するヨーロッパ中心主義的な見方がとなえられた。

各国の国民文化の展開

フランス革命とナポレオンの大陸支配は、啓蒙思想にもとづく改革や法を欧米各地に広めたが、画一的な思想の強制や軍事占領への反発と抵抗がおこり、各地域や民族に固有な言語・歴史文化の価値を見直し、個人の感情や想像力を重視する多様な思想や運動が生まれた。この文化潮流を❹[　　　]主義と呼ぶ。❹主義は国民文学や国民音楽に結実して❷の形成に貢献した。19世紀後半になると、市民社会の成熟や工業化による社会階層のひずみが現れた。❹主義は現実逃避的と批判され、現実の社会や人間の抱える問題に向き合う❺[　　]主義が登場し、さらに社会や人間を科学的に観察する❻[　　]主義が広がった。フランス絵画の❼[　　]派もこの流れに属する。ナショナリズムと国民国家は、その正当性の根拠を民族や国家の歴史に求めたので、歴史への関心が高まった。ドイツのランケは厳密な史料批判による❽[　　　]学の基礎をつくり、以後人文・社会科学で歴史的な考察や分析方法が利用されるようになった。

近代諸科学の発展

19世紀は近代科学が急速に発展し、新発見や改善がうながされた。哲学や政治・社会思想では、カントの観念論哲学が継承・発展されて、ヘーゲルの❾[　　　]哲学やマルクスの史的唯物論を生み出した。資本主義が進んだイギリスでは、近代社会に生きる市民に指針を与える❿[　　]主義が現れ、経済学でもアダム＝スミスの流れを引くマルサス、リカードらの⓫[　　　]学が、自由放任主義は経済発展をうながすと主張し、一方ドイツのリストは後発の国民経済には国家の保護が必要であるとドイツ関税同盟の結成を説いた。

社会を変貌させたのは、自然科学と電機・化学などの実用工業分野であった。自然科学では、ダーウィンが『種の起源』で提唱した⓬[　　]論は、人間が生物のなかで特別な存在ではなく、その一員に過ぎないと指摘し、キリスト教世界に衝撃を与えた。19世紀後半にはコッホやパストゥールらによる細菌学や予防医学が近代医学の基礎を確立したことで、公衆衛生の知識も広まり平均寿命がさらに伸びた。実用工業の発明や技術革新が、生活スタイルや移動方法を大きく変容させた。

19世紀後半には、ヨーロッパ人になお未知であった世界や地域の⓭[　　]・[　　]も盛んになった。アフリカ内部の調査や、中国奥地・中央アジアへの学術調査もおこなわれた。20世紀に入ると、極地の探検も国の威信をかけて競われた。しかし、欧米諸国は多くの情報を得て理解を深めた一方で、欧米のみが近代化したと自負し、世界の諸民族を見下した人種主義的偏見を強めていった。

近代大都市文化の誕生

19世紀後半には、列強諸国の首都は近代化の進展ぶりや国家の威信を示す象徴的な場となった。フランス第二帝政期のパリ大改造やウィーンの都市計画はその先駆けとなり、ロンドンは世界最初の地下鉄を導入し、1851年に第1回万国博覧会が開催され、その後パリ、ウィーンでも開催された。19世紀末には多数の大衆紙が発行され、国内外の最新情報を伝えた。また巨大なデパートや映画などの新しい大衆商業・娯楽施設も増え、❶の成熟から大衆文化の誕生がみえはじめた。近代文化の中心となった大都市への人の移動が加速していった。

❶ 宮廷（貴族）文化にかわって、フランス革命後にヨーロッパで優位になった、学問・芸術・宗教・道徳などの分野で市民が担い手となった文化は何というか。

❷ 19世紀後半に、各国で国民統合が進み、その国の国民性や民族性が表現された、知性や教養などの分野で主流となった文化を何というか。

❸ ❷が、交通革命や電信・電話、大衆新聞などの技術革新によって、さらにヨーロッパ各方面に浸透し発展したことをヨーロッパの何と呼ぶか。

❹ 啓蒙思想の画一的な思想のおしつけやナポレオンによる軍事占領への反発と抵抗が、各地域や民族に固有な言語・歴史文化の価値を見直し、個人の感情や想像力を重視する多様な思想や芸術となった。18世紀末から始まった、この文化潮流を何と呼ぶか。

❺ 19世紀後半に、❹主義は現実逃避的と批判され新たに登場した、現実の社会や人間の抱える問題に向き合う文化潮流を何と呼ぶか。

❻ 19世紀後半に、❺主義を継承する形で、社会や人間を科学的に観察する作家ゾラや、ありのままの素朴な農民の姿を描こうとした画家ミレーの芸術的傾向は何と呼ばれるか。

❼ 19世紀後半のフランス絵画において、❻主義を継承し先入観を捨て、外界の事物から受ける直感をそのまま描写することを重視したモネやルノワールらの芸術様式を何と呼ぶか。

❽ 厳密な史料批判を通して実証的、科学的に史実を求めようとした歴史学は何と呼ばれるか。

❾ ものごとや思考はその内部に絶えず矛盾を生み出し、それをより高い次元で統一して理解しながら発展していく、と考えるヘーゲルの哲学の理論は何と呼ばれるか。

❿ 19世紀にイギリスで「最大多数の最大幸福」ととなえたベンサムが創始した理論は何と呼ばれるか。

⓫ イギリスでアダム＝スミスの流れを引くマルサス、リカードらが主張した、自由放任主義は経済発展をうながすとした理論は何と呼ばれるか。

⓬ 生き物は神によってつくりだされたものではなく、原始生物から環境に応じて変化してきたとする、生物学の革新理論は何か。

⓭ 19世紀後半に、国家の威信をかけておこなわれた、ヨーロッパ人がなお未知であった世界や地域へ到達しようとする試みや行動、またその究明を目的としてものごとを調べることをそれぞれ何というか。

［資料問題］ ラジウムなど放射性物質の研究で成果をあげた右の写真の夫妻はだれか。

❶
……………………
❷
……………………
❸
……………………
❹
……………………
❺
……………………
❻
……………………
❼
……………………
❽
……………………
❾
……………………
❿
……………………
⓫
……………………
⓬
……………………
⓭
……………………

［資料問題］
……………………

103

51 西アジア地域の変容

.... ⑩ p.190〜193／⑭ p.242〜245

オスマン帝国の動揺と東方問題

多民族を抱えるオスマン帝国の支配は、18世紀半ばからゆらぎはじめた。アラビア半島ではムハンマドの教えへの回帰を説く❶[　　　　　　]派が豪族のサウード家と結んで自立し、北方ではオスマン帝国の宗主権下にあったクリミア＝ハン国がロシアに併合された。19世紀に入り、オスマン帝国の属州エジプトでは、ナポレオン軍撤退後の混乱期にオスマン軍人の❷[　　　　]＝[　　　]が民衆の支持を得て総督となり、富国強兵と殖産興業の政策を進めた。シリアではキリスト教徒のアラブ知識人を中心にアラビア語による文芸復興運動がおこった。一方、フランス革命の影響を受けてバルカン半島でおこった**ギリシアの独立運動**は列強の支援で承認され、非ムスリム諸民族に大きな刺激を与えた。❷は、オスマン帝国の要請で❶派やギリシア独立運動の鎮定に出兵し、見返りにシリアの領有を求め、拒否されると**エジプト＝トルコ戦争**をおこしオスマン帝国に勝利した。すると、エジプトの強大化を望まない列強が軍事介入し、結局、**ロンドン会議**で❷に認められたのは、エジプト・スーダンの総督職の世襲にすぎなかった。このように列強はオスマン帝国の動揺を利用して勢力を拡大し、この間に成立した国際関係は、ヨーロッパの側からみて「❸[　　　　　]」と呼ばれた。

経済的な従属化

列強は、**カピチュレーション**を拡大した通商条約を結んで、オスマン帝国での経済的・法的な権益を拡大していった。綿花やタバコなどの商品作物の輸出の見返りにイギリスの安価な綿製品などが低関税で輸入され、現地の産業はしだいに没落した。専売の利益と関税自主権を失って属州のエジプトもこうした通商条約が適用された結果、自立的な経済発展の道が閉ざされた。❷朝は近代化のために❹[　　　　]運河を建設したが、莫大な債務のために英・仏の財務管理下におかれ、内政の支配も受けるようになった。オスマン帝国も、クリミア戦争の戦費以来、借款を重ねた財政は破産し、列強の経済的な支配を受けることになった。

オスマン帝国の改革

19世紀初めからオスマン帝国は、イェニチェリ軍団の解体など一連の改革を進め、1839年から❺[　　　　　]と呼ばれる大規模な西欧化改革に着手した。クリミア戦争後には宗教・民族を問わず、帝国の臣民を平等にあつかおうとする理念の❻[　　　　]主義が現れた。これは法治主義にもとづく近代国家をめざす改革で、民族や宗派の問題を口実に干渉する列強への対応も目的とした。しかし、諸民族の離反は防げず、ムスリムのあいだには反発もおこった。1876年、大宰相❼[　　　　]＝[　　　]の起草した❽[　　　　]が発布されたが、議会の急進化を恐れたスルタンの**アブデュルハミト2世**は、**ロシア＝トルコ戦争**の勃発を理由に議会を停止させ、❽も機能を停止した。この戦争でオスマン帝国はバルカン半島の領土の大半を失ったが、以後スルタンはカリフの権威を内外に誇示しながら専制政治をおこない、帝国の維持をはかった。

イラン・アフガニスタンの動向

イランでは18世紀末に❾[　　　　　]朝がおこった。しかし、南進してきたロシアに敗れ、1828年に**トルコマンチャーイ条約**を結び、その治外法権を認め、関税自主権を失ったうえに、南コーカサスの領土を割譲した。こうした苦境を背景に国内の❿[　　　　]徒は、19世紀半ばに蜂起したが、政府軍に鎮圧された。その後、政府は列強諸国に借款を重ね、電信線・鉄道の敷設、石油採掘、銀行開設などの利権を譲渡していった。

アフガニスタンは19世紀に入るとロシアとイギリスの覇権争い（グレートゲーム）に巻き込まれた。二度の**アフガン戦争**の結果、アフガニスタンは英露間の緩衝国となり、イギリスはその外交権を確保し、英領インドとの境界を定めた。

❶　アラビア半島で18世紀に始まったイスラーム復興運動において、ムハンマドの教えへの回帰を説いた改革派は何か。

❷　オスマン帝国の属州エジプトで、ナポレオン軍撤退後の混乱期に民衆の支持を得て総督となり、富国強兵と殖産興業の政策を進めたオスマン軍人はだれか。

❸　オスマン帝国の動揺を利用して列強が勢力を拡大したため、新たな国際関係が成立した。このオスマン帝国における外交問題の総称は何か。

❹　近代化をめざす❷朝のもとで、フランス人技師レセップスが、1869年にエジプトで開通させた地中海と紅海（こうかい）を結ぶ運河は何か。

❺　1839年の勅令（ちょくれい）によって始まったオスマン帝国における大規模な西欧化改革の名称は何か。

❻　クリミア戦争後に、オスマン帝国の全住民を宗教・民族問わず、帝国の臣民として平等に扱おうとした理念とは何か。

❼　1876年に、オスマン帝国初の憲法を制定した大宰相はだれか。

❽　ロシア＝トルコ戦争の勃発を理由に、スルタンのアブデュルハミト2世は議会を停止させたが、同時に機能停止を命じたものとは何か。

❾　1828年のトルコマンチャーイ条約でロシアに治外法権を認め、関税自主権を失い、南コーカサスの領土を割譲したイランの王朝は何か。

❿　19世紀半ば、イランで蜂起した人々が信仰し、救世主の出現と社会改革を訴えた新宗教は何か。

[地図問題]　Ａ〜Ｄの国名・王朝名を答えよ。

Ａ　フランス革命の影響を受けてバルカン半島で独立運動をおこし、ウィーン体制下の列強の支援で独立が承認された。

Ｂ　アラビア半島でムハンマドの教えへの回帰を説く❶派と豪族のサウード家が協力し18世紀に建国した。

Ｃ　18世紀末にイランに成立し、南進してきたロシアに敗れた❾朝。

Ｄ　18世紀に成立し、19世紀にロシアとイギリスの覇権争いに巻き込まれ、2度の戦争で英露間の緩衝国となり、その2度目の戦争で外交権をイギリスにゆだねて保護国となった。

❶

❷

❸

❹

❺

❻

❼

❽

❾

❿

[地図問題]

Ａ

Ｂ

Ｃ

Ｄ

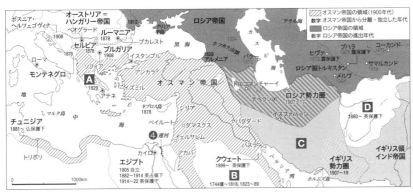

52 南アジア・東南アジアの植民地化

教 p.193〜195／図 p.246〜251

イギリスのインド支配　英・仏は、それぞれの東インド会社を通じ、イギリスは、マドラスやカルカッタ、フランスはポンディシェリなどを拠点としてインドに進出していた。ムガル帝国が衰えをみせると、英・仏は地方の豪族を巻き込んだ勢力争いを展開した。

七年戦争時、インドではイギリス東インド会社が、フランスとベンガル地方政権の連合軍を1757年のプラッシーの戦いで破り、その後ベンガル・ビハール地域の徴税権を獲得し、英領インドの基礎を築いた。さらにマイソール王国やマラーター同盟、❶□□□王国との戦争にも勝利し、19世紀半ばにはインドの植民地化をほぼ完成させた。東インド会社は、地税徴収の効率化のために、領主あるいは農民1人だけに土地所有権を認める土地制度を導入した。このため、伝統的な村落社会は崩れ、税額も重くなり、人々の生活は苦しくなった。また、19世紀前半、インドはイギリスに綿花や藍などの原材料を輸出し、イギリスの工業製品を大量に輸入する国となっていた。イギリス本国では、産業革命で力をつけた産業資本家の影響力が増大し、東インド会社貿易の独占に批判が強まり、1834年に会社の商業活動停止が実施され、会社はインドの統治機関となった。イギリスの支配に対する現地の不満は、1857年のインド人傭兵の❷□□□□による反乱となり、北インド一体に広まる❸□□□□に発展した。ムガル皇帝をたてた反乱軍は、デリーを占領したが、翌58年に鎮圧され、ムガル帝国は完全に滅亡した。同年イギリスは、❹□□□□を□□□し、直接統治に乗り出した。1877年にはヴィクトリア女王がインド皇帝に即位し❺□□帝国が成立した。

ヨーロッパ勢力の東南アジア支配　〈ジャワ〉　ジャワ島ではオランダが18世紀半ばまでにその大半を支配下におさめた。19世紀前半、ジャワ戦争がおこりオランダの財政状況が悪化すると、栽培する作物を指示し、安い価格で徴収する❻□□□□制度を導入した。結果、オランダは大きな利益をあげたが、住民は疲弊していった。

〈マレー半島・ビルマ〉　19世紀前半、イギリスはオランダと協定を結びマラッカ海峡を境界として支配圏を分割し、1826年マレー半島のペナン・マラッカ・シンガポールを❼□□植民地とした。さらに、1895年にはマレー半島の一部の州に❽□□□□州を結成し、20世紀には自動車用ゴムのプランテーションが発展すると、南インドから大量の移民が導入された。また、イギリスはインド東北部のアッサムに進出した❾□□□朝を❿□□□戦争で破り、❺帝国に併合した。

〈フィリピン〉　16世紀以来、フィリピンに進出していたスペインは住民を⓫□□□□□に改宗させ、メキシコから銀を運んでアジア貿易をおこなった。19世紀の自由貿易政策では、サトウキビ・麻・タバコなどの商品作物のプランテーション開発が進んで大土地所有制が成立した。

〈ベトナム・カンボジア・ラオス〉　フランスが進出したインドシナ半島のベトナムでは西山政権が南北の統一をはかったが、⓬□□□が仏人宣教師ピニョーやタイ・ラオスなどの支援でこれを倒し、1802年に⓭□朝をたて清の冊封を受けた。19世紀半ば、フランスがカトリック迫害を理由にベトナムに介入し南部地域を奪うと、劉永福が黒旗軍を組織して抵抗するがフランスは勝利し、1883年のフエ(ユエ)条約で保護国とした。清朝はベトナムの宗主国として出兵し、⓮□□戦争がおこった。その結果清朝は、1885年の天津条約でベトナムに対する保護権を認めた。フランスはカンボジアとあわせ、87年に⓯□□□領□□□□□□□を成立させ、のちにラオスも加えた。

〈タイ〉　18世紀末のタイ(シャム)に成立した⓰□□□朝は、19世紀後半には自由貿易政策をとり欧米諸国と外交関係を結んだ。国王⓱□□□□□□は近代化を進め、英・仏の勢力均衡政策をたくみに利用して、東南アジアで唯一独立を維持した。

❶ ヒンドゥー教とイスラーム教を融合した宗教を背景にパンジャーブ地方を支配したが、イギリスとの2度の戦争に敗れ併合された国はどこか。

❷ イギリスが雇用したインド人傭兵は何と呼ばれたか。

❸ イギリス支配への不満の高まりから1857年に始まり、ムガル皇帝を巻き込み北インド一帯に広まった東インド会社の❷の反乱は何か。

❹ 1858年に❸を鎮圧しムガル帝国を完全に滅亡させたイギリスは、インドを直接統治するため、58年に何をしたのか。

❺ 1877年、**ヴィクトリア女王**が皇帝に即位して成立し、1947年まで続いた国名は何か。

❻ 財政難となったオランダが、ジャワ島で栽培する作物を指示し、それを安い価格で徴収した（買い上げた）制度は何か。

❼ イギリスが、マレー半島のペナン・マラッカ・シンガポールに築いた直轄植民地は何と呼ばれたか。

❽ 1895年にイギリスがマレー半島の4カ国と協定を結び、その後保護領とした地域は何と呼ばれたか。

❾ インド北東部のアッサムに進出したことで、インドを支配するイギリスと衝突した東南アジアの王朝は何か。

❿ 1824年以降、❾朝がイギリスと3度戦い敗れた戦争は何か。

⓫ 進出したスペインによって、フィリピン住民が改宗した宗教は何か。

⓬ 仏人宣教師**ピニョー**やタイ・ラオスなどの支援を受けて、ベトナムの南北の統一をはかった**西山政権**を倒したのはだれか。

⓭ 1802年、ユエ（フエ）を都に、⓬が皇帝となり、たてた王朝は何か。

⓮ ベトナムの宗主権をめぐり清朝とフランスが1884年に始めた戦争は何か。

⓯ 天津条約でベトナムの保護権を得たフランスが、1863年に保護国としたカンボジアとあわせてこの地に成立させた植民地名は何か。

⓰ 19世紀後半に自由貿易政策をとりヨーロッパ諸国と外交関係を結び、また、英・仏両国の緩衝地帯として独立を維持したタイの王朝は何か。

⓱ タイの近代化を進めた⓰朝5代目の王はだれか。

[地図問題] **A**〜**D**の各植民地を支配したヨーロッパの国家名を答えよ。

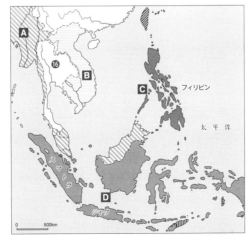

❶
_____
❷
_____
❸
_____
❹
_____
❺
_____
❻
_____
❼
_____
❽
_____
❾
_____
❿
_____
⓫
_____
⓬
_____
⓭
_____
⓮
_____
⓯
_____
⓰
_____
⓱
_____

[地図問題]

A
_____
B
_____
C
_____
D
_____

⑯ p.196〜200／⑱ p.252〜257

**清朝の動揺と
ヨーロッパの進出**

18世紀末、四川などでおこった❶□□□□□□の乱で清朝は動揺していた。18世紀後半、茶の輸入超過で大量の銀が中国へ流出していたイギリスは、インドから中国に❷□□□□を、中国からイギリスへ茶を、イギリスからインドへ綿製品を輸出する三角貿易をおこなって対処した。清の❷貿易取締りは機能せず、銀が流出し財政が悪化した。そこで清は❷を厳禁とし❸□□□を広州へ派遣し、外国人商人から❷を没収し廃棄した。これを口実にイギリスは❷戦争をおこし、清はイギリスに敗れ1842年の**南京条約**で、**上海**など5港開港、**香港島の割譲**、賠償金の支払い、行商を通じた貿易の廃止を認めた。翌年には、**領事裁判権・協定関税（関税自主権の喪失）・片務的最恵国待遇**などを認める不平等条約を締結し、その後清は、米・仏それぞれとも条約を結びイギリスと同等の権利を認めた。しかし、貿易に不満なイギリスは、❹□□□□号事件を契機としてフランスと共同出兵し、**第2次❷戦争（❹戦争）**が勃発した。清は敗れ、**天津条約**に続き1860年の❺□□□条約で、**外国使節の北京常駐**、天津など11港の開港、**キリスト教布教の自由**などのほか❷貿易も公認した。そして、清は初の外交機関の❻□□□□□□□□を設立した。
　一方、ロシアは1858年の**アイグン条約**で黒竜江以北を、60年の❼□□条約で沿海州を獲得し**ウラジヴォストーク**を開港、中央アジアでは81年の❽□□□条約で境界を有利に画定した。

**国内の動乱と
秩序の再編**

❷戦争後の景気の悪化や清朝統治への不安は、反乱を増加させ中国は大動乱の時代に入った。❾□□□□を指導者とし、キリスト教の影響を受けた❿□□□□□は10年以上にわたって清朝と戦った。多発する反乱に、清朝の常備軍八旗・緑営だけでは対応できず、漢人官僚の⓫□□□□・□□□□の率いる湘軍・淮軍などの郷勇が組織された。さらに❺条約締結以後、英・仏は清朝支持に転じ❿などの諸反乱の鎮圧に協力した。その後清朝は、⓬□□□□らが実権を掌握するなか、⓭□□□□という安定期へと向かった。⓫らの漢人官僚たちは富国強兵をはかり、軍事力などの近代化事業を推進した。これを⓮□□運動というが、本質は中国の伝統的な道徳倫理を根本として西洋技術を利用するという「⓯□□□□」であった。

**日本・朝鮮の開港と
東アジアの貿易拡大**

日本は、ペリーの来航を機に1854年に**日米和親条約**を、不平等条約の⓰□□□□□条約を58年に結び開国した。一方、朝鮮は欧米諸国の開国要求を拒んでいたが、1875年の日本による⓱□□□□事件の結果、翌年不平等な**日朝修好条規**を結び釜山（プサン）など3港を開港した。東アジア各地に不平等条約による低関税の自由貿易が強制されると、貿易が拡大し中国は貿易黒字となり財政が安定し、日本の輸出も拡大していた。外国が行政権を得た中国の租界は、欧米系商社・銀行が進出し上海などが中国経済の中心となった。1870年代、アジア各地の貿易も活性化し、東南アジアの開発は労働需要を高め、華南沿海部からの移民（**華人**）も増大した。

**明治維新と
東アジア国際秩序の変容**

1868年、**明治維新**により日本に天皇親政の明治政府が成立し、富国強兵をめざした軍事の近代化や産業振興が進み、89年の**大日本帝国憲法の公布**と議会の設置で立憲国家となった。**台湾出兵**や**琉球領有**など対外進出した日本は、朝鮮で清と対立した。清は朝貢国への影響力強化をはかったが、ベトナムでは**清仏戦争**で敗北し、フランスのベトナム支配を認めた。朝鮮では、親日的で急進改革派の⓲□□□□と清に接近する⓳□□□□の対立が続き、**壬午軍乱**、**甲申政変**で清と日本も対立を深め、1894年の⓴□□□□□戦争（東学の乱）では日清両国が出兵し、㉑□□戦争となった。敗れた清は**下関条約**で朝鮮の独立、賠償金支払い、台湾・澎湖諸島の割譲などを認め、日本は台湾で初の植民地経営をおこなった。割譲後の遼東半島を露・独・仏の**三国干渉**で返還させられた日本は、朝鮮半島で南下するロシアとの対立を深めていった。

❶　その鎮圧で清朝の財政が困窮し社会不安をまねくことになる、18世紀末に四川などでおこった反乱は何か。

❷　茶の輸入超過で、中国に**銀**が大量に流出していたイギリスが、**三角貿易**で大量に中国に輸出し銀の回収をはかったインドの物産は何か。

❸　❷厳禁をはかった清により**広州**に派遣され、外国人商人から❷を没収し廃棄したことでイギリスとの戦争の責任を問われた人物はだれか。

❹　**南京条約**の改定をはかるも貿易に不満をもつイギリスが、フランスと共同出兵する契機となった事件がおきた船名は何か。

❺　❹事件で1856年に勃発した戦争に敗れた清は、**天津条約**を1858年に結ぶが、内容に不満な英・仏が都に侵攻し60年に再び結んだ条約は何か。

❻　1861年に清がはじめて設立した外交機関は何か。

❼　シベリアに進出したロシアが、沿海州を獲得し、太平洋進出の根拠地となる**ウラジヴォストーク**港を開いた1860年の清朝との条約は何か。

❽　中央アジアに南下したロシアが、**ロシア領トルキスタン**を形成し、中国との境界を有利に画定した1881年の清朝との条約は何か。

❾　**上帝会**というキリスト教的秘密結社を組織し、みずからをキリストの弟と称した指導者はだれか。

❿　❾が1851年に**広西省**（カンシー）で挙兵し、占領した南京を首都**天京**とし10年以上にわたって清朝と戦った組織は何か。

⓫　❿を鎮圧した際に、欧米の近代兵器の威力（い りょく）を認識し、富国強兵をはかり、軍事力の近代化を進めた中心的漢人官僚の2名はだれか。

⓬　**同治帝**（どう ち てい）の即位後、清朝の実権を掌握し、その後は**光緒帝**（こうしょてい）の摂政（せっしょう）として政治を左右したのはだれか。

⓭　❿鎮圧後の一時的な内政・外交上の清朝の安定期を何というか。

⓮　漢人官僚が中心となって1860年頃から始まった富国強兵をめざして西洋の学問や技術を導入しようとした清朝内部の運動を何というか。

⓯　⓮運動において、中国の伝統的な道徳倫理を根本として西洋技術を利用するという立場を何というか。

⓰　米海軍軍人ペリーの来航を機に開国した日本が、第2次❷戦争を背景に1858年にアメリカとのあいだで結んだ不平等条約は何か。

⓱　欧米諸国の開国要求を拒んでいた朝鮮が開国するきっかけとなった、1875年に日本が朝鮮海岸でおこした事件は何か。

⓲　清からの独立と近代化のために、日本に接近した朝鮮の急進改革派の指導者はだれか。

⓳　⓲に対し、清との関係を重視した朝鮮王朝**高宗**（こうそう）の妃の一族は何か。

⓴　1894年に朝鮮半島でおきた、新宗教団の幹部の**全琫準**（チョンボンジュン）らが指導した朝鮮王朝の圧政に苦しむ農民たちの蜂起は何か。

㉑　⓴の乱をきっかけにして1894年に朝鮮半島で始まった戦争は何か。

❶
❷
❸
❹
❺
❻
❼
❽
❾
❿
⓫
⓬
⓭
⓮
⓯
⓰
⓱
⓲
⓳
⓴
㉑

54 | 第2次産業革命と帝国主義

⑲ p.201〜205／㊐ p.258〜264

第2次産業革命　19世紀後半になると米・独が、近代科学の成果を生かした新技術で世界を先導した。新しい工業や技術は、❶□□□と□□を動力源とし、**重化学工業・電機工業とアルミニウムなどの非鉄金属部門**で成長し❷□□□□□□□と呼ばれ、巨額の資本を必要としたため、銀行と結んだ少数の巨大企業が市場を支配した。

帝国主義　資本主義の発達した主要国では、資源供給地や輸出市場としての**植民地の重要性**が見直され、1880年代以降、競ってアジア・アフリカに進出し植民地や勢力圏を打ちたてた。これは❸□□□□と呼ばれ、**第一次世界大戦**の大きな要因となった。19世紀末の西欧では、成熟した市民文化のなかから現代的**大衆文化**が生まれ、「**ベルエポック（すばらしい時代）**」と呼ばれた。

〈イギリス〉　イギリスは、圧倒的な経済力と海軍力で自由貿易を推し進め、広大な植民地を支配した。1870年代以降の不況・低成長のなかで❸政策を開始し、保守党の❹□□□□□□首相は、75年❺□□□□□□を□□しインドへの道を確保し、90年代半ば、植民相の❻□□□□□＝□□□□は、ケープ植民地首相ローズの拡張政策を引き継ぎ**南アフリカ戦争**をおこした。国内では、1900年設立の**労働代表委員会**が、06年に❼□□□党と改称し議会を通じて社会改革をめざした。自由党内閣の❽□□□□□□□□□法は大戦勃発で延期された。

〈フランス〉　フランスは、銀行の資本力を利用し❸政策を展開し、1880年代以降の植民地拡大政策により、インドシナやアフリカに広大な植民地を獲得した。国内では、対独復讐心が高まるなか**第三共和政**は不安定で、保守派や軍部の87〜89年の❾□□□□□事件や94〜99年の❿□□□□事件がおこった。社会主義団体が結集し、1905年に⓫□□□□□党が成立した。

〈ドイツ〉　1888年に即位した⓬□□□□□□世は、「⓭□□政策」と呼ばれる強引な❸政策を進め、海軍を大拡張させてイギリスに対抗した。市民層のあいだにも⓭政策を支持する⓮□□□＝□□□主義の運動が広がった。国内は、社会主義者鎮圧法廃止で社会民主党が急伸し、議会活動を通じて社会改革をめざす**修正主義**が主流となり、同党は1912年に議会第一党になった。

〈ロシア〉　1890年代から仏資本により大工業が成長したロシアは、シベリア鉄道敷設などの国家事業で国内開発を進め、東・中央アジアやバルカン方面へ進出した。20世紀に入り専制体制変革を求める声が高まり、党創設後⓯□□□□□と□□□□□□とに分裂したマルクス主義の**ロシア社会民主労働党**や、ナロードニキの流れをくむ**社会革命党**が結成された。

　日露戦争の戦況が不利になると、**血の日曜日事件**をきっかけに、**1905年革命**がおこった。農民の蜂起や労働者のストライキがおき、自由主義者も政治改革を求めた。皇帝⓰□□□世は、国会（ドゥーマ）の開設を約束する一方、革命を鎮圧し、専制的な姿勢を強めた。翌年、首相⓱□□□□□は、ミールを解体して独立自営農の育成を試みたが、十分な成果は得られなかった。

〈アメリカ〉　アメリカは19世紀末に工業力が世界一となり、そして**フロンティアが消滅**した。共和党の**マッキンリー**大統領は、1898年の**アメリカ＝スペイン（米西）戦争**に勝利しフィリピンなどを獲得し、翌年国務長官ジョン＝ヘイは中国進出をめざして⓲□□□政策を提唱した。共和党の⓳□□□＝□□□□大統領は、**パナマ運河**建設を進め、積極的な**カリブ海政策**を展開した。国内では、大企業の独占規制や労働条件の改善などの**革新主義**による諸改革を実施し、民主党の**ウィルソン**大統領も「**新しい自由**」をとなえ国民の中・下層民に配慮した諸改革に取り組んだ。

〈国際労働運動の発展〉　1889年、パリに各国の労働運動組織が集まり⓴□□□□□を結成し帝国主義や軍国主義に反対した。第一次世界大戦の開戦で⓴は事実上解散した。

❶　近代科学の成果を受けた、新しい工業や技術の新動力源は何と何か。

❷　19世紀後半より、❶を動力源とした**重化学工業・電機工業・アルミニ**ウムなどの非鉄金属部門が成長した。この技術革新を何と呼ぶか。

❸　1880年代以降、競ってアジア・アフリカに植民地や勢力圏を打ちたてた欧米列強の動きは何と呼ばれるか。

❹　❸政策を開始したイギリスの保守党の首相はだれか。

❺　1875年、❹は植民地インドへの道を確保するために何をおこなったか。

❻　植民地との連携を強化し、ケープ植民地首相であった**ローズ**の拡張政策を引き継いで、1899年に**南アフリカ戦争**をおこした植民相はだれか。

❼　1906年に**労働代表委員会**を改称し、ゆるやかな改革を通じて、イギリスの社会主義の実現をめざした政党は何か。

❽　イギリス自由党内閣が1914年に成立させたが、**第一次世界大戦**勃発を理由に実施が延期されたため、武装蜂起などがおきた法律は何か。

❾　対独復讐心が高まるフランスにおいて、共和政に不満をもつ保守勢力や右翼の支持を受けた、元陸相がおこしたクーデタ失敗事件は何か。

❿　1894年、反ユダヤ主義的傾向のあったフランス軍部が、無実のユダヤ系の軍人をドイツのスパイ容疑で逮捕したえん罪事件は何か。

⓫　フランスの社会主義団体が結集し、1905年に結成した政党は何か。

⓬　ビスマルクを辞職させ、みずから強力に政治を主導した新ドイツ皇帝はだれか。

⓭　⓬世がおこなった強引なドイツの❸政策を何と呼ぶか。

⓮　⓭政策を支持する国内外のドイツ系の人々の勢力を統合し、勢力圏を拡大しようとする考え方を何と呼ぶか。

⓯　マルクス主義を掲げる**ロシア社会民主労働党**が、創設後に党の路線をめぐり分裂してできた2つの組織は何か。

⓰　1905年革命がおこるなかで、国会（ドゥーマ）の開設を約束する一方、革命を鎮圧し、専制的な姿勢を強めたロシア皇帝はだれか。

⓱　1906年、ロシア首相となり帝政の支持基盤を広げようと農村共同体（ミール）を解体し独立自営農の育成を試みたが、失敗したのはだれか。

⓲　1899年に、中国への経済進出をめざして、アメリカ国務長官ジョン＝ヘイが、列強各国に提唱した政策（宣言）は何か。

⓳　**パナマ運河**建設を進め、積極的な「**棍棒外交**」で**カリブ海政策**を展開し、国内では**革新主義的諸改革**を実施した共和党の大統領はだれか。

⓴　1889年、各国の労働運動組織がパリに集まり結成した組織は何か。

[資料問題]　1905年、ロシア皇帝に窮状と平和を訴えに来た民衆が、宮殿の警備兵に撃たれた惨状を描いた右の絵の事件は何か。

❶
────────
❷
────────
❸
────────
❹
────────
❺
────────
❻
────────
❼
────────
❽
────────
❾
────────
❿
────────
⓫
────────
⓬
────────
⓭
────────
⓮
────────
⓯
────────
⓰
────────
⓱
────────
⓲
────────
⓳
────────
⓴
────────

[資料問題]
────────

世界分割から再分割へ

〈アフリカの植民地化〉 1884～85年にコンゴ領有問題をめぐり開かれたベルリン＝コンゴ会議以後、列強のアフリカ分割競争は激しくなった。

イギリスは、80年代初め、「エジプト人のためのエジプト」を掲げた❶[　　　　　　]運動制圧後エジプトを保護国化し、スーダンも征服した。ケープ植民地首相❷[　　　　]の拡大政策を受け継いだ❸[　　　　]戦争でブール人に勝利し、**トランスヴァール・オレンジ両国**を併合した。

フランスは、81年にチュニジアを保護国化し、**サハラ砂漠**をおさえ、東のジブチ・マダガスカルと結ぶ横断政策を展開した。98年にイギリスの縦断政策とスーダンで衝突し、❹[　　　　　]事件がおきたが、フランスが譲歩し、1904年の❺[　　　　]で、エジプトにおけるイギリスの支配的地位と❻[　　　]におけるフランスの優越的地位を認めあい、ドイツの進出に備えた。

ドイツは、80年代半ばにカメルーン・南西アフリカ・東アフリカなどを獲得し、1905年と11年の2度にわたり❻事件をおこし、フランスの❻支配に挑戦したが、イギリスの干渉で失敗した。

イタリアは、19世紀末の❼[　　　　　]侵入失敗後、オスマン帝国からリビアを奪った。

こうして、20世紀初めには、❼帝国と❽[　　　　]共和国を除き、アフリカは列強の植民地にされた。列強が定めた境界線は、現地の人々のつながりや交易網を破壊し、その後の住民の自立や独立に大きな障害となった。現地の人々がおこした抵抗運動は、のちの民族解放運動に成長していった。

〈太平洋地域の分割〉 ❾[　　　　　　]は、18世紀後半に英領となり流刑地だったが、19世紀半ばの金鉱発見で移民が急増した。**ニュージーランドとニューギニア**の一部も英領となった。❾の先住民**アボリジニー**は奥地に追われ、ニュージーランドの先住民**マオリ人**は武力で抑え込まれた。

アメリカ合衆国は、1898年のアメリカ＝スペイン戦争でスペインを破って**フィリピン・グアム**を獲得し、また同年❿[　　　　]も併合して、東アジア進出の足場を築いた。さらに仏・独も加わり、南太平洋上の大半の島々は20世紀初めまでに列強によって分割された。

〈ラテンアメリカ諸国の従属と抵抗〉 ラテンアメリカ諸国では独立後も貧富の格差が残り、多様な出自をもつ国民の統合は容易ではなかった。また政治への影響力を維持するカトリック教会と、政教分離を求める自由主義者らが対立し、軍人によるクーデタなど、不安定な政治が続いた。

19世紀末、鉄道・汽船の普及、冷凍技術の発達で、欧米諸国への原料や食料の輸出が増加し、合衆国は、1889年以降⓫[　　＝　　　]会議を開き、ラテンアメリカへの影響力拡大をはかった。

メキシコでは、19世紀後半より大統領⓬[　　　　]の独裁が続いてきたが、1910年自由主義者による革命が始まり、農民運動も加わって、17年に民主的憲法が制定された。この⓭[　　　　][　　]は、その後のラテンアメリカ諸国の動向にも大きな影響を与えた。

列強の二極分化

1890年、ドイツがロシアとの**再保障条約**の更新を見送ると、ロシアはフランスと⓮[　　　　]を結んだ。これによりフランスは外交的孤立を脱した。ドイツはバグダード鉄道敷設を推進するとともに、海軍拡張政策をとって、イギリスの覇権に挑戦した。

イギリスはクリミア戦争後、どの国とも同盟を結ばない立場をとってきたが、東アジアにおけるロシアの進出に対抗して1902年に⓯[　　　　]を結び、04年にはドイツに備えて❺を成立させた。日露戦争後、ロシアは進出先を東アジアからバルカン方面に転じ、独・墺と衝突すると、イギリスと和解して07年に⓰[　　　　]を成立させた。こうして、英・仏・露のあいだに⓱[　　　　　]が成立した。対する⓲[　　　　]では、イタリアが「**未回収のイタリア**」問題でオーストリアと対立し、フランスに接近した。ドイツはオーストリアとの同盟の安定を重視した。

❶ 1880年代初め、「**エジプト人のためのエジプト**」を掲げた、エジプト人によるイギリスへの抵抗運動は何か。

❷ アフリカ南部のケープ植民地から周辺への拡大政策をとった、ケープ植民地首相はだれか。

❸ **トランスヴァール・オレンジ両国**をねらったイギリスが、1899年に両国の**ブール人**とのあいだでおこした戦争は何か。

❹ 英・仏両国がスーダンで衝突した1898年の事件は何か。

❺ 英・仏両国がアフリカにおけるお互いの支配する地域の優越権を認めあい、1904年に結んだ関係は何か。

❻ 1905年と11年の２度、アフリカ西北部のフランスの支配地をめぐり、ドイツ皇帝ヴィルヘルム２世との間で国際紛争となった場所はどこか。

❼ 19世紀末、侵入したイタリアを撃退し独立を保った国はどこか。

❽ 19世紀半ば、解放されたアメリカの黒人奴隷たちにより設立され、その後も独立を保った、アフリカ西岸の国はどこか。

❾ 18世紀後半にイギリス領となり、政治犯などの流刑先とされたが、19世紀半ばの金鉱発見で、移民が急増した南太平洋の大陸はどこか。

❿ 1898年にアメリカ合衆国に併合され、第二次世界大戦後に州となった太平洋上の島国とはどこか。

⓫ アメリカ合衆国が主導し、1989年より開かれた、アメリカ大陸の諸問題について話し合った会議は何か。

⓬ 19世紀後半よりメキシコにおいて独裁を続けていた大統領はだれか。

⓭ 1910年より始まった自由主義者の活動により⓬政権が倒れ、農民運動も加わり、17年の民主的憲法制定に至るまでのできごとを何と呼ぶか。

⓮ 1890年にドイツがロシアとの**再保障条約**の更新を見送ったことで、ロシアがフランスと結んだ関係は何か。

⓯ どの国とも同盟を結ばない立場をとってきたイギリスが東アジアにおけるロシアの進出に対抗して、1902年に日本と結んだ関係は何か。

⓰ 日露戦争後、バルカン方面に進出しドイツ・オーストリアと衝突したロシアが、イギリスと和解して1907年に成立させた関係は何か。

⓱ イギリス・フランス・ロシアのあいだに成立した国際関係は何か。

⓲ 1882年にドイツ・オーストリア・イタリアのあいだで、ビスマルクが構築した対フランス軍事同盟は何か。

[資料問題] 第一次世界大戦前の国際関係を表した右図の**A**～**E**の国名を答えよ。

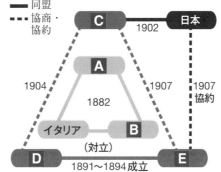

❶ _____

❷ _____

❸ _____

❹ _____

❺ _____

❻ _____

❼ _____

❽ _____

❾ _____

❿ _____

⓫ _____

⓬ _____

⓭ _____

⓮ _____

⓯ _____

⓰ _____

⓱ _____

⓲ _____

[資料問題]

A　　**B**

C　　**D**　　**E**

⊕ p.209〜213／⊕ p.270〜274

列強の中国進出と清朝

日清戦争後、清では「変法」が主張され、その中心の❶□□□□と梁啓超らは立憲制樹立をめざした。1898年に光緒帝の支持のもと、❶らは❷□□□□と呼ばれる根本的改革を試みたが、官僚の反対で実施されず、さらに西太后がクーデタをおこし、光緒帝は幽閉され❶らは日本に亡命し失敗に終わった。これを❸□□□□□□□という。

1896年にロシアが東清鉄道の敷設権を獲得すると、98年にドイツが膠州湾を租借、ロシアは三国干渉で返還された遼東半島のうち❹□□・□□を、イギリスは威海衛と九竜半島（新界）を、フランスは広州湾を租借した。さらに列強は借款提供の担保として鉱山・鉄道の利権なども獲得し、勢力範囲を設定した。出遅れたアメリカは、国務長官ジョン＝ヘイが中国の❺□□□・□□・□□を提唱した。列強の進出は中国の知識人に大きな危機感をいだかせた。

キリスト教の布教活動が盛んになると、各地で反キリスト教運動による衝突事件が生じた。山東半島で結成された❻□□□□が鉄道や教会を破壊し北京に入ると、清朝は❻を支持し列強に宣戦布告した。列強は共同出兵し、日本とロシアを主力とする8カ国連合軍が北京を占領した。この❻戦争に敗れた清は❼□□□□に調印し、膨大な賠償金や、外国軍隊の北京駐屯などを認めた。

日露戦争と韓国併合

1897年、国号を大韓帝国と改め独立国であることを示した朝鮮の支配権をめぐって争っていた日本とロシアの両国は、❻戦争後に対立を深めた。イギリスは日本と❽□□□□□を結んでロシアを牽制し、アメリカも支援した。1904年❾□□戦争が始まると、日本は日本海海戦などで連勝したが、国力は限界であった。ロシアも1905年革命が勃発し、社会不安が高まっていた。そのため両国は、セオドア＝ローズヴェルト米大統領の仲介で、1905年に❿□□□□条約を結んだ。日本は韓国の指導・監督権、遼東半島南部の租借権と東清鉄道南部の利権、樺太（サハリン）南部の領有権を獲得した。日本の勝利はアジア諸国の民族運動に影響を与えたが、その後の日本は帝国主義的姿勢を強め、1906年に南満洲鉄道株式会社を設立し、大陸進出を推進した。3次にわたる⓫□□□□で韓国を保護国化すると、韓国では⓬□□□闘争がおこったが、日本はこれを鎮圧し、1910年に韓国併合条約で韓国を併合し、朝鮮総督府をソウル（京城）におき統治した。

清朝の改革と辛亥革命

❻戦争後、光緒新政がおこなわれた。1905年に⓭□□を廃止し、学校制度の整備、新軍の編制や実業振興も進められた。1908年、清朝は立憲制にむけて憲法大綱を定め、⓮□□□□を公約した。一方、海外の留学生や華人には、清朝に対する革命気運が増し、1905年に東京で⓯□□らが革命諸団体を結集して⓰□□□□□を結成し、⓱□□主義を掲げ、中国南部で武装蜂起をしたが鎮圧された。国全体では、増税策が民衆の反発をまねき、立憲体制の遅れや憲法大綱の内容への立憲派の不満も高まった。1911年、清朝が幹線鉄道を国有化し、外国からの融資を受けようとしたことに対し、地方の有力者が反発、同年9月には四川で暴動が発生した。10月には武昌で新軍が蜂起して⓲□□革命が勃発し、蜂起は全国に波及し諸省が独立した。帰国した⓯が臨時大総統に選ばれ、⓯は1912年1月に南京で⓳□□□□の成立を宣言した。

清朝は軍の実力者袁世凱に革命鎮圧を託したが、革命勢力と交渉した袁は、宣統帝（溥儀）の退位と共和政維持を条件に臨時大総統の地位をゆずり受け、清朝を滅亡させた。その後袁は、議会において⓯らの国民党と対立したが、⓯らの第二革命を鎮圧し正式に大総統に就任した。袁は、皇帝に即位しようとしたが失敗し病死した。その後は軍人が各地に割拠し争う不安定な状況が続いた。⓲革命を機に、1911年に外モンゴルが、13年にはチベットでダライ＝ラマ13世が独立を宣言した。外モンゴルでは1924年に⓴□□□□□□□国が成立したが、ほかの地域は⓳のなかにとどまった。

❶　日清戦争後、根本的な清朝の制度変革をめざす「**変法**」が主張された。その中心となった指導者はだれか。

❷　**光緒帝**の支持を受け、立憲制樹立をめざした❶による1898年の政治改革は何と呼ばれるか。

❸　❷を失敗に導いた**西太后**らの保守派によるクーデタは何か。

❹　三国干渉で日本より返還された**遼東半島**南部において、ロシアが租借した、良港のある2都市はどこか。

❺　中国進出に出遅れたアメリカが国務長官**ジョン＝ヘイ**の名で、列強に対して要求した宣言内容を3つ答えよ。

❻　山東半島で結成され「**扶清滅洋**（ふしんめつよう）」を掲げて、鉄道やキリスト教会を破壊し、北京に入った武術修練した宗教結社は何か。

❼　❻戦争後、清が列強11カ国とのあいだで調印し、膨大な賠償金の支払いや北京とその付近への外国軍隊の駐屯などを定めた講和条約は何か。

❽　ロシアの南下を警戒したイギリスが、「**光栄ある孤立**」政策を放棄（ほうき）して、1902年に日本とのあいだで結んだ関係は何か。

❾　1904年に始まったロシアと日本との戦争は何か。

❿　アメリカ合衆国の**セオドア＝ローズヴェルト**大統領の仲介により、1905年に結ばれた❾戦争の講和条約は何か。

⓫　❾戦争から韓国併合に至る1904～07年のあいだに、日本と**大韓帝国**とのあいだで締結された3つの条約の総称は何か。

⓬　⓫締結を背景に展開された、韓国の反日武装闘争（はんにちぶそうとうそう）は何と呼ばれるか。

⓭　清朝が中央集権国家建設のためにおこなった近代化の諸改革を**光緒新政**と呼ぶが、清朝は1905年に隋以来続いてきた何を廃止したのか。

⓮　**憲法大綱**を定めた清朝が、1908年に公約したことは何か。

⓯　1894年にハワイで興中会を結成して清朝打倒の革命運動を始めた中国革命の指導者はだれか。

⓰　⓯が、1905年の**東京**で革命諸団体を結集して組織した団体は何か。

⓱　⓰を組織した際に掲げられた「**民族主義、民権主義、民生主義**」を内容とする中国革命の政治理論の総称は何か。

⓲　1911年10月に**武昌**で新軍の革命派が蜂起して始まった、清朝を打倒し、新国家樹立をめざした中国の革命は何か。

⓳　⓯が1912年1月に**南京**で成立を宣言したアジア初の共和国は何か。

⓴　1924年に⓳の影響力を排し外モンゴルで成立した社会主義国は何か。

[資料問題]　革命勢力と交渉し、清朝を滅亡させた見返りに新国家⓳の**臨時大総統**の地位に就いた右写真の軍の実力者はだれか。

❶
❷
❸
❹
❺
❻
❼
❽
❾
❿
⓫
⓬
⓭
⓮
⓯
⓰
⓱
⓲
⓳
⓴

[資料問題]

⑱ p.213〜215／⑲ p.274〜277

インドにおける民族運動の形成

インド帝国の成立後、イギリスは鉄道建設を進め、電信網も整備した。コーヒーや茶のほか綿花などの工業原料作物の生産も広がり、インドは世界的な経済体制のなかに組み込まれていった。経済発展は、インドの人々に重い負担をもたらしたが、紡績業では、インド人資本による工場制綿工業の発展もみられた。そして、弁護士や官僚などのエリート層を中心にイギリス支配に対する不満が高まった。イギリスは大反乱の反省から、彼らを協力者として利用しようと、1885年に❶□□□□□□会議が結成された。

しかし、民族運動が盛んになると、イギリスは1905年に❷□□□□□□□令を発表し、民族運動の中心地をヒンドゥー教徒とイスラーム教徒の2地域に分割することで運動の分断をはかった。この❷令に対し、親英的だった❶会議では、ティラクらの急進派が主導権を握って分割反対運動を展開した。1906年のカルカッタ大会では、英貨排斥・スワデーシ（国産品愛用）・スワラージ（自治獲得）・民族教育の4綱領が決議され、イギリスへの対抗姿勢が明確となった。一方、イスラーム教徒はインド総督の影響のもと、❶会議とは別に、親英的な❸□□□＝□□□□□連盟を結成した。

東南アジアにおける民族運動の形成

東南アジア地域は、タイを除くすべての地域が植民地支配下にあり、いずれの地域でも支配に抵抗する運動がみられたが、多くは弾圧を受けて挫折した。

インドネシアでは、20世紀初めにオランダが植民地政策を見直し、学校を設立し、オランダ語の教育をおこなった。この教育を受けた人々のあいだには、民族的自覚が生まれていった。1911年には現地のムスリム商人による相互扶助的な組織が生まれ、翌12年に❹□□□□□同盟（サレカット＝イスラム）となり、民族独立や社会主義を掲げたが、植民地政府の弾圧で組織は崩壊した。

❺□□□□□では1880年代、❻□□□□＝□□□□□らが民族意識を高める言論活動を開始し、1896年には❺革命が始まった。❼□□□□□らの革命軍が1899年に❺共和国をたてたが、アメリカ＝スペイン戦争に勝利し❺の領有権を得た合衆国が侵攻し、❽□□□□＝□□□戦争が勃発して❺は敗れた。合衆国は1902年から本格的統治を開始したが、各地で抵抗は続いた。

ベトナムでは、❾□□□□＝□□□＝□□□を中心に、フランスからの独立と立憲君主制の樹立をめざす運動が組織された。日露戦争に勝利した日本に学ぼうと、日本に留学生を送る❿□□□運動も組織されたが、フランスとの提携を重視した日本政府は、留学生を国外退去とした。運動は辛亥革命から刺激を受け、広州で1912年に組織されたベトナム光復会に引き継がれた。

西アジアの民族運動と立憲運動

ヨーロッパ列強の進出は、西アジアの各地で民族の自覚をうながした。なかでも⓫□□□□□□は、帝国主義とイスラーム諸国の専制をともに批判し、ムスリムの覚醒と連帯（パン＝イスラーム主義）を説いた。

⓬□□□□□では軍人のウラービーが「⓬人のための⓬」をとなえ、立憲制と議会開設を求めた（ウラービー運動）。しかし、1882年にイギリスが⓬を軍事占領し、事実上その保護国とした。南のスーダンでは1881年に反乱（マフディー運動）がおこったが、98年にイギリスに鎮圧された。

イランでは、政府がイギリスの会社にタバコの独占利権を譲渡すると、これに反対する⓭□□□＝□□□□運動がおこり、利権譲渡は撤回された。イラン人民族意識の高まりは、⓮□□革命となり、1906年に国民議会が開催され、翌年憲法が公布されたが、ロシアの介入で挫折した。

オスマン帝国では⓯□□□□□革命がおき、アブデュルハミト2世の専制に反対する「⓯人」と呼ばれた知識人や将校が、1908年に議会と憲法を復活させ立憲制を宣言し、1913年のクーデタで政権を獲得した。不安定であったが、トルコ民族主義が生まれ、アラブ民族主義に刺激を与えた。

❶ イギリスに対する不満をそらすために、イギリスが弁護士や官僚など
のインド人エリートを協力者として利用し、1885年に発足させた会議は
何か。

❷ イギリスが、ヒンドゥー教徒とイスラーム教徒の2地域に分割するこ
とで民族運動の分断をはかった1905年の法令は何か。

❸ イギリスに対抗する姿勢を強めた❶会議に対し、インド総督の影響の
もと、イスラーム教徒が1906年に結成した親英的な組織は何か。

❹ インドネシアのムスリム商人が1911年に設立し、翌年改称して民族独
立や社会主義を掲げた。植民地政府の弾圧で崩壊したこの組織は何か。

❺ アメリカ＝スペイン戦争に勝利したアメリカ合衆国が、スペインから
領有権を得た東南アジアの国とはどこか。

❻ ❺において、1880年代、民族意識をめざめさせる言論活動を開始した
指導者はだれか。

❼ 1896年より革命軍を指導し、99年に❺共和国をたてたのはだれか。

❽ アメリカが、❼の共和国を倒した1899年の戦争は何か。

❾ 1904年にフランスからの独立と立憲君主制の樹立をめざす運動を組織
したベトナム人指導者はだれか。

❿ 日本に留学生を送った❾らの活動を何と呼ぶか。

⓫ 帝国主義とイスラーム諸国の専制をともに批判し、ムスリムの覚醒と
連帯(**パン＝イスラーム主義**)を説いたのはだれか。

⓬ 立憲制と議会開設を求めた**ウラービー運動**を展開したが、1882年にイ
ギリスによって軍事占領され、事実上その保護国となった国はどこか。

⓭ **ガージャール朝**が、イギリスの会社へのタバコの独占利権の譲渡に反
発し、これを撤回に追い込んだイランの国民的運動は何か。

⓮ ロシアの軍事介入で挫折したが、1906年に国民議会を開き、翌年には
憲法を公布したイランでのできごとを何と呼ぶか。

⓯ アブデュルハミト2世の専制に反対した知識人や将校らが、1908年に
議会と憲法を復活させたオスマン帝国でのできごとを何と呼ぶか。

[地図問題] **A**〜**H**の場所でおきた民族運動・反帝国主義運動を答えよ。

❶ _____
❷ _____
❸ _____
❹ _____
❺ _____
❻ _____
❼ _____
❽ _____
❾ _____
❿ _____
⓫ _____
⓬ _____
⓭ _____
⓮ _____
⓯ _____

[地図問題]
Ａ _____
Ｂ _____
Ｃ _____
Ｄ _____
Ｅ _____
Ｆ _____
Ｇ _____
Ｈ _____

117

58 第一次世界大戦とロシア革命

📖 p.216～220／📕 p.278～283

バルカン半島の危機

1908年、オーストリアが❶[____]・[_____]を併合すると、スラヴ系のセルビアが反発した。日露戦争敗北後バルカン半島に進出したロシアは、12年セルビアなど４国を❷[_____]同盟に結束させたが、❷同盟は第１次バルカン戦争で得たオスマン帝国の領土分配をめぐって**第2次バルカン戦争**をおこした。列強の利害と民族問題が複雑にからみあったバルカン半島は、「❸[_____]の[___]」と呼ばれた。

第一次世界大戦の勃発

1914年、❶の中心都市❹[_____]で、オーストリアの帝位継承者夫妻がセルビア人により暗殺される❹事件がおき、オーストリアはセルビアに宣戦した。パン＝スラヴ主義のロシアがセルビアの側に立つと、パン＝ゲルマン主義のドイツがロシアに宣戦した。英・仏もロシア側で参戦し、**第一次世界大戦**が始まった。開戦直後、独軍は中立国ベルギーに侵入し、フランスに侵攻したが、❺[_____]の戦いで阻止され、西部戦線は塹壕戦による膠着状態におちいった。東部戦線では、独軍が❻[_____]の戦いで露軍を破った。英・仏・露側は**協商国（連合国）**、独・墺側は**同盟国**と呼ばれた。日本は協商国側に加わり、オスマン帝国とブルガリアが同盟国側で参戦した。15年にはイタリアが三国同盟を離れ、協商国側で参戦した。

戦時外交と総力戦

大戦中、列強は秘密条約にもとづく戦時外交を繰り広げた。現地住民の意思を無視して領土の分割を取り決めるとともに、自治や独立を約束して植民地や民族運動の支援を得ようとした。大戦は予想外の長期戦となり、一般社会（銃後）も戦争遂行に動員される史上初の❼[____]となった。また、**機関銃**のほか、**戦車・飛行機・毒ガス**といった**新兵器**が本格的に投入された。国民国家の形成が進んでいた国々で❽[_____]体制がつくられたことも、❼体制を支えた。各国の社会主義政党も自国の政府を支持し、第２インターナショナルは崩壊した。植民地の現地人も兵士や労働者として動員され、女性も男性にかわり多様な職場に進出した。

大戦の結果

中立国のアメリカは、1917年、ドイツの**無制限潜水艦作戦**に反発して協商国側で参戦した。❾[_____]大統領は、18年に講和のための「❿[_____]」を発表した。17年に社会主義政権となったロシアが、18年３月に同盟国と⓫[____]＝[____]条約を結び大戦から離脱した。アメリカの参戦は、同盟国の降伏をうながした。ドイツでは**キール軍港の水兵反乱**から**ドイツ革命**がおこり、成立した臨時政府が降伏し、人類初の❼は終わった。

ロシア革命

1917年３月、首都ペトログラードでおきた労働者と兵士の反乱で⓬[__]革命が始まった。**ニコライ２世**の退位で帝政は倒れ、自由主義者主導の⓭[__]政府ができ改革とともに戦争を継続したため、労働者や兵士は、**ソヴィエト**を組織し講和を求めた。４月、ボリシェヴィキの指導者⓮[____]が亡命先から帰国し、**四月テーゼ**で方針を示すと、ソヴィエト内にボリシェヴィキの勢力が広がり、⓭政府首相の⓯[_____]と対立した。11月、ボリシェヴィキは武装蜂起し、⓭政府を倒し史上初の社会主義政権を樹立した。これを**十月革命**と呼ぶ。

⓮は、「⓰[_____]布告」で、無併合・無償金・民族自決の原則で即時講和を交戦国に呼びかけ、「**土地に関する布告**」により土地の私的所有を廃止した。また18年３月に⓫条約を結び戦線から離脱、**モスクワに首都を移し**社会主義政策を断行した。革命に反対する勢力との内戦では、革命の波及を恐れる協商国が**対ソ干渉戦争**に乗り出したため、**赤軍**を創設し対抗した。⓮はボリシェヴィキから改称した⓱[____]の一党独裁を確立し、⓲[_____]主義をとり工業・銀行・貿易の国家管理を実現した。また、19年には⓳[_____]を創設し、社会主義革命の拡大をめざした。21年、⓲主義をやめ⓴[_____]（[___]）を宣言し市場経済を導入した。

❶ 1908年にオスマン帝国で**青年トルコ革命**がおこった時に、オーストリアがその混乱に乗じて併合した、オスマン帝国の領土はどこか。

❷ オーストリアに対抗したロシアが、1912年にセルビア・ブルガリア・モンテネグロ・ギリシアを結束し成立させた組織は何か。

❸ ❷が分裂し、列強の利害と民族問題が、複雑にからみあったバルカン半島の状況は、何と表現されるようになったか。

❹ 1914年にオーストリアの帝位継承者夫妻が、セルビア人により暗殺された。事件がおきた❶の中心都市はどこか。

❺ 開戦直後に、中立国ベルギーへ侵入し、フランスに侵攻したドイツ軍を英仏軍が阻止した、西部戦線における1914年9月の戦いは何か。

❻ 東部戦線において、ドイツ軍がロシア軍を破った1914年8月の戦いは何か。

❼ 予想外の長期戦となり、一般社会（銃後）も戦争遂行に動員されることとなったこの大戦の状況を表現した言葉は何か。

❽ 国民国家の形成が進んでいた国々では、この非常事態を乗り切るため、反対政党も加えて政府を支え戦った。この体制を何と呼ぶか。

❾ ドイツの**無制限潜水艦作戦**に反発し、1917年4月に中立国から協商国側として参戦した時のアメリカ大統領はだれか。

❿ ソヴィエトが発表した講和交渉の呼びかけに対抗するかたちで、1918年に❾が発表した第一次世界大戦の講和のための原則は何か。

⓫ 1917年に社会主義政権となったロシアが、大戦から離脱するために不利な条件で同盟国と結んだ18年3月の条約は何か。

⓬ 食料危機を背景に首都**ペトログラード**で労働者と兵士の反乱がおき、**ニコライ2世**の退位で帝政が倒れた1917年3月の革命を何と呼ぶか。

⓭ ⓬革命のなかで、改革を実行しつつも、戦争の継続を表明した自由主義者が主導し成立させた政府は何か。

⓮ 亡命先のスイスから帰国して、戦争の即時終結や⓭政府の打倒をとなえる**四月テーゼ**を示した右写真のボリシェヴィキの指導者はだれか。

⓯ 1917年7月に⓭政府の首相となったのはだれか。

⓰ ソヴィエト政権が、**無併合・無償金・民族自決の原則**で即時講和交渉を始めるよう交戦国に呼びかけた布告とは何か。

⓱ 内戦中に、一党独裁を確立したボリシェヴィキの新名称は何か。

⓲ 内戦や**対ソ干渉戦争**の経済危機を乗り切るために、⓮が実施した工業・銀行・貿易を国家管理とした政策は何と呼ばれるか。

⓳ 1919年に⓮が、社会主義革命の拡大をめざし創設した組織は何か。

⓴ 反革命勢力と干渉戦争をおさえることに成功したのちに、⓮が実施した市場経済の導入を内容とした政策は何か。

❶
❷
❸
❹
❺
❻
❼
❽
❾
❿
⓫
⓬
⓭
⓮
⓯
⓰
⓱
⓲
⓳
⓴

**ヴェルサイユ体制と
ワシントン体制**

1919年1月、第一次世界大戦の連合国代表が集まり、❶[　　　　]会議が開かれた。アメリカの**ウィルソン大統領**が発表した「❷[　　　　]」が討議の原則となった。しかし、フランスやイギリスが敗戦国にきびしい態度でのぞみ、原則は部分的にしか実現せず、**民族の自決権**はアジア・アフリカ地域には適用されなかったので人々を失望させた。さらに、敗戦国ドイツの植民地やオスマン帝国の一部は、先進国に統治をまかせる❸[　]にゆだねられた。同年6月、連合国とドイツとのあいだで❹[　　　　　]条約が結ばれ、ドイツはすべての植民地を失った。さらにドイツは、**アルザス・ロレーヌ**をフランスに割譲したほか、**ラインラントを非武装地帯**とされ、**軍備を制限**されたうえ、**巨額の賠償金支払い**を課せられた。

オーストリア・ハンガリー・ブルガリア・オスマン帝国との講和条約も、それぞれ別個に結ばれた。その結果、旧オーストリア＝ハンガリー帝国と旧ロシア帝国の領土の一部から、8カ国が独立した。

❹条約で、ウィルソンの提案した❺[　　　　]が、20年に設立された。❺は、世界の恒久平和をめざす史上はじめての大規模な国際機構であった。❺はスイスのジュネーヴに本部をおき、英・仏・伊・日が**常任理事国**となり、**総会・理事会・連盟事務局**を中心に運営された。ドイツなどの敗戦国やロシアのソヴィエト政権は排除され、アメリカも上院の反対で加盟しなかった。議決の方法は総会での**全会一致**であり、侵略国家への制裁手段が不十分などの問題もあったが、国境紛争の調停などに一定の成果をあげた。このヨーロッパの新国際秩序は、❻[　　　　　]体制と呼ばれる。

21～22年にアメリカの提唱で❼[　　　　]会議が開かれ、太平洋諸島の現状維持を定めた米・英・仏・日の❽[　　　]条約、米・英・日・仏・伊の主力艦保有比率を定めた❾[　　　　]条約、中国の主権尊重と領土保全を定めた**九カ国条約**が結ばれた。このアジア・太平洋地域の国際秩序を❿[　　　　]体制と呼び、❻・❿両体制が20年代の国際秩序の柱となった。

西欧諸国の模索

イギリスとフランスは、❸領を組み入れて海外領土を増やしたが、大戦で大きな経済的打撃を受け、不況に苦しんだ。

イギリスでは、1918年の**第4回選挙法改正**で21歳以上の男性と30歳以上の女性に選挙権が拡大され、⓫[　　　]党が党勢をのばし、24年⓫党党首⓬[　　　　　]を首相とする自由党との連立内閣が成立した。28年の⓭[　　　　　]で参政権が男女とも21歳以上になり、翌29年の選挙で⓫党がはじめて第一党となり、⓬が再び首相となった。一方、アイルランドでは16年に独立を求める蜂起があり、19年には独立戦争が始まった。イギリスは22年に、自治領として⓮[　　　　　]国の成立を認めた。31年に成立した⓯[　　　　　]憲章で、カナダ・オーストラリアなどの各自治領はイギリス本国と対等の地位を認められたが、アイルランドの独立派はイギリスからの完全独立を求め、37年に⓰[　　　　]を国名として事実上独立した。

フランスは国土が戦場となり、戦後もドイツの復活を強く警戒し強硬策をとった。23年には、賠償支払いの遅れを理由に⓱[　　　　]の[　　]を強行したが、国際的に批判されて失敗した。25年に外相となった⓲[　　　　]は撤兵を実現し、ドイツとの和解につとめた。

ドイツでは、19年に**社会民主党のエーベルト**が大統領となり、社会権や両性平等の普通選挙権などを規定した民主的な⓳[　　　　]憲法が制定されて、**共和国の基礎**がつくられた。しかし、賠償支払いに苦しむなか、フランスによる⓱に不服従で抵抗し、生産が低下して激しいインフレーションがおこった。首相となった⓴[　　　　　]は、不動産などを担保にした新紙幣を発行してインフレーションを克服し、アメリカの賠償支払いの緩和を受け経済を立て直した。

❶ 1919年1月に連合国の代表が集まって開いた講和会議は何か。

❷ アメリカ合衆国の**ウィルソン大統領**が1818年に発表した、❶会議における討議の原則となったものは何か。

❸ 敗戦国ドイツの植民地やオスマン帝国の一部は、先進国に統治をまかせることとなった。この統治方式は何と呼ばれるか。

❹ 1919年6月、連合国とドイツとのあいだで結ばれた講和条約は何か。

❺ 世界の**恒久平和**をめざす史上はじめての大規模な国際機構とは何か。

❻ ❶会議で決定されたヨーロッパの新国際秩序を何と呼ぶか。

❼ 1921～22年にアメリカの提唱で開かれた国際会議は何か。

❽ ❼会議において、太平洋諸島の現状維持を内容としてアメリカ・イギリス・フランス・日本のあいだで定められた条約は何か。

❾ ❼会議において、アメリカ・イギリス・日本・フランス・イタリアの主力艦の保有比率を定めた条約は何か。

❿ ❼会議で決められたアジア・太平洋地域の国際秩序を何と呼ぶか。

⓫ イギリスにおいて、1918年の**第4回選挙法改正**で選挙権が拡大されたことで党勢をのばし、29年の選挙では第一党となった政党はどこか。

⓬ 1924年、自由党との連立内閣を成立させた⓫党の党首で首相となったのはだれか。

⓭ **参政権**を男女とも21歳以上とした1928年の法改正は何か。

⓮ 1916年の独立蜂起は鎮圧されたが、19～21年の独立戦争を経て、22年にイギリスが自治領と認めた国はどこか。

⓯ イギリスが、カナダ・オーストラリアなどの各自治領をイギリス本国と対等の地位であると認めた1931年の憲章は何か。

⓰ ⓮国に納得しない独立派が、イギリスからの完全独立を求めたことで、イギリスが事実上の独立を認め、1937年に⓮国が改めた国名は何か。

⓱ ドイツの賠償支払いの遅れを理由に、フランスとベルギーが、1923年に強行した事件は何か。

⓲ ⓱の事件の解決につとめ、平和外交を進め、ドイツとの和解、西欧の安全保障に貢献したフランス外相はだれか。

⓳ 社会権や両性平等の普通選挙権などを規定し、当時もっとも民主的とうたわれた、1919年制定の**ドイツ国憲法**の通称は何か。

⓴ 外相時に**協調外交**を展開して国際平和に活躍し、ドイツの激しいインフレーションを新紙幣を発行するなどして克服した首相はだれか。

[地図問題] 第一次世界大戦後に独立した**A**～**C**の国名を答えよ。

右	
❶	
❷	
❸	
❹	
❺	
❻	
❼	
❽	
❾	
❿	
⓫	
⓬	
⓭	
⓮	
⓯	
⓰	
⓱	
⓲	
⓳	
⓴	

[地図問題]

A

B

C

⑱ p.223〜225／⑲ p.288〜291

国際協調と軍縮の進展

戦後も国際紛争が続発した。イタリアが**フィウメを獲得**したことなどや、とくにフランスがドイツの**ルール地方**を占領したことは、ヨーロッパに大きな緊張を生んだ。

しかし、1924年以降❶[   ]の気運が広がり、25年の❷[   ]条約が成立するとドイツの孤立に転機が訪れ、翌年ドイツは国際連盟に加盟した。さらに28年には、フランスの**ブリアン外相**とアメリカの**ケロッグ国務長官**の提唱で、15カ国(のち63カ国)によって❸[   ]条約が結ばれ、国際紛争を解決する手段として戦争に訴えないことが誓われた。

イタリアのファシズム

イタリアは戦勝国であったが、期待したほどの領土拡大を実現できず、講和条約に不満をもった。さらにインフレーションで国民生活が苦しくなると、政府への不信が高まり、ロシア革命の影響を受けて、北部では労働者が工場を占拠し、貧しい農民は土地を占拠した。こうした動きに危機感を覚えた人々の支持を得て、❹[   ]率いる❺[   ]党が勢力を拡大し、1926年に独裁体制を確立した。❹は領土の拡大を進め、29年には**ラテラノ条約**を結んでローマ教皇庁と和解し、**ヴァチカン市国**の独立を認めた。

また、❹は大衆動員を積極的に利用し、社会事業や国内開発も進めたが、市民的自由や人権を無視し弾圧した。こうしてイタリアには、極端なナショナリズム、指導者崇拝、一党独裁、批判勢力の暴力的封じ込めなどを特徴とする、❻[   ]体制が成立した。

東欧・バルカン諸国の動揺

大戦後、東欧やバルカン地域では多くの新国家が誕生した。しかし、新興国はいずれも領内に少数民族問題を抱え、政治的まとまりを欠き、チェコスロヴァキアを除くほとんどが農業国で、1920年代の世界的な不況の影響で経済的にも苦しんだことで、20年代末までには権威的な政治で国民を統合しようとする国が多く現れた。

ポーランドはロシアのソヴィエト政権と争い領土を拡大したが、議会政治が混乱した。**ハンガリー**ではロシア革命にならった社会主義政権が誕生したが、農民の反乱などによりまもなく倒された。

ソ連の成立

ロシアでは、ソヴィエト政権が実施した**ネップ**のもとで、国民経済が回復に向かい、生産も戦前の水準に戻った。1922年末、**ロシア・ウクライナ・ベラルーシ・ザカフカース**の4共和国は連合して、❼[   ]を結成した。24年にレーニンが死ぬと後継者争いがおこり、ソ連1国だけで社会主義を建設できると主張した❽[   ]が、**世界革命**をとなえる**トロツキー**らを追放して、実権を握った。その後❽は、28年より重工業を発展させて社会主義建設をめざす❾[   ]を実行した。農業でも集団化が進められ、集団農場(**コルホーズ**)・国営農場(**ソフホーズ**)建設が強行された。

アメリカ合衆国の繁栄

アメリカ合衆国は、大戦中に連合国へ物資を提供し大きな利益をあげ、戦後は債務国から❿[   ]にかわり、国際金融の中心国となった。一方、高関税政策で国内市場を守るとともに、孤立主義の傾向が強まり、国際連盟にも加盟しなかった。しかし、軍縮や❸条約などの❶は推進し、ドイツの賠償問題の解決にも貢献した。

アメリカ国内では、1920年に女性に参政権が認められ、民主主義が拡大した。21年から3代にわたる⓫[   ]党の大統領の時代には、自由放任政策のもと大企業の利益が重視された。この時期、フォード車に代表される自動車の大衆化、家庭電化製品の普及などによって⓬[   ]・[   ]社会が形成された。また、ラジオ・映画などの大衆娯楽が発展する一方、伝統的な白人社会の価値観が強まり、**禁酒法**も制定され、人種差別的な団体**クー=クラックス=クラン**が活性化した。24年の**移民法**では、東欧や南欧出身の移民を制限し、日本を含むアジア系移民は禁止された。

❶ 1924年以降、世界に広がった国際協力を重視する方針を何と呼ぶか。

❷ ドイツが国際連盟に加盟するきっかけとなった、ヨーロッパの国境を定めた1925年の条約は何か。

❸ 仏外相ブリアンと米国務長官ケロッグの提唱で、国際紛争を解決する手段として戦争に訴えないことを15カ国（のち63カ国）が誓った、1928年の条約は何か。

❹ イタリアにおいて、ロシア革命の影響を受けた労働者は工場を、貧しい農民は土地を占拠するなどの行動に危機感を覚えた人々の支持を得て勢力を拡大し、1926年に独裁体制を確立した右写真の政治家はだれか。

❺ ❹が1919年に創設した政党は何か。

❻ 極端なナショナリズム、指導者崇拝、一党独裁、批判勢力の暴力的封じ込めなどを特徴とした❺党の体制は何か。

❼ 1922年末、**ロシア・ウクライナ・ベラルーシ・ザカフカース**の4つのソヴィエト共和国が連合して結成した新国家の名称は何か。

❽ **レーニンの死後、ソ連1国だけで社会主義を建設できると主張し、後継者争いを制して実権を握った右写真の人物はだれか。**

❾ 重工業を発展させて社会主義建設をめざした❽が実施した総合的な経済政策は何か。

❿ 大戦中に連合国へ物資を提供して大きな利益をあげ、戦後は国際金融の中心となったアメリカは、債務国から何にかわったか。

⓫ 1920年に女性に参政権が認められ、民主主義が拡大したアメリカ合衆国において、21年以降同じ政党から**ハーディング・クーリッジ・フーヴァー**の3人の大統領が続けて政権を担当した。この政党は何か。

⓬ フォードなどの急激な工業化を背景に、均質で安価な工業製品が消費者に提供され、月賦販売方式などで購買力を拡大させ「**アメリカ的生活**」様式といわれる社会が始まった。この社会状況を表す言葉は何か。

[地図問題] 右の地図中の**A**〜**D**の地名を答えよ。

A フランスがベルギーとともに占領したドイツの工業地帯

B ライン川の東岸は非武装地帯、西岸は連合軍による15年間保障占領とされた地域

C フランスがドイツから返還を受けた領土

D 1924年にイタリアが併合した都市

軍備禁止区域
大戦後の国境

ラトヴィア
リトアニア
東プロイセン
デンマーク
イギリス
オランダ
ベルギー
ドイツ
ポーランド
A
B
チェコスロヴァキア
C
スイス
オーストリア　ハンガリー
ルーマニア
ルクセンブルク
ユーゴスラヴィア
D
フランス
イタリア
スペイン
500km

❶
❷
❸
❹
❺
❻
❼
❽
❾
❿
⓫
⓬

[地図問題]
A
B
C
D

123

第一次世界大戦と東アジア

第一次世界大戦により西欧からの工業製品が減少し、軍需が増大したことは、東アジアに空前の好景気をもたらした。日本は繊維産業の発展や重化学工業の拡大で、工業生産が農業生産を追い抜き、中国でも中国企業が成長し、軽工業を中心に工業が発展した。日中両国で都市労働者の増大や、学生などの青年知識人が増加し、民族自決の提起やロシア革命の勃発は、彼らに影響を与え、東アジア各地で社会運動と民族運動が活性化した。

日本では**大正デモクラシー**の風潮が広まり、政治の民主化が求められた。1918年の**米騒動**を経て政党内閣が成立し、25年に❶[____]**法**が制定されたが、同年、**治安維持法**も制定された。

中国では、根本的な社会変革をめざす**新文化運動**が始まった。❷[____]らが創刊した『❸[____]』は、「民主と科学」を掲げて民衆の啓蒙に取り組み、❹[____]は同誌上で❺[____]文学をとなえ、❻[____]が『**狂人日記**』『**阿Q正伝**』などで中国社会の疲弊を描いた。新文化運動の中心であった北京大学ではロシア革命後、**李大釗**らがマルクス主義の研究に着手した。

日本の進出と東アジアの民族運動

第一次世界大戦勃発後、日本はドイツに宣戦し、中国内のドイツの租借地の膠州湾（青島）や太平洋上のドイツ領南洋諸島を占領し、1915年1月には、山東のドイツ利権の継承など❼[____]の要求を中国に突きつけ、大半の要求を認めさせた。また、日本は対ソ干渉戦争に加わり❽[____]をおこなったが、他国の撤退後もとどまって内外の批判を浴び、22年にようやく軍を引き揚げた。

日本統治下の朝鮮では、ロシア革命や民族自決の潮流の影響で独立運動が活性化し、19年3月に「独立万歳」をとなえるデモが、ソウルから朝鮮全土に広まった。この❾[____]運動を朝鮮総督府は弾圧したが、武断政治をゆるめて「❿[____]」と呼ばれる同化政策に転換した。

パリ講和会議で、中国が求めた❼の要求取り消しや山東権益の返還が退けられると、19年5月4日に北京の学生を中心に抗議デモがおき、幅広い層を巻き込んだ⓫[____]運動に拡大した。

国際連盟の常任理事国となり国際的地位を向上させた日本だが、アメリカ合衆国やイギリスとのあいだに摩擦を生み、**ワシントン会議**における**九カ国条約**では中国の主権尊重と領土保全が約束された。

南京国民政府の成立と共産党

ソ連は、1919年、ロシア帝国の中国における利権放棄を宣言し、コミンテルンは21年に❷の中国共産党の成立を支援した。19年に成立した⓬[____]**党**を率いる**孫文**は、広州に拠点をおき、ソ連から顧問を受け入れ、「**連ソ・容共・扶助工農**」の方針をとった。24年に共産党員が個人の資格で⓬党に入党することを認め、⓭[____]が成立した。25年に孫文は病死したが、上海から広がった⓮[____]運動により、反帝国主義運動が高まり、広州に**国民政府**が成立した。翌26年7月、⓯[____]は割拠する軍事勢力を打倒し中国統一をめざす⓰[____]を開始した。共産党下の農民や労働者の支援もあり、27年3月には上海・南京を占領した。しかし、国民党内の対立や、運動の過激化に対する資本家・商工業者の反発、列強の懸念の高まりから、⓯は4月に**上海クーデタ**をおこし共産党を弾圧し、⓱[____]に国民政府をたてた。

28年に⓰が再開され、**国民革命軍**は、**山東出兵**をおこなっていた日本軍と衝突し、国民政府と日本との関係が悪化した。日本の支援を受けて中国東北地方を支配していた⓲[____]が、⓰軍に敗れて北京から撤退した際、日本の**関東軍**は⓲を殺害した。東北地方の支配を進める関東軍に対抗して、⓲の息子の⓳[____]は国民政府の東北支配を認め、国民政府の全国統一はひとまず達成された。

一方、中国共産党は27年の⓭崩壊後、**毛沢東**の率いる**紅軍**は華南で根拠地を拡大し、31年、瑞金に⓴[____]**政府**を成立させた。そして国民政府の攻撃に耐え続けた。

❶ **大正デモクラシー**の風潮が広がり、その成果の1つとして1925年に制定され、**治安維持法**制定のきっかけともなった法律は何か。

❷ 雑誌を創刊し、社会変革をめざす**新文化運動**を指導したのはだれか。

❸ 「民主と科学」を掲げた❷の創刊した雑誌は何か。

❹ 新文化運動のなかで、文語体の文学を否定し、口語による民衆の啓蒙に取り組んだのはだれか。

❺ ❹が『❸』のなかで提唱し、やさしい口語で文学を表現しようと働きかけた運動、またはその文学を何というか。

❻ 『狂人日記』『阿Ｑ正伝』などの作品で中国社会の疲弊を描いた作家（文学者）はだれか。

❼ 抵抗する袁世凱政権に軍事的圧力をかけ、山東のドイツ利権の継承などの内容を認めさせた1915年1月の日本の要求は何か。

❽ 1922年まで現地にとどまり、内外の批判を浴びることとなった、日本のおこなった**対ソ干渉戦争**は何か。

❾ ロシア革命や民族自決の潮流の影響を受け、日本からの「独立万歳」をとなえたデモが**ソウル**から朝鮮全土に広まったが、この1919年3月のできごとを何と呼ぶか。

❿ ❾運動を武力弾圧した**朝鮮総督府**が、方針転換した同化政策は何と呼ばれるか。

⓫ 1919年の**パリ講和会議**で、中国が❼の取り消しなどを要求したが認められず、同年5月4日にそのことを抗議した北京の学生を中心としたデモは全国的に拡大したが、このできごとを何と呼ぶか。

⓬ 1919年に**孫文**が成立させた新政党は何か。

⓭ 「連ソ・容共・扶助工農」の方針をとり、1924年に**共産党員**が個人の資格で⓬党に入党することを認め成立した協力体制を何と呼ぶか。

⓮ 上海の日系紡績工場における労働争議をきっかけに広がった1925年の反帝国主義運動を何と呼ぶか。

⓯ 孫文の死後、⓬党の指導者となった右写真の人物はだれか。

⓰ ⓭により成立した**国民革命軍**が、北部の軍事勢力を倒し中国統一をめざした戦いを何と呼ぶか。

⓱ **上海クーデタ**をおこして共産党を弾圧した⓯が、1927年に**国民政府**をたてた都市はどこか。

⓲ 国民革命軍の⓰軍に敗れて北京から中国東北地方に引き揚げる際に、日本の関東軍によって殺害された奉天の軍事勢力の首領はだれか。

⓳ ⓲の息子が、日本に対抗して国民政府の東北支配を認めたことで、⓰は終了し全国統一もひとまず達成されたが、⓲の息子とはだれか。

⓴ 1931年、中国共産党が江西省の瑞金において、**毛沢東**を主席として成立させた政府は何か。

インドにおける民族運動の展開

インドに第一次世界大戦への協力の代償として、**戦後の自治**を約束したイギリスが、約束からは遠い内容のインド統治法と民族運動を取り締まる❶▢▢▢▢法を1919年に制定した。民衆の反発と反英運動が高まるなか、新たな指導者となった❷▢▢▢▢は、20年の国民会議派大会で❸▢▢▢▢による▢▢▢▢▢▢を呼びかけ全国的な運動を開始した。いったんはムスリムの支持も得たが、❸の方針やヒンドゥー・イスラーム両教徒の対立で、インドの民族運動は混乱した。29年、国民会議派内の❹▢▢▢▢ら急進派が完全独立（❺▢▢▢▢＝▢▢▢▢）を決議し、翌年から❷も❸を再開した。35年の**インド統治法**は各州の自治を認めたが、中央政府はほぼイギリスが掌握したままであった。宗教対立は改善せず、40年、❻▢▢▢▢の全インド＝ムスリム連盟は、イスラーム国家パキスタンの建設をめざした。

東南アジアにおける民族運動の展開

オランダが支配するインドネシアでは、1927年から❼▢▢▢▢がインドネシア国民党を指導し独立運動を展開し、フランスの支配するインドシナでは、30年に❽▢▢▢＝▢＝▢▢▢が**インドシナ共産党**を結成し農民運動を展開したが、ともにきびしい弾圧を受けた。ビルマの反英民族運動は20年代に始まり、30年に**タキン党**が活動を始めた。アメリカ統治下のフィリピンでは議会が開設され、34年には独立法が成立し、翌年に独立準備政府が発足した。タイ（シャム）は、32年の立憲革命で立憲君主制に移行した。

西アジアの民族運動

〈トルコ・イラン・アフガニスタン〉 オスマン帝国は大戦に敗れ、列強による国土分割の危機に直面した。❾▢▢▢▢＝▢▢▢▢（のちの▢▢▢▢▢▢）が抵抗運動を指導し、アンカラに**トルコ大国民議会**を組織した。1922年に侵攻してきたギリシア軍を撃退した❾は、スルタン制を廃止し、23年、連合国と❿▢▢▢▢▢▢条約を結び国境を定め、治外法権の廃止と関税自主権の回復を実現して⓫▢▢▢▢国を樹立した（**トルコ革命**）。❾は大統領となり、カリフ制廃止と政教分離、文字改革、太陽暦採用、女性参政権実施など近代化政策を進め、トルコ民族主義の育成もおこなった。イランでは⓬▢▢▢▢＝▢▢が実権を握り、25年に**ガージャール朝**を廃して⓭▢▢▢▢▢▢朝を開き、近代化政策を推進し、国名をペルシアから⓮▢▢▢▢に改めたが、国内の石油利権はイギリスが保持していた。アフガニスタンは**第3次アフガン戦争**でイギリスから独立したが、近代化反対勢力との緊張が続いた。

〈アラブ地域〉 アラビア半島では**ワッハーブ王国**の再興をめざす⓯▢▢▢▢＝▢▢▢▢が、半島の大部分を統一して1932年に⓰▢▢▢▢▢▢国をたてた。戦後の独立運動によって、22年に成立した⓱▢▢▢▢▢国では、イギリスが**スエズ運河**の支配権など多くの特権や条件を維持した。イラクはイギリスの、シリア地域はフランスの委任統治下におかれたのち、それぞれ独立を達成した。しかし、国境線は列強の思惑によって定められ、国民国家の建設は容易ではなかった。

パレスチナについて、イギリスは15年に⓲▢▢▢▢・▢▢▢▢協定によってアラブ人に独立を約束する一方、17年の⓳▢▢▢▢▢宣言によって、ユダヤ人のパレスチナ復帰運動（**シオニズム**）を支援する姿勢も示した。大戦後、この地はイギリスの委任統治領となり、アラブ・ユダヤの両民族が権利を主張して対立し、現在まで続く深刻な**パレスチナ問題**が生まれた。

アフリカの民族運動

1912年に南アフリカで創設された⓴▢▢▢▢▢▢会議（ANC）が人種差別撤廃運動を始め、アフリカ各地に民族運動が広がった。また19世紀末からアメリカ合衆国とカリブ海地域で、アフリカ系知識人を中心に**パン＝アフリカニズム**の解放運動がおきた。これらは第二次世界大戦後に統合し、アフリカの解放と統一をめざす運動に発展した。

❶ イギリスが、**インド統治法**を制定する一方で、インドの民族運動を取り締まるために制定した1919年の法は何か。

❷ ❶法制定後の反英運動が高まるなか、新たな指導者となり運動を導いた右写真中央の国民会議派の指導者はだれか。

❸ ❷が展開した運動の理念は何か。

❹ 国民会議派内の**急進派の指導者**とはだれか。

❺ 1929年の国民会議派**ラホール大会**で、❹らが決議した完全独立を意味する政治目標は何か。

❻ 1940年、新たにイスラーム国家パキスタンの建設を目標に掲げ、国民会議派と対立した**全インド＝ムスリム連盟**の指導者はだれか。

❼ オランダが支配したインドネシアで、きびしい弾圧を受けながらも独立運動を1927年より開始した**インドネシア国民党**の指導者はだれか。

❽ フランスが支配したインドシナで**インドシナ共産党**を結成し、弾圧を受けながらも農民運動を展開した指導者はだれか。

❾ **アンカラ**に**トルコ大国民議会**を組織し、1922年に侵攻してきたギリシア軍を撃退し、**トルコ革命**を推し進めたオスマンの軍人はだれか。

❿ セーヴル条約を破棄し、❾が1923年に連合国と結んだ条約は何か。

⓫ ❿条約を結んで国境を定め、治外法権の廃止と関税自主権の回復を実現し、1923年に❾がたてた国家は何か。

⓬ 1925年のクーデタで**ガージャール朝**から実権を奪った軍人はだれか。

⓭ ⓬が新たに開いた王朝は何か。

⓮ トルコと同じく近代化政策を推進した⓬が、民族主義を鼓舞(こぶ)するため、それまで他称であったペルシアを1935年に改めた新国名は何か。

⓯ アラビア半島において、**ワッハーブ王国**の再興をめざし、アラビア半島の大部分を統一したのはだれか。

⓰ ⓯が1932年に建国した国家は何か。

⓱ 1922年にイギリスの保護国からの条件つきの独立が認められたが、**スエズ運河**の支配権など多くの特権をイギリスが維持した新国家はどこか。

⓲ **パレスチナ**において、大戦中の1915年にアラブ人にオスマン帝国からの独立をイギリスが約束した協定は何か。

⓳ ⓲協定があるにもかかわらず、イギリスが1917年にユダヤ人のパレスチナ復帰運動（**シオニズム**）を支援する姿勢を示した宣言は何か。

⓴ 1912年に南アフリカで創設され、人種差別撤廃をめざす運動を始めた組織は何か。

[資料問題] 右写真の人物は、⓫国初代大統領となった❾である。多くの近代化政策を強力に推進し「父なるトルコ人」と呼ばれた彼の尊称は何か。

❶

❷

❸

❹

❺

❻

❼

❽

❾

❿

⓫

⓬

⓭

⓮

⓯

⓰

⓱

⓲

⓳

⓴

[資料問題]

63 | 世界恐慌とヴェルサイユ体制の破壊　I

p.232〜234／ p.300〜303

世界恐慌とその影響

1929年10月、❶[　　　　　　　　　　　　　]の株価暴落から、アメリカ合衆国は空前の恐慌におちいった。その背景には、株や債権などの投機ブームの過熱、世界的な農業不況で農民の購買力が落ちていたこと、過剰生産による商品供給の過多などがあった。世界経済・金融の中心であるアメリカから全世界に波及し❷[　　　　　]に発展した。

　❷におちいった資本主義国は、自国の問題を最優先し、国際協調の気運は後退した。また30年代には、武力で自国の要求をおし通そうとする**ファシズム諸国**が台頭した。

アメリカのニューディール

1931年に共和党の**フーヴァー大統領**は、自由放任経済の考えから、賠償・戦債支払いの1年間停止（**フーヴァー＝モラトリアム**）を宣言したが、❷に対し効果はなかった。32年の選挙で当選した民主党の❸[　　　　　　]＝[　　　　　　　　　]は、積極的市場介入の方針に転換した。金本位制から離脱し、**農業調整法（AAA）**や**全国産業復興法（NIRA）**で農業や産業の復興をはかり、**テネシー川流域開発公社（TVA）**などの❹[　　　　　　]で失業者を減らした。また、35年の❺[　　　　]法で労働者の**団結権**と**団体交渉権**を認めた。これら一連の政策は❻[　　　　　　]（新規まき直し）と呼ばれ、民主主義体制も堅持された。

ブロック経済

イギリスでは、マクドナルド労働党内閣（第2次）が失業保険の削減を含む緊縮財政を提案したが、労働党は反対した。マクドナルドは❼[　　　　　　]を組織し、財政削減を実施し、金本位制から離脱した。また、1932年の**オタワ連邦会議**で、連邦内の関税を下げ、連邦外の国に高関税を課す**スターリング＝ブロック（ポンド＝ブロック）**を形成した。フランスも植民地を囲い込んで**ブロック経済圏**を築き、経済の安定をはかった。アメリカ合衆国も、ラテンアメリカ諸国への内政干渉をひかえ、ドル経済圏に組み入れる❽[　　　　]政策をとった。

　英・仏・米などが自国通貨を軸に**ブロック経済**の構築を進めると、他国の商品を排除するブロック経済は、ブロック間の対立が高まり、通商に頼る中小諸国を苦しめた。また、ブロックをつくれないドイツ・イタリア・日本などが、拡張主義に向かう要因ともなった。

ナチス＝ドイツ

合衆国について❷の被害が大きかったドイツでは、❾[　]党（国民社会主義ドイツ労働者党）と**共産党**が伸張した。❾党は、第一次世界大戦後に❿[　　　]を指導者とし、**ユダヤ人排斥**、**ヴェルサイユ条約破棄**、民族の結束など過激な主張で、初めは国民も支持しなかった。❷による社会不安と政治的混乱が広がると、農民や都市の**中産層**や、保守的な産業界や軍部の支持も得て、1932年の選挙で❾党は第一党になり、翌年❿は首相に任命された。

　新政府は国会議事堂放火事件を利用して共産党などを弾圧し、⓫[　　　]法によって立法権も握り、❾党以外の政党や労働組合を解散させ、**一党独裁**を実現した。社会統制が強化され、❾党に反対する者は**強制収容所**に送られ、**ユダヤ人**も激しい暴力や差別にさらされた。34年、ヒンデンブルク大統領の死後、❿は**総統（フューラー）**を名乗り独裁者となった。ナチス＝ドイツは四カ年計画で軍需工業を拡張し、失業者を急速に減らした。さらにアウトバーン（自動車専用道路）建設などの大規模な❹での成果を宣伝し、福祉事業の整備や大衆娯楽の拡充化にもつとめ、国民の支持を得た。

ソ連の計画経済とスターリン体制

ソ連は計画経済を採用し、資本主義世界との交流も少なかったため❷の影響は小さかった。ソ連は工業化を推進し、量を重視したために質は低かったが、資本主義諸国に強い印象を与えた。計画経済の考え方は、ナチス＝ドイツやアメリカの❸政権や日本に受け入れられた。⓬[　　　　]は独裁的権力をふるい、彼自身への個人崇拝を強め、1936年には⓬憲法を制定した。また、大勢の無実の市民が**粛清**されたり、強制労働に従事させられた。

❶ 1929年、アメリカ合衆国は空前の恐慌におちいったが、そのはじまり
となった10月の事件とは何か。

❷ 世界経済・金融の中心であるアメリカでの恐慌は、またたく間に世界
中に拡大した。この大不況は何と呼ばれたか。

❸ 1932年の選挙で当選し、積極的に市場に介入する方針と革新的政策で
❷を克服した民主党のアメリカ大統領はだれか。

❹ 失業者を減らすための**テネシー川流域開発公社（TVA）**などのように、
社会資本の建設および維持のために政府がおこなう事業を何と呼ぶか。

❺ 労働者の**団結権**と**団体交渉権**を認めた1935年の法は何か。

❻ ❸が大統領選挙戦時に掲げ、❷の経済危機を克服するために実施した
政策の総称は何か。

❼ イギリスにおける❷の経済危機を失業保険の削減を含む緊縮財政で克
服しようとしたが、労働党の反対で首相を辞任したマクドナルドが、保
守党と自由党と組んで組織した内閣は何と呼ばれるか。

❽ ラテンアメリカ諸国への内政干渉をひかえ、**ドル経済圏**に組み入れる
アメリカ合衆国の外交政策を何と呼ぶか。

❾ ❷の被害が大きかったドイツで、1930年にヴ
ァイマル共和国の議会政治を攻撃して伸張して
きた政党は何か。

❿ ❾党で、第一次世界大戦後に指導者となり、
ユダヤ人排斥、ヴェルサイユ条約の破棄、ドイ
ツ民族の結束をとなえた右写真の政治家はだれ
か。

⓫ 民族と国家の困難を解決するために、政府に立法権をゆだねるとした
1933年のドイツの法は何か。

⓬ レーニンの後継者であった**トロツキー**を失脚させ、共産党と政府を掌
握して独裁的権力をふるい、個人崇拝を強めたソ連の指導者はだれか。

［地図問題］ **A**、**B**に当てはまるブロック経済圏を答えよ。

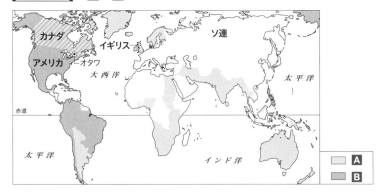

❶

❷

❸

❹

❺

❻

❼

❽

❾

❿

⓫

⓬

［地図問題］

A

B

世界恐慌とヴェルサイユ体制の破壊　Ⅱ

⑱ p.234〜237／⑲ p.304〜307

満洲事変と日中戦争

1920年代の日本経済は、輸出不振による不況が続き、27年には**金融恐慌**が発生し、29年の世界恐慌で本格的な不況におちいった。民衆は政権争いを続ける政党への不満を高め、軍部は大陸での権益確保を主張し、政府の外交姿勢を批判した。

中国の国権回復の動きに危機感をいだいた日本の軍部は、31（昭和6）年9月、関東軍に柳条湖で鉄道を爆破させ、これを口実に中国東北地方の大半を占領した（❶　　　　　　）。日本の軍事行動に対して、中国は国際連盟に訴え、❷　　　　　　　　　　　　　が派遣された。関東軍は既成事実をつくるため、32年3月に清朝最後の皇帝溥儀（宣統帝）を執政にすえて❸　　　国をたてた。連盟は調査団の報告にもとづき、日本の主張を退けると、日本は❹　　　　　　　　　　を通告した。日本国内ではテロやクーデタ事件があいついで政党政治が後退し、軍部の影響力が強まった。

一方、中国の国民政府は、28〜30年にかけて❺　　　　　　　　　の回復を達成し中国の統一を進め、日本の軍事行動への対応よりも中国共産党との戦いに力を入れた。共産党は根拠地の瑞金を追われ、国民党軍の追撃で大きな犠牲を払いながら、陝西省に新しい根拠地を設け、❻　　　　　を指導者とする体制を整えた。また、国民政府は通貨の安定のため、イギリス・アメリカの支援で**通貨統一**を進めた。日本の軍部が、華北を国民政府の支配から切り離す政策を進めたため、抗日運動が激しくなった。35年、中国共産党はコミンテルンの方針にもとづいて**八・一宣言**を出し、民族統一戦線の結成を呼びかけた。**張学良**は、36年に共産党攻撃に固執する**蔣介石**を捕らえ、抗日と内戦停止を求める❼　　　　　　をおこし、蔣も説得を受け入れ、国共の内戦は停止された。37（昭和12）年7月の❽　　　　　　　を機に**日中戦争**が勃発し、中国では9月に❾　　　　　　　　　が成立した。日本軍は南京占領の際に多数の中国人を殺害し（**南京事件**）、国際的に非難された。国民政府はソ連・アメリカ・イギリスなどの援助を受け、政府を**重慶**に移し抵抗を続けた。共産党は日本の支配がおよばなかった華北農村部を中心に、支配地域を拡大した。40（昭和15）年に日本は東亜新秩序建設を掲げ、南京に**汪兆銘**を首班とする親日政権を設立したが、中国民衆の支持は得られず、戦争は長期化した。

ファシズム諸国の攻勢と枢軸の形成

ナチス＝ドイツは、1933年秋、軍備平等権が認められないことを理由に❿　　　　　　　から　　し、35年には住民投票によって**ザール地方**を編入した。また同年、**徴兵制**の復活と⓫　　　　　を宣言した。しかし、まもなくイギリスはドイツと海軍協定を結び、事実上⓫を追認した。イタリアは恐慌で行き詰まり、35年に⓬　　　　　　に侵攻し、翌年には併合した。国際連盟はイタリアに初の経済制裁を宣言したが、効果は不十分であった。そして国際世論の反発を受けるなか、イタリアはドイツに接近した。

ファシズム諸国の脅威の高まりを受け、アメリカが33年に**ソ連**を承認し、翌年にソ連は国際連盟に加盟した。また35年には**仏ソ相互援助条約**が締結されたが、これを理由にドイツは36年に**ロカルノ条約**を破棄して⓭　　　　　　に軍を進駐させ、ヴェルサイユ体制の破壊を進めた。

ソ連の指導するコミンテルンは、反ファシズム勢力の連帯を呼びかけ⓮　　　　　　戦術を打ち出し、フランスでは36年に社会党の⓯　　　　　を首相とする⓮内閣が、スペインでも同年に⓮政府が成立した。スペインでは、保守勢力を率いる⓰　　　　　　将軍が反乱をおこし、⓱　　　　　　が始まった。独・伊が⓰側に軍事支援をおこなったが、英・仏は非介入路線をとった。スペイン⓮政府側をソ連が武器援助し、国際義勇軍も支援したが、39年に⓰側の勝利で⓱は終わった。

36年に日本とドイツは**防共協定**を結び、37年にはイタリアも参加した（⓲　　　　　　　）。同年、イタリアは日本・ドイツにならって❿し、日・独・伊は⓳　　　　　　　を結成した。

❶ 1931(昭和6)年9月に、日本の関東軍が、**柳条湖**で鉄道を爆破したことを口実に始まったできごとは何か。

❷ ❶に対して、中国の提訴で国際連盟が派遣した調査団を何というか。

❸ 1932年3月に、清朝最後の皇帝の**溥儀**を執政にすえて建国された日本の傀儡（かいらい）国家は何か。

❹ ❷の報告を不服とした日本がとった行動は何か。

❺ 中国の国民政府が、1928～30年にかけて諸外国に対して改正させた不平等条約の内容は何か。

❻ **紅軍**(共産党の軍)を率いて、新しい根拠地となる陝西省延安（えんあん）までの**長征**（せい）を導いた**中国共産党**の指導者はだれか。

❼ 1936年に**張学良**が、共産党攻撃をうながしに来た**蔣介石**を捕らえ、抗日と内戦停止を説得した事件は何か。

❽ **日中戦争**の発端となった1937(昭和12)年7月の軍事衝突（しょうとつ）事件は何か。

❾ ❽事件を受けて1937年9月に再び発足（ほっそく）した中国側の体制は何か。

❿ **ナチス＝ドイツ**が、軍備平等権が認められないことを理由に、1933年秋にとった行動は何か。

⓫ 住民投票によって**ザール地方**を編入したナチス＝ドイツが、1935年に**徴兵制**の復活とともに発表した内容は何か。

⓬ 恐慌で行き詰まったイタリアの**ムッソリーニ**が、1935年に侵攻し、翌年に併合した場所はどこか。

⓭ 1935年に**仏ソ相互援助条約**が締結されると、この条約締結を不服としたドイツが、36年に**ロカルノ条約を破棄**してとった軍事行動は何か。

⓮ ソ連の指導する**コミンテルン**が、ファシズムに反対する勢力の連帯を呼びかけ結成した組織は何か。

⓯ 1936年にフランスで成立した⓮内閣を組織した社会党の党首はだれか。

⓰ スペイン⓮政府に対し、保守勢力を率いて反乱をおこした将軍はだれか。

⓱ ⓰の反乱をきっかけに全国へ広がった混乱とは何か。

⓲ ⓮の結成など国際的な反ファシズム運動に対し、日本とドイツとイタリアが1937年に結んだ協定は何か。

⓳ 1937年に国際連盟を脱退したイタリアが、同じ年に日本・ドイツと結成した協力体制は何か。

[資料問題] ドイツ空軍が爆撃（ばくげき）した町の惨状（さんじょう）を描いた、スペイン生まれの**ピカソ**による右の作品名を答えよ。

❶
　　　　　　　　
❷
　　　　　　　　
❸
　　　　　　　　
❹
　　　　　　　　
❺
　　　　　　　　
❻
　　　　　　　　
❼
　　　　　　　　
❽
　　　　　　　　
❾
　　　　　　　　
❿
　　　　　　　　
⓫
　　　　　　　　
⓬
　　　　　　　　
⓭
　　　　　　　　
⓮
　　　　　　　　
⓯
　　　　　　　　
⓰
　　　　　　　　
⓱
　　　　　　　　
⓲
　　　　　　　　
⓳
　　　　　　　　

[資料問題]

········ 圏 p.237〜242／畿 p.308〜313

ナチス＝ドイツの侵略と開戦

ドイツは1938年３月のオーストリア併合後、９月にはドイツ人の住む❶[　　　]

[　　　　]地方の割譲をチェコスロヴァキアに要求した。戦争の回避と防

共の進展を望む英・仏は、ドイツに譲歩する宥和政策をとった。英・仏・独・伊が❷[　　　]

[　]会談を開き、❶のドイツへの割譲を認めた。しかし、ヒトラーは翌年３月チェコスロヴァキアを

解体後、ポーランドの領土も要求してきた。またイタリアは、39年４月にアルバニアを併合した。ソ

連は英・仏に不信を深め、39年８月末、❸[　　　　　　　]条約を結び、世界を驚愕させた。９月１

日、ポーランドへの侵攻を開始したドイツに英・仏が宣戦し、**第二次世界大戦**が始まった。

ヨーロッパの戦争・独ソ戦・太平洋戦争

開戦後、ポーランドは独ソ両国に二分された。ソ連は1939年11月フィンラン

ドに宣戦し、40年にバルト３国を併合した。西部戦線では、40年春、ドイツ

がデンマークとノルウェーに、さらにオランダとベルギーに侵攻した。６月、仏軍は敗北し、第三共

和政が崩壊した。フランスの北半はドイツが、南半はペタンを首班とする親独の**ヴィシー政府**が統治

した。仏軍人❹[　　]＝[　　　　]はロンドンに亡命し抵抗を呼びかけ、仏国内では**レジスタンス**運動

が始まった。イタリアは独側で参戦した。ドイツはバルカン半島のユーゴスラヴィアとギリシアも制

圧し、41年半ばには、ヨーロッパをほぼ支配下においた。英新首相の❺[　　　　　　]だけがドイ

ツに対抗した。41年６月、独軍は、ソ連を奇襲し**独ソ戦**が始まった。同年末には独軍はモスクワ郊外

にせまった。ソ連は英と同盟を結び、アメリカとも協調を深めた。ドイツは戦争続行のために占領地

での収奪をおこなうとともに、アウシュヴィッツなどの❻[　　　　　　]でユダヤ人を殺害した。

日中戦争が長期化し、40(昭和15)年９月、日本は南方のフランス領インドシナ北部に進駐した。ま

た三国防共協定を❼[　　　　　　]へと発展させ、翌年４月、北方の安全確保のため❽[　　　]

[　　]条約を結んだ。アメリカは日本の南方進出を懸念し、日本への石油供給を停止した。日米

交渉が行き詰まると、41年12月８日、日本軍はハワイの❾[　　　　　　]（[　　　]）を攻

撃し、**太平洋戦争**に突入した。独・伊も米に宣戦し、第二次世界大戦は全世界に広がった。

開戦後半年間で、日本は東南アジア各地を占領し、「❿[　　　　　　]」をとなえ各地に親日

的な体制を設立させたが、日本の強引な占領で抵抗運動がおこった。朝鮮、台湾では皇民化政策が進

められた。42年６月に日本は⓫[　　　　　]海戦で大敗し、戦争の主導権を失った。

枢軸諸国の敗北

1942年後半から連合国軍は総反撃に移った。43年初め、ソ連軍は⓬[　　　]

[　　　　]で独軍を撃退し、またソ連はコミンテルンを解散し英・米

に協調した。イタリアでは連合国軍のシチリア島上陸後、ムッソリーニは失脚し、９月に**イタリア新

政府が⓭[　　　　]した。41年８月に米英首脳が発表した⓮[　　　　　]は戦後構想の原

則となった。43年11月、米・英・中は対日処理方針を定めた⓯[　　　]宣言に合意した。さらに

米・英・ソ首脳によるテヘラン会談の決定により、44年６月、連合国軍は⓰[　　　]

に上陸し、８月にパリを解放した。45年２月、米・英・ソ首脳は⓱[　　　　]協定で、独の処理方針、

ソ連の対日参戦を決めた。４月末にヒトラーが自殺しベルリンは占領され、５月７日に**ドイツ**は⓭し

た。日本では、44(昭和19)年以降本土空襲が本格化し、翌年６月、沖縄本島が米軍に占領された。７

月、米・英・ソ首脳は、日本の⓭を求める⓲[　　　]宣言を発表した。８月、米軍は**広島・長

崎**に⓳[　　　]を投下し、ソ連は対日宣戦した。14日、日本は⓲宣言を受諾して⓭した。

大戦の特徴と結果

第二次世界大戦は、異なる政治・社会体制間の優劣を競う戦争で、連合国がファ

シズム諸国に勝利したことは、⓴[　　　　]が拡大する第一歩となった。

❶　ドイツ人が多く居住していることを理由に、**オーストリアを併合した**ドイツが要求してきた、チェコスロバキアの領土とはどこか。

❷　1938年9月末、イギリス・フランス・ドイツ・イタリアの首脳が協議し、❶をドイツに割譲することを認めた会談は何か。

❸　英・仏の**宥和政策**に不信を深めたソ連が、1939年8月末にポーランドの分割などを内容とした条約をドイツと結んだ。それは何か。

❹　1940年、フランスがドイツに降伏した後、ロンドンに亡命して亡命政府(自由フランス政府)をつくって抵抗を呼びかけた軍人はだれか。

❺　早くからナチ党の脅威(きょうい)を訴え(うった)、宥和政策を批判し、戦局がきびしくなった1940年5月に、イギリス首相となり徹底抗戦を主張したのはだれか。

❻　ドイツは戦争続行のため、アウシュヴィッツなどに多くのユダヤ人達を集め、ガス室などで大量虐殺(ぎゃくさつ)した。その施設は何と呼ばれるか。

❼　1940年にドイツがイタリア・日本との連携を強化するために結成した関係は何か。

❽　南方進出をめざす日本が、北方の安全確保のために1941年に結んだ条約は何か。

❾　1941年12月8日、日本軍がマレー半島に軍を上陸させると同時に攻撃したアメリカ海軍基地とはどこか。

❿　**太平洋戦争**を始めた日本がとなえていた目標構想とは何か。

⓫　1942(昭和17)年6月に日本が、アメリカ軍に大敗した戦いは何か。

⓬　1943年初めにソ連軍がドイツ軍を撃退した戦場とはどこか。

⓭　戦争で敗北した国家もしくは軍隊が、条件なく戦勝国の権力にすべてをゆだねて敗北の意思を示すことを何というか。

⓮　1941年8月、**ローズヴェルト米大統領**と❺が会談して発表し、その後ソ連なども加わって、戦後構想の原則として確認されたものは何か。

⓯　1943年11月、ローズヴェルト・❺・蒋介石が、対日処理方針について協議し発表した宣言は何か。

⓰　テヘラン会談の協議にもとづいて実施された、1944年6月の連合軍による反撃作戦の内容は何か。

⓱　ドイツの戦後処理方針のほか、秘密条項としてドイツ降伏後のソ連の対日参戦を決めた1945年2月の米・英・ソ首脳による協定は何か。

⓲　1945年8月14日に日本が受諾し、翌15日に国民に発表した、連合国側からの宣言名は何か。

⓳　戦後世界に**核戦争の脅威**をもたらす始まりとなった、1945年8月6日は**広島**、9日には**長崎**にアメリカ軍が実行した攻撃は何か。

⓴　ファシズム諸国が共通して否定し、戦後連合国側が逆にその優位を標榜した市民革命以来の政治上の考え方とは何か。

[チャレンジ問題]　戦後のアジア諸地域では、各民族が主体となった独立国家を形成しようとする意識が高まっていった。その意識とは何か。

❶
❷
❸
❹
❺
❻
❼
❽
❾
❿
⓫
⓬
⓭
⓮
⓯
⓰
⓱
⓲
⓳
⓴

[チャレンジ問題]

戦後世界秩序の形成

大西洋憲章をもとに連合国は、1944年のダンバートン＝オークス会議で国際連合憲章の原案をまとめた。これを連合国が45年４月のサンフランシスコ会議で採用し、同年10月に51カ国を原加盟国としてニューヨークを本部に国際連合が発足した。国連は、対等な全加盟国が多数決で意思決定する総会をおく一方、❶□□□□□□□会に強い権限を与え、常任理事国の米・英・ソ・仏・中の５大国は❷□□□□□を行使できた。国連はまた、経済的・軍事的手段による紛争解決も可能とした。さらに、国連は専門機関と連携し、国際協力を進めた。

国際金融・経済面では、アメリカのブレトン＝ウッズでの協定にもとづき、45年12月に❸□□□□□□□□□（IMF）と国際復興開発銀行（IBRD）が発足した。47年10月には、関税などの貿易障壁の撤廃をうながす「❹□□□□□□□□□協定」（GATT）も成立した。これらは、貿易の自由化により世界平和を支えることを目的とした。さらに、圧倒的な経済力をもつアメリカのドルを基軸通貨とする❺□□□・□□□□制が導入された（ブレトン＝ウッズ体制）。

敗戦国の戦後処理について、ドイツと旧首都ベルリンが米・英・ソ・仏の４国に❻□□□□された。同時に、ニュルンベルクに❼□□□□□□□□が設置され、ナチス＝ドイツ指導者の戦争犯罪が追及された。日本はアメリカ軍による事実上の単独占領下におかれた。東京には❽□□□□□□□□□が設置され、戦争犯罪が裁かれた。また、民主主義にもとづいた日本国憲法が46（昭和21）年11月に公布され、翌年施行された。

米ソ冷戦の始まり

西欧では、生活再建を求める民衆層の声が戦後政治に強い影響を与えた。イギリスでは1945年に労働党の❾□□□□□□が首相となり、重要産業の国有化、社会福祉の充実をはかった。フランスでは、46年に第四❿□□が発足し、同年イタリアでは、王政が廃止され❿となった。エールは49年にイギリス連邦から正式に離脱し、アイルランドとなった。

東欧はソ連の勢力下におかれた。西欧での共産党勢力の伸張と、東欧でのソ連支配により、アメリカはソ連への警戒心を強めた。47年、ソ連勢力拡張に対する「封じ込め」政策（⓫□□□□□□□□□□□＝□□□□□□□）を宣言し、ヨーロッパ復興をたすけて共産党の影響力を減らすためにヨーロッパ経済復興援助計画（⓬□□□□□□＝□□□□）を発表した。ソ連は東欧諸国に援助受け入れを拒否させ、陣営結束のために各国共産党の情報交換機関として⓭□□□□□□□□□□を結成した。資本主義陣営（西側）と社会主義陣営（東側）のあいだに生まれた緊張状態を「冷戦」と呼んだ。

東西ヨーロッパの分断

東欧諸国は、⓮□□□□□□□□と呼ばれる社会主義体制を築き、土地改革と計画経済を導入した。1948年２月、チェコスロヴァキアでも、共産党がクーデタにより実権を掌握した。一方、⓯□□□□□□の指導するユーゴスラヴィアはソ連と対立し、48年６月に⓭から除名された。

東側に対抗して、西欧５カ国は、48年３月に西ヨーロッパ連合条約を結び、翌年４月には、アメリカとカナダを含めた西側12カ国が⓰□□□□□□□□機構を結成し、集団防衛体制を整えた。一方、ソ連と東欧諸国は、49年１月に経済相互援助会議（⓱□□□□□□）を創設し、55年５月には、共同防衛を定めた東ヨーロッパ相互援助条約（⓲□□□□□□□□□□機構）を発足させた。

ドイツでは、48年６月、ソ連が西側地区の通貨改革に反対し、西ベルリンへの交通を遮断した（⓳□□□□□□□□）。１年ほどで封鎖は解除されたが、東西ベルリンは分断された。49年５月にドイツ連邦共和国（西ドイツ）が、同年10月にはドイツ民主共和国（東ドイツ）が成立した。西ドイツは、⓴□□□□□□□首相のもとで経済復興に成功し、54年に主権を回復した。

❶ 米・英・ソ・仏・中（5大国）の常任理事国と、非常任理事国で組織され、国際平和および安全の維持をめざした**国際連合**の主要機関は何か。

❷ 常任理事国の5大国に認められている決議上の特別な権限は何か。

❸ 経済危機に陥った加盟国への外貨貸し付けや為替相場の安定促進などをめざし、1945年12月に発足した国際機関は何か。

❹ 関税の引き下げや各種の貿易規制の撤廃を推進するため、1947年に成立した国際協定は何か。

❺ 1944年のブレトン＝ウッズでの協定では、1ドルを金35オンスと交換できることを定め、さらに各国通貨とドルの交換比率を一定に保つ固定相場制（そうばせい）を決めた。この世界経済を安定させるための制度を何というか。

❻ 敗戦国ドイツに、米・英・ソ・仏の4国がとった占領方針は何か。

❼ ナチス＝ドイツの指導者に対する戦争犯罪を追及するため、**ニュルンベルク**に設置された国際機関は何か。

❽ 日本の戦争犯罪を追及するため、東京に設置された国際機関は何か。

❾ 1945年、イギリスの総選挙でチャーチルの保守党を破って首相となった労働党の党首はだれか。

❿ 戦後、民主主義と主権が国民にあることが保証されたフランス、イタリアでおこなわれた政治形態を何というか。

⓫ 1947年、米大統領が発表した「**封じ込め**」政策を何と呼ぶか。

⓬ ⓫を受けて、ヨーロッパの復興をたすけ共産党の影響力を減らすため米国務長官が発表したヨーロッパ経済復興援助計画のことを何と呼ぶか。

⓭ 1947年にソ連が結成した東欧各国の共産党の情報交換機関は何か。

⓮ 戦後、共産主義を掲げる東欧諸国の社会主義体制を何と呼ぶか。

⓯ 独自の共産主義を掲げてユーゴスラヴィアを指導したのはだれか。

⓰ 1948年3月の**西ヨーロッパ連合条約**にもとづいて、翌年4月にアメリカとカナダを含めた西側12カ国が結成した集団防衛体制を何というか。

⓱ 1949年1月、ソ連と東欧諸国が設立した経済協力機構を何と呼ぶか。

⓲ 1955年5月、西ドイツが⓰に加盟したことを受けて、ソ連が共同防衛を定め発足させた安全保障機構は何か。

⓳ 1948年6月、ソ連が、西ベルリンへの交通を遮断したことに対し、右写真のようにアメリカが空輸作戦で対抗した事件は何か。

⓴ 1954年に西ドイツの主権を回復させた西ドイツ初代首相はだれか。

❶
❷
❸
❹
❺
❻
❼
❽
❾
❿
⓫
⓬
⓭
⓮
⓯
⓰
⓱
⓲
⓳
⓴

135

67 新しい国際秩序の形成 Ⅱ

📖 p.246～248／📘 p.317～321

中華人民共和国の成立

国民党は経済政策の失敗などで支持を失っていった。土地改革を実行し農民の支持を得ていた共産党は、1947年から反攻を始め、49年3月には国民政府の首都南京を占領した。49年12月、蔣介石は❶□□□□に逃れ、そこで**中華民国政府**を維持した。49年10月、共産党の❷□□□□を主席、❸□□□□を首相とする❹□□□□□□□□□□□国の成立が宣言され、北京を首都とした。50年2月にはモスクワで❺□□□□□□□□□条約が調印され、社会主義圏に属する❹の姿勢が明らかになった。❹は社会主義国をはじめインド・イギリスなどから承認されたが、アメリカは中華民国政府を中国の正式代表とする立場をとった。

朝鮮戦争と東アジア

朝鮮は戦後、北緯❻□□度線を境界に北をソ連、南をアメリカに占領された。そして、南部には**李承晩**を大統領とした❼□□□□□、北部には**金日成**を首相とした❽□□□□□□□□□□□□□□が成立した。1950年6月、❽が❻度線をこえて侵攻し、**朝鮮戦争**が始まった。朝鮮半島南端にせまった❽軍を安保理は侵略とみなし、米軍を中心とする国連軍を出動させ、❹国境付近まで追い込んだ。しかし、❹国が人民義勇軍を派遣して❽を支援したため、戦線は❻度線付近で膠着した。53年には休戦協定が成立したが、南北の分断は固定化され、❹国と❶、❹国とアメリカとの対立も決定的になった。駐日米軍が朝鮮半島に派遣された日本では、50(昭和25)年に**警察予備隊**(のちの**自衛隊**)が設置された。日本は、翌年には❾□□□□□□□条約に調印して独立を回復した。同時に**日米安全保障条約**も結ばれた。

東南アジアの独立

フィリピンは、1946年に**フィリピン共和国**として独立した。インドネシアは45年に❿□□□□□□が独立を宣言し、旧宗主国オランダに勝利し、49年に独立した。仏領インドシナでは、**ホー＝チ＝ミン**が日本の占領下にベトナム独立同盟会(ベトミン)を組織し、終戦直後に⓫□□□□□□□国の独立を宣言した。フランスはこれを認めず、ベトナム国を発足させ、⓫国と交戦を続けた。これを⓬□□□□□□戦争と呼ぶ。54年、ディエンビエンフーで大敗したフランスは、⓫国と⓭□□□□□□協定を結んでインドシナから撤退し、北緯⓮□□度線を暫定的軍事境界線とした。しかし、アメリカは⓭協定の調印を拒否し、南部の**ベトナム共和国**建設を支援したため、ベトナムは南北に分断された。仏領のカンボジアとラオスは53年に独立した。英領では**ビルマ**が48年に独立し、マレー半島は57年にマラヤ連邦となった。

南アジアの独立

インドでは戦後、分離・独立を求める全インド＝ムスリム連盟の**ジンナー**と、統一インドを主張する**ガンディー**らが対立した。1947年にインド独立法が制定され、ヒンドゥー教徒を主体とする⓯□□□□□とイスラーム教徒による⓰□□□□□□にわかれて独立した。しかし両教徒の対立はおさまらず、ガンディーは急進的なヒンドゥー教徒に暗殺された。インドは初代首相⓱□□□□のもとで、50年に憲法を発布し、共和国となった。また⓲□□□□は、48年に英連邦内の自治領として独立し、72年の憲法制定により共和国となった。

中東の動向

中東のパレスチナでは、アラブ人とユダヤ人の対立が激化してイギリスが委任統治権を放棄すると、1947年に国連はパレスチナを2国に分割する決議をおこなった。翌年ユダヤ人が⓳□□□□□の建国を宣言すると、反対するアラブ諸国とのあいだに**パレスチナ戦争(第1次中東戦争)**がおこった。国連の調停で⓳は独立を確保したが、多数のアラブ人が難民となり、両者はその後も戦争を繰り返し**パレスチナ問題**は深刻化した。民族運動が高まったイランだったが、英・米と結んだ国王⓴□□□□□世のクーデタで、石油産業を独占する英系企業の国有化を実行した**モサッデグ**は追放され、イランの石油は欧米系国際石油資本の支配下に入った。

❶ 共産党との争いに敗れた**蔣介石**は、**中華民国政府**をどこに移したか。

❷ 大戦中は紅軍を指揮して中華ソヴィエト共和国臨時政府を創設し、戦後は国民党に勝利して共産党による新国家主席となったのはだれか。

❸ ❷とともに共産党を指導し、新国家首相となったのはだれか。

❹ 1949年10月、共産党が北京を首都として建国した新国名は何か。

❺ 1950年2月にモスクワで調印された、❹国とソ連による条約は何か。

❻ 戦後の朝鮮半島において、ソ連が占領する北側とアメリカが占領する南側が境界線としていたのは北緯何度か。

❼ 1948年、**李承晩**を大統領として朝鮮半島南部に成立した国はどこか。

❽ ❼と同時期に**金日成**を首相(72年以降主席)として成立した国はどこか。

❾ 朝鮮・台湾・南樺太・千島を放棄するなどの内容で、日本と連合国諸国(ソ連は署名せず)とのあいだで1951(昭和26)年に結ばれた条約は何か。

❿ 1945年に独立を宣言したインドネシアの初代大統領となり、介入する旧宗主国オランダとの戦争に勝利した指導者はだれか。

⓫ 日本の占領下でベトナム独立同盟会(ベトミン)を組織した**ホー=チ=ミン**が、終戦直後の仏領インドシナで独立を宣言した国家名は何か。

⓬ ⓫国の独立を認めないフランスは、ベトナム国を発足させて⓫国と戦闘状態に入った。1946年に始まるこの戦争を何というか。

⓭ 1954年にディエンビエンフーで大敗したフランスと⓫国とのあいだで結ばれた協定は何か。

⓮ ⓭協定で定められたベトナムを南北に分断する軍事境界線は北緯何度か。

⓯ ヒンドゥー教徒が主体となり、1947年のインド独立法により独立した国はどこか。

⓰ ⓯と同時期にイスラーム教徒が主体となって独立した国はどこか。

⓱ ⓯の初代首相となり、**ガンディー暗殺**後も強力なリーダーシップを発揮して国家と人々を導いたのはだれか。

⓲ インド南東の島国で、1948年に英連邦内の自治領として独立し、72年の憲法制定により共和国となった国はどこか。

⓳ パレスチナをアラブ国家とユダヤ国家に分割するという1947年の国連決議にもとづき、翌年ユダヤ人が地図中**A**に建国した国家は何か。

⓴ イランにおいて、民族運動を背景にしてイランの石油国有化を実現した**モサッデグ**をクーデタで失脚させ権力を握った国王はだれか。

〔チャレンジ問題〕 右の地図中に示す中東のパレスチナをめぐり、1948年5月から始まったユダヤ人とアラブ人の戦争とは何か。また、両者の紛争の中心都市で、⓳が建国の際に首都とした都市**B**の名称は何か。

0 100km
レバノン
A
シリア
地 中 海
ヨルダン川
テルアヴィヴ
アンマン
スエズ運河
B
イェリコ
死海
ポートサイド
ガザ
戦争での停戦ライン(1949年)
トランス=ヨルダン
スエズ
エジプト
アカバ
シナイ半島

□ 第一次世界大戦後のイギリス委任統治領
□ 国連パレスチナ分割案(1947年)によるユダヤ人居住地
□ 国連パレスチナ分割案(1947年)によるアラブ人居住地

❶
❷
❸
❹
❺
❻
❼
❽
❾
❿
⓫
⓬
⓭
⓮
⓯
⓰
⓱
⓲
⓳
⓴

〔チャレンジ問題〕

B

68 戦後世界の概要

📖 p.242〜276／📕 p.314〜357

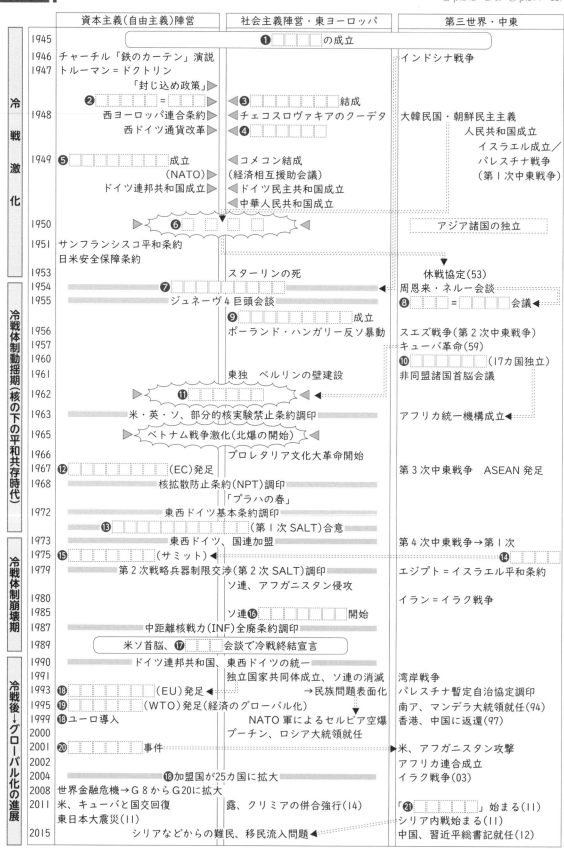

	資本主義(自由主義)陣営	社会主義陣営・東ヨーロッパ	第三世界・中東
1945	❶　　　　　　の成立		
1946	チャーチル「鉄のカーテン」演説		インドシナ戦争
1947	トルーマン=ドクトリン		
	「封じ込め政策」▶	◀❸　　　　　　　結成	
	❷　　　　　=　　　　▶		
1948	西ヨーロッパ連合条約	◀ チェコスロヴァキアのクーデタ	大韓民国・朝鮮民主主義
	西ドイツ通貨改革▶	◀❹	人民共和国成立
			イスラエル成立／
1949	❺　　　　　　　成立	◀ コメコン結成	パレスチナ戦争
	(NATO)	(経済相互援助会議)	(第1次中東戦争)
	ドイツ連邦共和国成立▶	◀ ドイツ民主共和国成立	
		◀ 中華人民共和国成立	
1950	▶　❻　　　　　▼　◀		アジア諸国の独立
1951	サンフランシスコ平和条約		
	日米安全保障条約		
1953		スターリンの死	休戦協定(53)
1954	❼　　　　　　　◀		周恩来・ネルー会談
1955	ジュネーヴ4巨頭会談		❽　　　　=　　　　会議◀
		❾　　　　　　　成立	
1956		ポーランド・ハンガリー反ソ暴動	スエズ戦争(第2次中東戦争)
1957			キューバ革命(59)
1960			❿　　　　　　(17カ国独立)
1961		東独　ベルリンの壁建設	非同盟諸国首脳会議
1962	▶　⓫　　　　　◀		
1963	米・英・ソ、部分的核実験禁止条約調印		アフリカ統一機構成立◀
1965	▶ ベトナム戦争激化(北爆の開始) ◀		
1966		プロレタリア文化大革命開始	
1967	⓬　　　　　(EC)発足		第3次中東戦争　ASEAN発足
1968	核拡散防止条約(NPT)調印		
		「プラハの春」	
1972	東西ドイツ基本条約調印		
	⓭　　　　　(第1次SALT)合意		
1973	東西ドイツ、国連加盟		第4次中東戦争→第1次
1975	⓯　　　　　(サミット)◀		⓮
1979	第2次戦略兵器制限交渉(第2次SALT)調印		エジプト=イスラエル平和条約
		ソ連、アフガニスタン侵攻	
1980			イラン=イラク戦争
1985		ソ連⓰　　　　　開始	
1987	中距離核戦力(INF)全廃条約調印		
1989	米ソ首脳、⓱　　　会談で冷戦終結宣言		
1990	ドイツ連邦共和国、東西ドイツの統一		
1991		独立国家共同体成立、ソ連の消滅	湾岸戦争
1993	⓲　　　　　(EU)発足◀	→民族問題表面化	パレスチナ暫定自治協定調印
1995	⓳　　　　　(WTO)発足(経済のグローバル化)		南ア、マンデラ大統領就任(94)
1999	⓲ユーロ導入	NATO軍によるセルビア空爆	香港、中国に返還(97)
2000		プーチン、ロシア大統領就任	
2001	⓴　　　　　事件		米、アフガニスタン攻撃
2002			アフリカ連合成立
2004	⓲加盟国が25カ国に拡大		イラク戦争(03)
2008	世界金融危機→G8からG20に拡大		
2011	米、キューバと国交回復	露、クリミアの併合強行(14)	「㉑　　　　　」始まる(11)
	東日本大震災(11)		シリア内戦始まる(11)
2015	シリアなどからの難民、移民流入問題◀		中国、習近平総書記就任(12)

左欄(時代区分):
冷戦激化
冷戦体制動揺期(核の下の平和共存時代)
冷戦体制崩壊期
冷戦後→グローバル化の進展

❶ 1945年4〜6月に連合国50カ国が参加した**サンフランシスコ会議**で話し合われ、10月にニューヨークを本部として発足(ほっそく)した国際組織は何か。

❷ **トルーマン米大統領**の政策にもとづき、ヨーロッパの経済復興と共産党の影響力を減らす目的で米国務長官が発表したものは何か。

❸ ❷に対抗したソ連が、各国共産党の情報交換(こうかん)機関として1947年に設立した組織は何か。

❹ ドイツの西側管理地区での通貨改革に反対したソ連が、西ベルリンへの陸路と水路を遮断(しゃだん)した1948年の事件は何か。

❺ ソ連に対抗した**西ヨーロッパ連合条約**に、カナダとアメリカが加わって、1949年に結成された西側12カ国からなる集団防衛組織は何か。

❻ 東西対立が激しくなるなかで、**北緯38度線**を境に南北に分断されていた朝鮮で1950年から始まった戦争は何か。

❼ 1946年から続いた**インドシナ戦争**で、敗退したフランスと勝利したベトナム民主共和国とのあいだで結ばれた1954年の協定は何か。

❽ 東西陣営のどちらにも属さない**第三勢力**を形成しようと、1955年にインドネシアに旧植民地の29カ国が集まって開いた会議は何か。

❾ 1955年にソ連が東側共同防衛目的で結成した軍事同盟は何か。

❿ 1957年に**ガーナ**が黒人共和国となったのに続き、60年には一挙に17カ国が独立した。この年を何と呼ぶか。

⓫ 社会主義革命を成功させたキューバでソ連ミサイル基地建設が発覚し、それを阻止(そし)するためにアメリカが海上封鎖で対抗したことから、米ソ間で直接戦争の危機が高まった。この1962年の事件は何か。

⓬ **ヨーロッパ石炭鉄鋼共同体(てっこう)・ヨーロッパ経済共同体・ヨーロッパ原子力共同体**が1967年に合併(がっぺい)して成立した組織は何か。

⓭ ⓫以降、核兵器制限の取り組みが始まり、1972年に米ソ間で合意に達した規定は何か。

⓮ 1973年に**第4次中東戦争**がおこった際に、アラブ産油国がイスラエル支持諸国にとった方針により、先進工業国など世界経済が深刻な打撃を受けた状況を何というか。

⓯ ⓭以降に、毎年開催されるようになった会議は何か。

⓰ ソ連書記長に就任した**ゴルバチョフ**の掲げた改革を何というか。

⓱ 1989年に米ソ首脳が冷戦の終結を宣言した会談は何か。

⓲ 1993年に**マーストリヒト条約**が発効して発足した組織は何か。

⓳ 1990年代以降、ロシアと東欧諸国が世界経済に参加し「経済のグローバル化」が一気に進んだことから、貿易の自由化のため、**GATT**(ガット)にかわって95年に設立された国際機関は何か。

⓴イスラーム急進派の一派が、飛行機をハイジャックしアメリカのビルに突入した2001年9月11日の事件は何か。

㉑ 2010年、チュニジアから始まった民主化運動は何と呼ばれるか。

69 | 冷戦の展開

⊕ p.250〜253／㊥ p.324〜328

軍事同盟の広がりと核兵器開発

アメリカは北大西洋条約機構以外の諸地域に軍事同盟を構築した。1948年に❶□□□□機構(OAS)、51年に❷□□□□□□□条約(ANZUS)、54年には❸□□□□□□機構(SEATO)、55年には❹□□□□□□□機構(METO)を結成した。また、51年に**日米安全保障条約**、同年にフィリピン、53年に韓国、54年に中華民国(台湾)とも相互防衛条約を結んだ。49年、ソ連が原子爆弾を開発し、52年には英も保有した。同年、アメリカはより強大な破壊力をもつ❺□□□□□の実験に成功し、翌年にはソ連も❺を保有した。核戦争の脅威が高まると、核兵器廃絶と平和を訴える運動が世界各地に広がった。

戦後のアメリカ社会

冷戦は、米国内で反共主義を強めた。1950年頃から左翼運動や共産主義者を攻撃する「❻□□□□□」が始まった。53年就任の❼□□□□□□大統領は、朝鮮戦争の休戦協定を実現し、対ソ緊張緩和をめざしたが、軍事同盟網の構築も進めた。核開発競争の過熱に危機感を覚えた❼は、平和利用のために原子力発電の開発を進めた。さらに、50年代から60年代は軍事費が増大し、軍部と軍需企業が癒着した「❽□□□□□□□□□」が形成された。一方で、アメリカ式の豊かな生活様式は、西側諸国の人々の理想でもあった。

西欧・日本の経済復興

1950年代以降、西欧諸国では、アメリカからの自立をめざした**地域統合**による再生がはかられた。52年、仏・西独・伊・ベネルクス3国は、❾□□□□□□□□□(ECSC)を発足させた。58年には❿□□□□□□□□□□(EEC)とヨーロッパ原子力共同体(EURATOM)が設置され、67年には3共同体が合併して⓫□□□□□(EC)となり、主権国家の枠をこえての統合が進んだ。イギリスはその動きから距離をおき、60年にヨーロッパ自由貿易連合(EFTA)を結成していたが、73年よりECに参加した(拡大EC)。西ドイツでは、⓬□□□□□□□□□政権のもとで経済成長が実現し、「経済の奇跡」といわれた。フランスはアルジェリアの独立をめぐり国内対立が激化した。58年、ド゠ゴールが大統領権限の強力な⓭□□□□□を成立させ、アルジェリアの独立を認め、自立的な対米外交政策を追求し、核兵器も保有し、また、**中華人民共和国を承認した**。66年、**NATOへの軍事協力を拒否**した。

朝鮮戦争時の特需景気で経済復興した日本は、55(昭和30)年以降自由民主党の長期政権のもとで、翌年のソ連との国交回復、国連加盟が実現した。**高度経済成長期**には、60年の日米安全保障条約改定をめぐる国内対立も発生した。65年の⓮□□□□□□条約では、韓国との国交正常化をはたした。

ソ連の「雪どけ」

スターリンの死去で、ソ連は外交政策を見直し、朝鮮戦争は停戦し、ユーゴスラヴィアとは和解した。1956年2月、ソ連共産党大会で⓯□□□□□□第一書記は自由化の方向を打ち出し、スターリン時代の個人崇拝や粛清などを批判した。これを⓰□□□□□□という。さらに、西側との⓱□□□□□を掲げ、**コミンフォルムも解散**した。この転換は「⓲□□□□□」と呼ばれ、東欧諸国に影響を与えた。56年6月、**ポーランド**で民主化要求の運動がおこったが、共産党は改革派のゴムウカを指導者に選び事態を収拾した。しかし、**ハンガリー**では、同年10月に民主化とソ連からの離脱を求める大衆行動がおこり、ナジ首相が支持すると、ソ連は軍事介入し鎮圧した。一方、⓯は西側諸国との関係改善に力を注ぎ、55年に西ドイツと国交を結び、翌年には⓳□□□□□□□で日本と国交を回復し、59年には訪米し❼大統領と会談した。しかし、翌年、米偵察機がソ連上空で撃墜され、東西関係は再び冷えこんだ。61年に東ドイツ政府が築いた「⓴□□□□□□」は、東西対立の象徴となった。⓯は、57年の世界初の人工衛星スプートニク1号に続き、61年には有人宇宙飛行にも成功し自国の優位を示した。

❶ 1948年、南北アメリカ21カ国で発足した反共協力組織は何か。

❷ 1951年、米・豪・ニュージーランドが締結した安全保障条約は何か。

❸ 1954年、東南アジアにおける共産主義勢力の拡大を阻止するためにアメリカが結成した集団安全保障機構は何か。

❹ 1955年、英・イラン・トルコ・パキスタン・イラク(59年脱退)の５カ国間で結成した反共軍事同盟は何か。

❺ アメリカが1952年、実験に成功した原爆よりも強力な核兵器とは何か。

❻ 1950年頃から始まった、左翼運動や共産主義者を弾圧した事件は何か。

❼ 朝鮮戦争の休戦を実現し、ソ連との緊張緩和をめざす一方で、軍事同盟網の構築や原子力の平和利用も進めた第34代米大統領はだれか。

❽ 軍部と軍需企業が癒着し形成された集団もしくは連合体を何と呼ぶか。

❾ **地域統合**によるヨーロッパの再生をめざし、1952年に仏・西独・伊・ベネルクス３国の６カ国が経済協力のために発足させた組織は何か。

❿ ❾の６カ国が1958年に発足させたヨーロッパの共同市場とは何か。

⓫ 1967年にヨーロッパの３つの共同体が統合されて発足した組織は何か。

⓬ 「経済の奇跡」といわれた経済成長を実現させた西独の首相はだれか。

⓭ ド゠ゴールが1958年に大統領権限を強化し発足させた政治体制は何か。

⓮ 1965年に結ばれた日本と韓国との国交正常化を定めた条約は何か。

⓯ 1956年２月、ソ連共産党大会でスターリン時代の個人崇拝や反対派の粛清などを批判し、自由化の方向を打ち出した第一書記はだれか。

⓰ 第20回党大会における⓯の演説で、その一連の非難内容を何と呼ぶか。

⓱ ⓯が表明した社会主義国と資本主義国は同時に存在でき、互いに理解し合えるとした考え方を何というか。

⓲ ソ連の政治上の方針転換と、ソ連社会の解放感を何と表現したか。

⓳ 1956年にソ連と日本が国交を回復するに至った両国の宣言は何か。

⓴ 1961年に東独政府が、西ベルリンを囲むように築いた東西対立の象徴となった構造物は何か。

[地図問題] 冷戦時代の軍事同盟Ａ〜Ｈの名称を記号で答えよ。

ア．ワルシャワ条約機構　　イ．東南アジア条約機構　　ウ．中央条約機構

エ．太平洋安全保障条約　　オ．米州機構　　カ．日米安全保障条約

キ．北大西洋条約機構　　ク．中ソ友好同盟相互援助条約

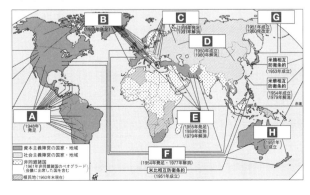

❶
❷
❸
❹
❺
❻
❼
❽
❾
❿
⓫
⓬
⓭
⓮
⓯
⓰
⓱
⓲
⓳
⓴

[地図問題]

Ａ　　Ｂ　　Ｃ

Ｄ　　Ｅ　　Ｆ

Ｇ　　Ｈ

アジア・アフリカ諸国の非同盟運動

1950年代以降、アジア・アフリカの新興諸国は第三勢力として連携することで、国際社会における存在感を強めた。

55年、インドネシアのバンドンで、29カ国代表が参加して❶□□□□＝□□□□□会議（バンドン会議）の開催が実現し、平和共存・反植民地主義などを表明した。61年にはユーゴスラヴィアのベオグラードで25カ国が参加する第1回❷□□□□□□□□□会議が開催された。この非同盟運動の一翼を担ったエジプトでは、52年、❸□□□□□らが❹□□□□□□□□□□をおこして王政を打倒し、翌年共和国を樹立した。新政権は近代化推進のためにアスワン＝ハイダムの建設に着手した。しかし、❸は資金援助をめぐって英・米と対立し、英・仏が経営権をもつ❺□□□□□□の国有化を宣言した。英・仏はイスラエルを誘ってエジプトに軍事行動をおこし、❻□□□戦争（□□□□戦争）が勃発した。しかし、国際世論の強い反発を受け、3国は撤兵をよぎなくされた。❻戦争の帰結や、インドシナ戦争におけるフランスの敗北は、植民地支配体制の終わりを示した。

アフリカ諸国の独立と南北問題

アフリカでは、1956年にモロッコ・チュニジアが独立し、翌57年は❼□□□□□（□□□□□□）の率いるガーナが、最初の自力独立の黒人共和国となった。さらに、60年には一挙に17の新興独立国が生まれ、この年は「❽□□□□□」と呼ばれた。アルジェリアでは、62年になって民族解放戦線（FLN）が仏からの独立を勝ちとった。63年、アフリカ諸国首脳会議は、❾□□□□□□□□□□（OAU）を結成し、諸国の連帯と植民地主義の克服をめざした。しかし、ベルギーが独立後も干渉してきたことでコンゴ動乱がおきたり、南アフリカでは、アパルトヘイトといわれる極端な人種隔離・黒人差別政策がおこなわれた。

新興独立国の政治・経済は不安定であった。豊かな先進国と、アジア・アフリカの開発途上国との経済格差は、❿□□□□□□と呼ばれるようになった。64年には開発途上国が国連貿易開発会議（UNCTAD）を結成し、南北の経済格差の是正をめざしたが、十分な成果はあがらなかった。

ラテンアメリカ諸国の動向とキューバ革命

ラテンアメリカ諸国は、第二次世界大戦後もアメリカの強い影響下におかれていた。しかし、アルゼンチンでは、ペロン政権が反米的な民族主義を掲げて社会改革をおこなうなど、アメリカに反発する動きもみられた。

キューバでは、親米のバティスタ独裁政権のもとで、アメリカ系企業が広大な土地を所有し、大多数の農民は貧困と土地不足に苦しんでいた。1959年、バティスタ政権を倒したカストロらの革命政権は、アメリカ系企業からの土地の接収に踏みきった。この⓫□□□□□□は、ラテンアメリカ諸国の革命運動や民族運動に大きな影響を与えた。アメリカのアイゼンハワー政権は61年にキューバと断交し、つづくケネディ政権もカストロ政権の武力転覆を企てたが、カストロは政権を維持した。

キューバ危機と核不拡散体制の成立

アメリカとの関係が悪化したキューバは、社会主義宣言を発表しソ連に接近した。ソ連がキューバでのミサイル基地建設に着手すると、ケネディ政権は、ソ連船による機材搬入を海上封鎖によって阻止し、米ソ間の緊張が一気に高まり⓬□□□□□と呼ばれた。しかし、核戦争の可能性を前にして、両国首脳は妥協に転じ、ソ連はミサイル基地を撤去した。以後、米ソ両国は緊張緩和に転じ、直通通信回線（ホットライン）も敷設された。

⓬以降、国際社会は核兵器制限に取り組みはじめた。1963年に米・英・ソが、⓭□□□□□□条約（地下を除く核実験禁止条約）に調印した。さらに68年には、⓮□□□□□□条約（NPT）が62カ国で調印され、5大国による寡占と引きかえに、核の拡散を防止するねらいがあった。69年より、米ソ両国間で⓯□□□□□□□□□（第1次SALT）が始まった。

❶ 1955年、中国の周恩来、インドのネルーらが呼びかけて、インドネシアのバンドンで29カ国の代表が参加して開催された会議は何か。

❷ 1961年、ユーゴスラヴィアのベオグラードにアジア・アフリカ・ラテンアメリカなどの25カ国が参加して開催された会議とは何か。

❸ エジプトの自由主義将校団を組織し、王制打倒後は首相をへて大統領となり、アスワン＝ハイダムの建設に着手するなど、エジプトの近代化を推進した右写真の人物はだれか。

❹ 1952年に❸らが王政を倒し、翌年に共和国を樹立した事件を何というか。

❺ ❸がナイル川上流のアスワンにダムを計画し、その建設資金をめぐって英・米と対立したことで、彼がとった行動は何か。

❻ ❺に対し、英・仏がイスラエルを誘いエジプトでおこした事件は何か。

❼ 英連邦内で最初の自力独立のアフリカ黒人共和国となったガーナの右写真の指導者はだれか。

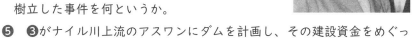

❽ 1960年、アフリカで一挙に17の新興独立国が生まれた。この年は何と呼ばれるか。

❾ アフリカ諸国の連帯と植民地主義の克服をめざし、1963年のアフリカ諸国首脳会議において、原加盟国32カ国で結成された国際組織とは何か。

❿ 豊かな先進国と、アジア・アフリカの開発途上国との経済格差を何と呼ぶか。

⓫ 1959年に、右写真のカストロ(左)とゲバラ(右)らが指導し、親米のバティスタ独裁政権を打倒し、61年に社会主義宣言を出してソ連との関係を深めていった事件は何か。

⓬ カストロが容認し、彼の国にソ連がミサイル基地建設をはかったことで米ソが直接対立し、核戦争の危機が懸念された1962年の事件とは何か。

⓭ 地下を除く大気圏内、宇宙空間及び水中における核実験を禁止した1963年の条約は何か。

⓮ 核兵器保有国を米・ソ(現ロシア)・英・仏・中の5カ国に限定し、核非保有国への核兵器譲渡や製造を禁じた1968年の条約は何か。

⓯ 米ソ間において、戦略ミサイルの数量制限を内容として交渉が進み、1972年に合意に至った話し合いを何というか。

［資料問題］ 右の風刺画は、1962年に米ソが対立した⓬の事件を表している。お互いに核兵器に座って、腕相撲をしている米ソの指導者はだれか。

❶

❷

❸

❹

❺

❻

❼

❽

❾

❿

⓫

⓬

⓭

⓮

⓯

［資料問題］

米

ソ

愧 p.257～261／愧 p.332～338

**ベトナム戦争と
インドシナ半島**

アジアやアフリカでは、米・ソによる**代理戦争**がおこった。❶□□□□□**戦争**はその代表である。ベトナム共和国（南ベトナム）のゴ＝ディン＝ジエム政権に反発した**南ベトナム解放民族戦線**は、ベトナム民主共和国（北ベトナム）と**連携**しゲリラ戦を展開した。アメリカは南ベトナムを強力に**支援**し、ジョンソン政権は1965年より**北爆**をおこなった。しかし、北ベトナムと解放戦線が、ソ連と中国の**援助**を受け戦局は**泥沼化**した。国際**世論**の批判に加え、アメリカ世論の二分もあって、68年に北爆は停止され、73年、❷□□□□（□□□）□□□**協定**が結ばれた。**サイゴン**（現ホーチミン）が陥落し、76年、南北を統一した❸□□□□□□□□国が成立した。カンボジアは75年に共産主義のポル＝ポトによる民主カンプチア（民主カンボジア）となり、ラオスも75年に左派の愛国戦線（パテト＝ラオ）によるラオス人民民主共和国となった。

**アメリカ合衆国とソ連の変容・
ヨーロッパでの緊張緩和**

アメリカでは、1961年に民主党の❹□□□□□□が大統領となり、ニューフロンティア政策を掲げ、黒人差別撤廃を求める❺□□□□□運動に理解を示した。❹が暗殺され、つぎのジョンソン政権は64年に❺法を成立させ、「偉大な社会」を掲げ「**貧困との闘い**」を推進した。しかし、60年代末にはベトナム反戦運動やその他の抗議運動が、国内のみならず先進諸国でも、学生たちが中心となり繰り広げられた。68年に❺運動の指導者❻□□□□**牧師**が暗殺され、社会的亀裂が拡大した。つぎのニクソン大統領も**ベトナムからの撤兵**や初の**中国訪問**を実現するが、74年の**ウォーターゲート事件**で辞任し混乱は続いた。

ソ連では、ブレジネフが第一書記に就任した。68年、チェコスロヴァキアで民主化・自由化運動の「❼□□□□□□□」がおこり、共産党のドプチェクが国内の自由化を推進した。しかし、ソ連はワルシャワ条約機構軍を送り改革を**鎮圧**した。ソ連や東欧諸国では政治・経済が**停滞**していった。

60年代後半の西独で、東側との緊張緩和（**デタント**）がおこり、69年、❽□□□□□□□首相はソ連・東欧諸国との関係改善をはかる「❾□□□□□□」を始めた。72年、東独と相互に承認し、翌年両国は国連に**加盟**した。ポルトガルでは**独裁**政権が74年に崩壊し、スペインでは、75年にフランコが死亡し立憲君主制の新憲法が制定された。軍事政権下のギリシアも、75年に民主制に**復帰**した。

中ソ対立と文化大革命

1958年から**毛沢東**による急激な社会主義建設をめざす「❿□□□□」運動が始まり、農村での⓫□□□□□設立を進めた。しかし、❿は大失敗し、**チベット反乱**にからむインド軍との**衝突**や、ソ連の平和共存を**批判**した**中ソ論争**から国境紛争も発生した。毛は経済再建を進める劉少奇・鄧小平ら改革派に対抗して、66年、⓬□□□□□□□□□を呼びかけ権力奪回をめざした。また、中国は国際的孤立を避けるためアメリカに**接近**した。アメリカもベトナム戦争以降の国際社会での主導権回復をねらって、72年に⓭□□□□□が中国を**訪問**し、関係正常化に合意した。日本の田中角栄首相も訪中して国交を正常化し、78（昭和53）年に⓮□□□□□□条約が締結された。翌年、米中国交正常化も実現し、71年に中国は国連の代表権を**承認**された。毛の死亡した翌77年に⓬は終了した。この混乱後、復権した鄧小平らは、農業・工業・国防・科学技術の「⓯□□□□□□□」など改革開放路線を推進していった。

**第三世界の開発独裁と
東南・南アジアの自立化**

開発独裁は、第三世界に1960年代頃登場し、政治や社会運動を抑圧し工業化を強行した。大韓民国ではクーデタで⓰□□□□□が大統領となり、独裁体制のもとで経済成長を実現した。⓰暗殺後、80年の⓱□□□事件で軍部が民主化運動をおさえた。台湾では国民党の一党体制下に強権的政治がとられた。インドネシアでは65年に軍部の⓲□□・□□□事件でスカルノが失脚し、⓳□□□□□□が、68年に大統領となり開発独裁を進めた。

❶　アメリカが支援するベトナム共和国（南ベトナム）と、ベトナム民主共和国（北ベトナム）と連携した**南ベトナム解放民族戦線**との戦争は何か。

❷　❶戦争が終結するに至った1973年の停戦協定とは何か。

❸　1976年にベトナムの南北を統一して成立した国家名は何か。

❹　ニューフロンティア政策を掲げ、在任中はキューバ危機を回避し平和共存を進めたが、1963年に暗殺された民主党出身の米大統領はだれか。

❺　アメリカで、黒人も法的に平等であるとした権利を何と呼ぶか。

❻　ワシントン大行進をおこない、「I have a dream（私には夢がある）」で有名な演説を残し暗殺された、❺運動の指導者はだれか。

❼　1968年にチェコスロヴァキアで民主化を求める市民運動がおこり、ドプチェク共産党第一書記も自由化を推進した。この運動を何と呼ぶか。

❽　ソ連・東側諸国との関係改善の促進につとめた西ドイツ首相はだれか。

❾　❽が進めた東欧諸国との関係正常化は何と呼ばれるか。

❿　1958年からの毛沢東による急激な社会主義建設をめざす政策は何か。

⓫　❿の政策の柱とされ、中国の農村部に生産活動と行政などを一本化して創設された組織は何か。

⓬　❿に失敗した毛沢東が、**劉少奇**や**鄧小平**ら改革派を実権派と非難し失脚させ、**紅衛兵**と動員した大衆運動を利用し権力奪取をめざした、1966年以降のできごとを何と呼ぶか。

⓭　1972年、米中共同声明を発表し、中国との関係正常化に合意した際のアメリカ大統領の名前とその時の行動は何か。

⓮　田中角栄首相が発表した日中共同声明を受け、1978（昭和53）年に両国が調印した国交正常化にもとづいた条約は何か。

⓯　⓬終息後、計画経済から市場経済への転換をはかる経済改革・対外経済開放路線を推進した鄧小平を中心とした新指導部が掲げた目標は何か。

⓰　クーデタで権力を握り韓国大統領となり、日本と国交を回復し、独裁体制をしいて著しい経済成長を実現したが、1979年に暗殺されたのはだれか。

⓱　1980年、韓国の民主化運動を軍部が弾圧した事件は何か。

⓲　共産党と協力し中国とも関係を深めていたスカルノ大統領が失脚するきっかけとなった、インドネシア軍内部でおきた1965年の事件は何か。

⓳　⓲後、共産党勢力を一掃して1968年に大統領となった軍人はだれか。

［チャレンジ問題］　**Ａ**　右の写真は日本の米軍基地からベトナムへ出撃する米軍機である。1972年、日本に復帰しながらも基地は残り、今なお反対運動が続いているその場所とはどこか。

Ｂ　マレーシア・シンガポール・インドネシア・フィリピン・タイの5カ国が、地域協力と北ベトナムなどの社会主義勢力に対抗して1967年に結成した組織は何か。

❶
❷
❸
❹
❺
❻
❼
❽
❾
❿
⓫
⓬
⓭
⓮
⓯
⓰
⓱
⓲
⓳

［チャレンジ問題］

Ａ

Ｂ

72 産業構造の変容

⊕ p.262〜265／⊕ p.339〜343

福祉国家と公害　1960年代以降、西側先進諸国では、国家が国民の生活の安定に配慮する❶□□□□□□的な政策が主流となり、無償または低額での教育・医療・福祉サービスを実現し、公共事業を拡充して雇用の安定がはかられた。社会保障費の増大は、経済成長によって支えられたが、多くの犠牲者が出た❷□□□という社会問題を生んだ。森林伐採や海洋の埋め立てなどの自然破壊も進行した。72年には環境を主題とする❸□□□□□□□□会議が開催された。

ドル＝ショックとオイル＝ショック　アメリカは、ベトナム戦争や社会保障費の増加によって財政が悪化した。また、1971年には貿易収支も赤字に転換したため、ニクソン大統領はドルと金の交換停止を発表し、世界に❹□□□＝□□□□□と呼ばれる衝撃を与えた。ブレトン＝ウッズ体制は終わりを迎え、73年から主要国は変動相場制に移行した。世界経済は米・西欧・日本の三極構造に向かいはじめた。ついで、❺□□□□＝□□□□（□□□□□）が世界経済にさらなる衝撃をもたらした。73年、❻□□□□□戦争がおこると、石油輸出国機構（OPEC）は原油価格を引き上げ、アラブ石油輸出国機構（OAPEC）もイスラエル支援国に対する原油輸出を禁止した。これにより西側諸国では急激な物価高となった。第1次❺である。❹と❺は世界的な不況を引きおこした。75年、世界経済の主要問題を討議するため、❼□□□□□□□会議（□□□□□）の開催が始まった。

量から質へ　❺後、西側先進諸国では、産業構造の転換が始まり、コンピュータやエレクトロニクスなどのハイテクノロジー産業が本格的に形成され、省エネルギー化も追求された。ソ連では転換は進まず、むしろ環境汚染が拡大していた。1970年代末から80年代にかけて、イギリスの❽□□□□□□、アメリカの❾□□□□□、西独のコール、日本の中曽根政権は、国家による経済への介入を抑えて、市場経済を最優先する新自由主義的な政策を推進し、国営企業の民営化や規制緩和を進めた。ラテンアメリカ諸国では、開発独裁への批判が強まり、80年代にアルゼンチン、ブラジル、チリでは軍事政権から民政への移行が進んだ。他方、60年代後半にアメリカで始まった女性解放運動により女性の社会進出が進み、日本では85（昭和60）年に男女雇用機会均等法が成立した。

中東の変容　1967年、イスラエルが❿□□□□□□□戦争に勝利して占領地を拡大した。アラブ民族主義が衰退をみせるなか、69年、パレスチナ解放機構（PLO）の議長に就任したアラファトは、パレスチナ人の解放運動を展開した。73年の❻戦争でアラブ諸国は石油戦略により国際的な発言力を高めた。イスラエルが占領地を確保したため、ナセルの後継者サダトはアメリカ・イスラエルとの和解に転じ、79年に⓫□□□□□＝□□□□□□□□条約を結んだ。イランでは、アメリカの後ろ盾で近代化政策に取り組んだ国王パフレヴィー2世への反対運動が広がり、79年、国王は亡命し、宗教学者⓬□□□□□□□を中心としてイスラームの教えにもとづくイラン＝イスラーム共和国が成立した。これが⓭□□□＝□□□□□□革命である。イラン新体制が原油生産の国有化をすると、原油価格が高騰し、第2次❺がおこった。翌年、アメリカ支援のもとイラクのサダム＝フセインがイランを攻撃し、88年まで続く⓮□□□＝□□□□戦争が始まった。

開発途上国の工業化　開発途上国では、低賃金によるコスト削減の利点を掲げて外国企業を誘致し、安価な工業製品を先進国に輸出する路線が広まった。その結果、韓国・台湾・香港・シンガポール・ブラジル・メキシコなどで始まった⓯□□□□□□□□（NIES）への動きが、タイ・マレーシア・中国・ベトナムなどに広がり、1970〜80年代には、高い経済成長率を実現した。他方、80年代にアメリカ・西欧・日本のあいだで先端技術開発競争が発生し、自動車やコンピュータなどの部門で⓰□□□□□が激化した。

❶ 1960年代以降、西側先進国では、社会保障制度を整備し国民の生活の安定に配慮した政策をとるようになった。この国家を何と呼ぶか。

❷ 人間の生産活動が活発になり消費生活が高度化するなかで生じた、深刻な健康被害や環境悪化をもたらす社会問題を何というか。

❸ 「かけがえのない地球」をスローガンにして、1972年にストックホルムで開催された環境をテーマにした最初の国際会議は何か。

❹ 1971年にニクソン大統領が発表した、ドルと金の交換の停止の発表以後の、急激なドルの価値の下落や世界経済に走った衝撃を何と呼ぶか。

❺ 1970年代にアラブの産油国が、石油生産の削減や輸出制限をしたり、原油価格の引き上げなどの措置により生じた世界的な経済混乱は何か。

❻ 石油輸出国機構が原油価格を引き上げ、アラブ石油輸出国機構も親イスラエル国に対し原油輸出を禁止した、1973年の戦争は何か。

❼ 世界経済の主要問題などを討議するため、1975年から毎年開催されている主要国による会議は何か。

❽ イギリス初の女性首相で、❶をあらため国営企業の民営化など「小さな国家」づくりを進め、自由競争重視の経済再建につとめたのはだれか。

❾ 行政改革をおこない、自由競争を奨励し、❶的政策を縮小した一方で、ソ連との対決姿勢を強め軍備拡大をしたアメリカ大統領はだれか。

❿ 1967年にイスラエルが、エジプト・シリア・ヨルダンを先制攻撃し、多数のパレスチナ難民が発生することとなった戦争は何か。

⓫ エジプトのサダト大統領とイスラエルのベギン首相をカーター米大統領がキャンプ＝デーヴィッドにまねいた会談で結ばれた1979年の条約は何か。

⓬ 1979年の革命で、イラン＝シーア派の最高指導者となったのはだれか。

⓭ 国王パフレヴィー２世の親米、独裁政治に対して、反王政の運動が広がり、国王が亡命するに至った1979年の革命は何か。

⓮ ⓭革命に乗じて、イラクのサダム＝フセイン大統領が1980年にイランへ侵攻して始まった戦争は何か。

⓯ 発展途上国のなかで1970年代以降、急速な工業化に成功し、高い経済成長率を実現した国や地域のことを何と呼ぶか。

⓰ 自由貿易による国際間での貿易競争から発生した経済対立を何と呼ぶか。

[地図問題] ❿戦争でイスラエルが占領し、その後1979年の⓫条約でエジプトへの返還が決まり、82年にイスラエル軍がこの地より撤退した地図中Aの半島名を答えよ。

0　100km
ベイルート
レバノン
ダマスクス
シリア
地中海
イスラエル
ゴラン高原
スエズ運河
テルアヴィヴ
ヨルダン川
アンマン
イェリコ
ガザ
死海
ポートサイド
イェルサレム
ヨルダン
スエズ
エジプト
アカバ
A
スエズ湾
アカバ湾
サウジアラビア
紅海

■ 1967年6月までのイスラエルの領土
▨ ❿戦争での占領地
（1982年4月、エジプトにAを返還）

❶ ....
❷ ....
❸ ....
❹ ....
❺ ....
❻ ....
❼ ....
❽ ....
❾ ....
❿ ....
⓫ ....
⓬ ....
⓭ ....
⓮ ....
⓯ ....
⓰ ....

[地図問題]

A

73 冷戦の終結

デタントの終わりと「新冷戦」

1970年代、デタントの一方で、原油高騰で好調なソ連は、アフリカの新興国を支援していた。アメリカでは民主党の❶[____]大統領が、79年にエジプトとイスラエルの仲介をしたが、ソ連のアフリカ諸国介入や、イラン=イスラーム共和国の成立でデタントへの批判が高まった。79年末にソ連が社会主義政権支援を理由にアフガニスタンへ軍事侵攻すると、ソ連に抵抗するイスラーム武装勢力をパキスタンとともに支援した。共和党の❷[____]は「強いアメリカ」を訴え、81年大統領になると強硬な対ソ外交を追求した。宇宙空間での戦略防衛構想や、西欧への中距離核兵器の配備計画を推進し、83年グレナダの社会主義政権に軍事介入した。米ソ関係は再び緊張し、70年代末から80年代前半までを「❸[____]」とも呼ぶ。

ペレストロイカから東欧革命へ

1980年代前半のソ連の技術革新は進まず、工業成長率も低迷した。82年のブレジネフの死去後は短命政権が続き、社会には閉塞感が広まった。ゴルバチョフが指導者となった85年は原油価格が急落し、原油輸出に頼れなくなった。ゴルバチョフが提唱した情報公開（❹[____]）や国内の改革（❺[____]）は、翌86年の❻[____]の事故を契機に本格化した。90年には憲法を改正して大統領制を導入し、初代大統領に就任し、「新思考外交」をとなえて、アメリカに対話を呼びかけた。軍縮による財政赤字削減を期待する❷も対話を重視し、87年に❼[____]（[____]）の[____]に合意し緊張緩和が進んだ。89年にソ連軍は❽[____]から[____]した。

ゴルバチョフが、88年に東欧諸国への内政不干渉を表明すると、ポーランドでは、89年の選挙で、❾[____]を指導者とする自主管理労組「連帯」が圧勝し連立政権を発足させた。ハンガリー・チェコスロヴァキア・ブルガリアも複数政党制に移り、共産党単独政権は倒れ、東独では、❿[____]が開放された。ルーマニアの独裁体制も崩壊し、**東欧社会主義圏は消滅**した。

中国の動向と民主化の広がり

1970年代後半より鄧小平を中心とする新指導部が、人民公社の解体、外国資本導入による開放経済など一連の経済改革（社会主義市場経済化）を進めた。しかし、民主化は認められておらず、89年に北京に学生や知識人たちが集まり民主化を要求した。政府はこれを武力でおさえた。この⓫[____]事件で中国は、国際的にきびしい批判を受けた。

⓬[____]では87年に大統領の直接選挙制が導入され、民主化支持を表明した軍出身の盧泰愚が選出された。90年にソ連との国交が樹立し、翌年北朝鮮とともに国連に加盟した。⓭[____]でも87年の戒厳令解除後、李登輝のもとで民主化が進んだ。第二次世界大戦後、南アフリカは黒人へのアパルトヘイト政策で、⓮[____]会議の抵抗や国連の経済制裁を受けてきたが、91年に白人のデクラーク政権が差別法を全廃し、94年の選挙で⓮会議の⓯[____]が大統領に当選した。

ソ連の崩壊

1989年、ゴルバチョフとブッシュ米大統領はマルタ会談において、⓰[____]の[____]を宣言した。その翌年には統一ドイツが誕生し、91年は、米ソ間で第1次戦略兵器削減条約（START I）が成立し、コメコンとワルシャワ条約機構も解消された。他方、90年にイラクのサダム=フセインが隣国クウェートに侵攻した。米・ソは非難し米軍中心の多国籍軍が派遣され⓱[____]戦争となった。イラクは敗れて撤退した。混乱するソ連では、バルト3国などの独立運動が始まり、ロシア共和国では、⓲[____]が社会主義放棄を訴え市民の支持を集めた。ゴルバチョフは⓳[____]への[____]を進めたが、流通は混乱し物不足が深刻化した。91年8月の共産党保守派のクーデタが失敗した後、各共和国が連邦離脱を宣言し、⓴[____]も解散した。12月、⓲がウクライナ・ベラルーシと独立国家共同体（CIS）を結成しソ連は消滅した。

❶ 中東情勢安定への仲介を試みたが、イラン＝イスラーム革命やソ連の**アフガニスタン侵攻**への対応で支持を失ったアメリカ大統領はだれか。

❷ 「強いアメリカ」を訴え軍備拡大をおこなったが、財政・貿易の「双子の赤字」に悩まされたアメリカ大統領はだれか。

❸ 1970年代末から80年代前半に再燃した米ソ間の対立状態を何と呼ぶか。

❹ ソ連政府のイデオロギーにもとづく秘密主義を廃止し、大胆な情報公開を進める**ゴルバチョフ**の打ち出した方針を何と呼ぶか。

❺ ソ連社会全般にわたるゴルバチョフの大規模な改革を何と呼ぶか。

❻ 1986年にソ連のウクライナでおきた、被災者（ひさいしゃ）が数百万人、被害は周辺諸国にもおよんだ大事故は何か。

❼ 軍拡による負担を逃れたいソ連のゴルバチョフと、軍縮による財政赤字の削減をめざすアメリカ大統領❷が、1987年に調印した内容は何か。

❽ 米ソ間の緊張緩和が進むなかで、1989年にソ連が実行した軍縮は何か。

❾ ポーランドにおいて、1980年から**自主管理労組「連帯」**を指導し、90年の選挙で大統領に選出された指導者はだれか。

❿ 独裁を続けてきた東独のホネカー書記長が失脚（しっきゃく）したことで、東西ドイツの統一への動きが一気に加速した1989年11月のできごとは何か。

⓫ 1989年、中国の北京で、**鄧小平**を中心とする新指導部に対し民主化要求をおこなった学生や知識人たちを、政府が武力でおさえた事件は何か。

⓬ 1987年に大統領の直接選挙制が導入され、90年12月にはソ連との国交が樹立し、翌年に隣国とともに国際連合に加盟した国はどこか。

⓭ 1987年の戒厳令解除後、李登輝により民主化が推進されたのはどこか。

⓮ 1912年、非暴力主義にもとづいた人種差別撤廃運動を推進するため南アフリカで創設された組織は何か。

⓯ ⓮の組織で反**アパルトヘイト**運動を指導して差別の撤廃に努力し、写真左のデクラーク政権が差別法を全廃した後、1994年に南アフリカ大統領となった写真の右の人物はだれか。

⓰ 1989年12月、ゴルバチョフが、アメリカの**ブッシュ**大統領と地中海の**マルタ島沖で会談**し発表した内容は何か。

⓱ 1990年8月にイラクのサダム＝フセインが隣国クウェートを侵攻したことに対し、91年にアメリカ軍を中心とする多国籍軍が派遣され、イラクが敗れ撤退した戦争は何か。

⓲ ロシア共和国で社会主義放棄を訴えて市民の支持を集め、1991年の保守派のクーデタ打倒後にロシア連邦初代大統領になったのはだれか。

⓳ ゴルバチョフがソ連経済の停滞を改善するために実施した経済政策は何か。

⓴ 1991年、ゴルバチョフが書記長辞任時に組織へ勧告（かんこく）した内容は何か。

❶
❷
❸
❹
❺
❻
❼
❽
❾
❿
⓫
⓬
⓭
⓮
⓯
⓰
⓱
⓲
⓳
⓴

旧社会主義圏の民族紛争

冷戦終結後、旧社会主義圏では、❶[＿＿＿＿＿＿＿]が表面化した。旧ソ連では、ロシアに対して**チェチェン**で独立運動がおこり、チェコスロヴァキアは1993年にチェコとスロヴァキアへ平和裏に分離した。**ユーゴスラヴィア**では、ティトーの死後、91年にクロアティアとスロヴェニアが独立に際してセルビアと衝突した。翌年、ボスニア＝ヘルツェゴヴィナも内戦に突入した。**コソヴォ**地方の分離をセルビアが弾圧すると、NATO軍はセルビアを空爆した。

東アジアの動向

中国に返還された香港とマカオでは、特別行政区として一国二制度が採用された。チベット自治区や新疆ウイグル自治区では、漢族との民族対立が激化した。

韓国の金大中大統領は、朝鮮の南北対話をめざしたが、北朝鮮の核実験で対話は中断した。初の女性大統領朴槿恵は、中国との連携を深め、つぎの文在寅政権は、再び南北対話につとめた。

北朝鮮は、独自の社会主義体制を維持した。金日成の死後、息子の**金正日**が後継者となった。深刻な食料危機が問題となった。2000年に南北両朝鮮の首脳会談が実現したが、半島の非核化は進展しておらず、日本人拉致問題も未解決である。11年、金正日死後は息子の金正恩が後継者となった。

台湾では、国民党ではない陳水扁の後、16年に蔡英文が女性初の総統となり、アメリカに接近した。

東南アジア・南アジアの経済成長と民主化

ベトナムでは、社会主義化に反対した南部の人々の難民化が国際問題となった。しかし、1986年から「❷[＿＿＿＿＿＿＿]」（刷新）政策のもとに市場開放を進め、原油生産の成功や工業化の進展で、経済状況は好転している。

❸[＿＿＿＿＿＿＿]は、89年にベトナム軍が撤退し、93年の総選挙で憲法制定議会が成立し、新憲法でシハヌークが再び国王となり、98年、ポル＝ポトの死でポル＝ポト派は壊滅し内戦は終わった。

❹[＿＿＿＿＿＿＿]は、88年の社会主義政権崩壊後、軍部が独裁政権を樹立した。2011年に民政が復活し、アウン＝サン＝スー＝チーが民主化を進めたが、21年に再び軍政となり彼女は拘束された。

❺[＿＿＿＿＿＿＿]は1998年のスハルト政権から民政移管後、2002年東ティモールが独立した。

❻[＿＿＿＿＿＿＿]は1990年代に情報産業などで急速な経済成長が実現したが、大きな所得格差や宗派対立が残った。政治では国民会議派とヒンドゥー至上主義のインド人民党が政権交替を繰り返している。

アフリカ諸国の困難と経済成長

アフリカでは、1991〜92年のソマリア内戦、94年の❼[＿＿＿＿＿＿＿]など、冷戦終結後も紛争が多発した。植民地時代の人為的な国境線による民族分断や、貧困・飢餓・資源配分をめぐる争いに起因していることが多い。また、エチオピア・アンゴラ・モザンビークでは、90年代前半に社会主義体制が終焉を迎えた。21世紀に入り経済成長が進んだ国も出現した。2016年にアフリカの人口は12億人に達し、工業化の進展で都市への人口集中が進んだ。しかし、都市インフラの整備は遅れており、穀物をはじめとする食料自給率も低い。

民族・地域紛争の動向

1987年、❽[＿＿＿＿＿＿＿]では、イスラエル軍に対する激しい抗議行動である❾[＿＿＿＿＿＿＿]がおこった。その後、93年に❿[＿＿＿＿＿＿＿]（PLO）のアラファト議長とイスラエルのラビン首相が、米大統領クリントンの仲介により❽人の暫定自治樹立で合意したが、95年のラビンの暗殺で再び対立が始まった。

⓫[＿＿＿＿＿＿＿]では、社会主義政権崩壊後の激しい内戦により、多数の難民が生まれた。イスラーム主義勢力のターリバーンが、96年に内乱を制し政権を樹立した。トルコ・シリア・イラク・イランに居住するクルド人の問題、インドとパキスタンの対立も未解決のままである。

他方⓬[＿＿＿＿＿＿＿]では北アイルランドのカトリック系住民とプロテスタント系住民の対立が、98年に収束した。⓭[＿＿＿＿＿＿＿]では、仏教徒とヒンドゥー教徒の内戦が2009年に終結した。

❶ 冷戦が終結し、ソ連が解体した後に、旧社会主義圏の**チェチェン**や旧**ユーゴスラヴィア**などで表面化した問題とは何か。

❷ 1986年からベトナムで実施された、共産党一党体制のもと社会主義体制を維持しながら市場経済を導入した「刷新政策」を何と呼ぶか。

❸ ベトナム軍撤退後、1991年のパリ和平協定にもとづいた国連要請を受け、92年に日本では、PKO協力法が成立し、これにより派遣された自衛隊が監視するなかで総選挙が実施された国はどこか。

❹ 軍部による独裁政権に対し、右写真のアウン＝サン＝スー＝チーらが民主化運動を進め、2011年に民政が復活したが、21年に軍部のクーデタで再び軍政となった国はどこか。

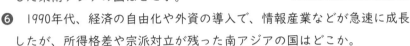

❺ 1998年にスハルト政権が倒れて、民政に移管した東南アジアの国はどこか。

❻ 1990年代、経済の自由化や外資の導入で、情報産業などが急速に成長したが、所得格差や宗派対立が残った南アジアの国はどこか。

❼ 1994年に中部アフリカの内陸でおきた紛争は何か。

❽ 冷戦終結後も、従来からの紛争が継続している地域で、地中海東岸のイスラエルの紛争が国際問題にも発展した場所はどこか。

❾ イスラエルの占領地である❽において、占領地の住民たちが組織的に展開した占領支配に抵抗する運動を何と呼ぶか。

❿ イスラエルに奪われた土地と権利回復をめざし、1964年に結成され、69年から**アラファト**が議長をつとめた組織は何か。

⓫ イスラーム主義勢力の**ターリバーン**が、内戦を制して1996年に政権を樹立した南アジアと中央アジアの狭間に位置する多民族国家はどこか。

⓬ 北アイルランドにおけるカトリック系住民とプロテスタント系住民の対立が1998年に収束したヨーロッパの国はどこか。

⓭ 仏教徒中心の多数派とヒンドゥー教徒中心の少数派の内戦が2009年に終結した南アジアの国はどこか。

[資料問題] **A** 2000年6月におこなわれた南北首脳会談の右の写真を見て、平壌を訪れた韓国大統領（左）と対応した北朝鮮国防委員長（右）の名前を答えよ。

B ノルウェーとアメリカの仲介でイスラエルと❿が相互に認め合う合意が1993年に成立した。左の写真を見てイスラエル首相（左）、米大統領（中央）、❿議長（右）の名前を答えよ。

---

❶

❷

❸

❹

❺

❻

❼

❽

❾

❿

⓫

⓬

⓭

[資料問題]
Ａ韓国大統領（左）

北朝鮮国防委員長（右）

Ｂイスラエル首相（左）

米大統領（中央）

❿（PLO）議長（右）

75 今日の世界 Ⅱ

⊕ p.273〜276／⊕ p.353〜357

通商の自由化と地域統合の進展　第二次世界大戦後に貿易の自由化を促進してきた GATT にかわって❶□□□□□□□□（□□□□□）が1995年に発足した。サービス貿易、知的所有権なども監視対象とし、より強い権限で貿易紛争の調停にもあたっている。

EC 諸国は、87年発効の単一欧州議定書で、ヒトの移動や金融取引を域内自由化とした。93年、通貨統合などを定めた❷□□□□□□□□条約が発効し、❸□□□□□□□□（□□□）が発足、2002年にはヨーロッパ共通通貨ユーロの全面的な使用が開始された。その後、❸加盟国は東欧にも拡大し、北大西洋条約機構(NATO)にも99年以降、東欧諸国の加盟が続いた。一方、アメリカはカナダとのあいだで88年に自由貿易協定を締結し、94年にはメキシコも加えて、❹□□□□□□（□□□□□□□□□□）を発足させた。アジア太平洋地域でも89年に❺□□□□□会議（□□□□□）が開かれ、2018年には環太平洋パートナーシップに関する包括的及び先進的な協定(CPTPP)が発効した。アフリカでは、アフリカ統一機構(OAU)が協力の強化をめざし、02年に❻□□□□□□（□□□）を結成した。冷戦終結後の世界経済は、多元的な構造に変化しはじめた。新興国の経済成長を受けて、参加国を拡大したG20の会合も設定された。

冷戦終結後の世界で進展した❼□□□□□□□□□□□□□は、情報の国際的な交流を活性化させ、貿易や金融面などでも世界的規模で自由な流通を促進させた。他方、土地や原料、株式投資などで投機的な動きも発生し、1997年には東アジア・東南アジアの国々で❽□□□□□□□がおこり、2008年には世界各地で深刻な国際金融危機が発生した。

同時多発テロと対テロ戦争　湾岸戦争後も米軍がペルシア湾岸地域に駐留し、イスラーム急進派内では反米感情が高まっていった。2001年9月11日、米旅客機が乗っとられてビルに突入する、❾□□□□□□□事件がおこった。ブッシュ(子)大統領は、アフガニスタンのターリバーン政権の保護下のイスラーム急進派組織アル＝カーイダの指導者を実行者と定め、アフガニスタンに軍事行動をおこした。**対テロ戦争**である。アメリカはさらに03年3月、フセイン政権が中東地域の脅威になっているとして、イギリスとともにイラクに❿□□□□戦争をしかけ政権を倒した。10年末からは、チュニジア・リビア・エジプトで⓫「□□□□□□」と呼ばれる民主化運動がおこり独裁政権を倒した。また、シリアで発生した内戦は、多数の難民を生んだ。

多極化と国際協力　対テロ戦争の頃まで、⓬□□□□□□□□□は唯一の超大国として国際社会を主導したが、財政の悪化とともに⓬の力も後退し世界は多極化に向かった。⓬初の非白人系として選出された民主党のオバマ大統領は、経済再建につとめたが深刻な社会格差は残り、❼にともなう企業の海外移転で雇用回復も進まなかった。つぎの共和党のトランプ大統領は、国内産業の保護や移民の規制を掲げ、反❼姿勢を示した。⓭□□□□は2010年に GDP で、世界第2位の経済大国となった。12年に総書記に就任した習近平は、一帯一路の広域経済圏構想を示し国際社会に存在感を強めているが、近隣諸国との摩擦を生んだ。⓮□□□□□は民営化や地方分権化が進行していたが、⓯□□□□□□大統領は、中央集権的な行政を確立した。14年にクリミア半島に、22年にはウクライナに侵攻し国際的非難を浴びた。❸は、西欧と東欧・南欧の経済格差が目立ち、西欧諸国では大勢の難民が到来し、移民排斥など排外主義的主張で世論の支持を集める⓰□□□□□が伸長した。20年、英は国民投票で❸から離脱した。

多極化の時代、諸国家の利害調整、紛争の平和的解決のために、今後は国連のほか⓱□□□□□□（NGO）の活動や各自治体の関与も重要であり、国際的な協力体制構築が急務である。

❶ GATT より強い権限をもち、貿易紛争の調停をめざして、1995年に
GATT にかわって発足した機関は何か。

❷ オランダで開催された EC の首脳会議で採択され、通貨統合をはじめ
外交・安全保障面でも統合をめざして、1993年に発効した条約は何か。

❸ ❷により設立されたヨーロッパの政治や経済における地域統合組織を
何と呼ぶか。

❹ 相互の関税を全廃することに合意したアメリカとカナダとメキシコの
三国間で94年に発効した協定は何か。

❺ 1989年にアジア・太平洋地域の経済発展を目的に創設され、現在21の
国と地域が参加する協力体制は何か。

❻ アフリカ統一機構（OAU）にかわり、2002年に53の加盟国が協力強化
をめざして結成した組織は何か。

❼ 技術の革新によって従来の国や地域といった枠をこえ、政治・経済・
文化などが世界的・地球的規模で拡大していく状況を何と呼ぶか。

❽ 1997年に東アジア・東南アジアの国々でおきた通貨の下落による経済
混乱を何と呼ぶか。

❾ 右は、2001年9月11日に乗っとられた米旅客機
がニューヨークの世界貿易センタービルに突入し
た事件の写真である。この事件を何と呼ぶか。

❿ 2003年3月、フセイン政権が大量破壊兵器を保
有し中東地域の脅威であるとして、アメリカとイ
ギリスがイラクを攻撃した戦争は何か。

⓫ 2010年末に始まった中東・北アフリカ地域の民主化運動を何と呼ぶか。

⓬ ソ連の崩壊から**対テロ戦争**の頃まで、世界で唯一の超大国として国際
社会を主導してきた国はどこか。

⓭ 一帯一路としてアジア・ヨーロッパ・アフリカを結ぶ経済圏構想を実
行し国際社会で存在感を強めたが、一方的な領海設定や資源開発などで
近隣諸国と摩擦を生んでいる GDP 世界経済第2位の国はどこか。

⓮ 2000年代になって原油価格が上昇し好景気となったが、天然資源依存
の経済構造は脆弱（ぜいじゃく）と指摘される国はどこか。

⓯ 中央集権的な行政を確立し、クリミア半島のみならず、2022年にウク
ライナ全土に侵攻し、国際的非難（ひなん）を受けた⓮の大統領はだれか。

⓰ 右写真のドイツの極右（きょくう）デモのように、所得や社会的地位の高い人々
（エリート）に対する、低所得層の不満を
あおるなど、社会格差を背景にして展開
される政治手法は何と呼ばれるか。

⓱ 民間の立場から、貧困や紛争、環境問
題などの国際的な課題の解決をめざして
活動する非営利団体のことを何と呼ぶか。

76 現代文明の諸相

㊫ p.277〜278／㊧ p.358〜363

科学技術の進歩と環境問題

20世紀には、科学技術の革新により生活水準が向上したが、環境破壊などの新たな問題も生み出した。

20世紀初めに、❶□□□□□□□□の**相対性理論**などによって、時間と空間の認識が大きく変わった。また、物質の構造を解明する**量子力学**の急成長は、原子爆弾の開発に結びついた。原子力は第二次世界大戦後には平和利用に転用し❷□□□□□がおこなわれたが、事故が発生し❷のリスクが浮き彫りになった。また、第二次世界大戦中には、化学繊維や人工素材を生産する石油化学も発達した。

1946年にアメリカで開発された**コンピュータ**は、90年代に入ると、パーソナル＝コンピュータとして一般家庭にも普及するようになった。同時に**インターネット**が広く利用されはじめ、携帯電話の普及も加わり、❸□□□□(□□)□□が急速に進んだ。2010年代には❹□□□□(□□)**開発**が大きく進展し、人間の知的活動の可能性をおし広げることが期待されている。医学や生物学の分野では、1929年の**ペニシリン**発見によって抗生物質の製造が可能となった。53年には遺伝子の基本となるDNAの構造が解明され、**分子生物学**が急速に発達し、人間の遺伝子配列の解読をめざす**ヒトゲノム計画**が始まり、2003年に解読が完成した。1990年代末には**クローン技術**が現実化し、難病治療に新たな展望を開いたが、生命倫理の問題をめぐる議論も呼びおこした。

科学技術と医療の発達は人口の急増にもつながり、20世紀初めに約16億人だった世界の人口は、2019年に77億人をこえた。また、環境問題では、気温や海水面の上昇の問題が指摘されるようになった。下の写真の氷河の後退は、問題の深刻さをあらわしている。1980年代にこの❺□□□□化の危険性が指摘されるようになり、**二酸化炭素**をはじめとする**温室効果ガス**削減のための国際的枠組みが模索され、97年に**京都議定書**が、2015年には**パリ協定**が採択された。環境問題は一国規模で対応できるものではなく、国際的な協力体制の構築が急務である。

◀アメリカ、アラスカ州のミューア氷河　氷河の末端は63年間で約12km後退した。

現代思想・文化の動向

理性と進歩を重んじる近代合理主義の考え方は、ヨーロッパで強い影響をもちつづけた。他方で、個人のあり方や個人と社会の関係を、新たな視点から追求する動きもあらわれた。**ニーチェ**は宗教を否定し人間の存在自体に価値を見出し、**デューイ**は実践を重んじる**プラグマティズム**を提唱した。**マルクス**は、経済を中心に社会を分析し、**ヴェーバー**は宗教などの諸理念が社会で果たす役割を強調した。**フロイト**は潜在意識を探究し、精神分析学を確立した。

第二次世界大戦後、アメリカ・西欧とソ連は対立したが、両者は近代合理主義という共通の土壌のうえに立っていた。1990年代になると近代合理主義の再検討が始まったが、これまで重んじてきた理性や進歩、自由や人権といった概念を、いかに継承していくかが重要な問いとなっている。さらに、男女平等をめざすフェミニズムが広がり、人種や民族の違いをこえた「**多文化共生**」をめざす新しい生活スタイルの創造も求められている。

❶ 右写真の、時間と空間の認識を大きく変えた**相対性理論**を発表した物理学者はだれか。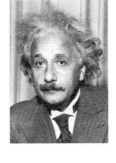

❷ 炉内でウラン燃料が核分裂をおこし、その熱で水を蒸気に変え、タービンを回し発電する仕組みは何か。

❸ **コンピュータやインターネット**などの情報技術の爆発的な普及によって引きおこされた社会の急激な変化を何と呼ぶか。

❹ 人が実現する様々な知覚や知性を人工的に再現し、人間の知的活動の可能性をおし広げることが期待される技術の開発とは何か。

❺ 人間の諸活動により、**二酸化炭素**などの**温室効果ガス**が大気中に大量に放出され、地球全体の平均気温が上昇しておきている環境問題は何か。

【 実力問題 】　現代の思想について述べたつぎの文章が示す思想家はだれか。

Ⓐ 宗教を否定して、人間の存在それ自体に価値を見出した。

Ⓑ 宗教などの諸理念が社会で独自の役割を果たしていることを強調した。

Ⓒ 観念よりも実践を重んじるプラグマティズムを提唱した。

Ⓓ 潜在意識に探究の領域を広げ、精神分析学を確立した。

❶

❷

❸

❹

❺

【 実力問題 】

Ⓐ

Ⓑ

Ⓒ

Ⓓ

写真出典

p.7下	画像提供：古代オリエント博物館／DNPartcom　撮影：野村淳
p.27上	PPS通信社
p.67	宮城県図書館
p.115	CPCphoto
p.145	毎日新聞社
p.149	AFP＝時事
p.153上	AP／アフロ
p.154	National Snow and Ice Data Center
上記以外	ユニフォトプレス

世界史探究

高校世界史基本用語問題集 ツインズ・マスター

2023年2月　初版発行

編　者	伊東　利浩
発行者	野澤　武史
印刷所	明和印刷株式会社
製本所	有限会社 穴口製本所
発行所	株式会社 山川出版社

〒101-0047　東京都千代田区内神田1-13-13
電話　03-3293-8131（営業）　03-3293-8134（編集）
https://www.yamakawa.co.jp/

| 装　幀 | 阿部　亮爾（バナナグローブスタジオ） |

ISBN978-4-634-04132-5　　　　　　　　　　　　　NMIZ0102

本書の全部または一部を無断で複写複製（コピー）・転載することは，
著作権法上での例外を除き，禁じられています。

●造本には十分注意しておりますが，万一，落丁・乱丁などございましたら，
　営業部宛にお送りください。送料小社負担にてお取り替えいたします。
●定価はカバーに表示してあります。

チェック欄

年　　　組　　　番

名前

世界史探究

高校世界史基本用語問題集

ツインズ・マスター

解　答

山川出版社

▶第1章　文明の成立と古代文明の特質

1　文明の誕生 (p.6〜7)

①農耕・牧畜　②獲得経済　③生産経済　④磨製石器　⑤新石器〈時代〉　⑥灌漑農業　⑦国家　⑧文明　⑨都市　⑩金属器　⑪文字　[地図問題] ⑫マヤ〈文明〉　⑬アステカ〈文明〉　⑭インカ〈文明〉　⑮エーゲ〈文明〉　⑯エジプト〈文明〉　⑰メソポタミア〈文明〉　⑱インダス〈文明〉　⑲中国〈文明〉　[資料問題] 彩文土器

2　古代オリエント文明とその周辺 (p.8〜9)

①オリエント　②メソポタミア　③エジプト　④神権政治　⑤シュメール〈人〉　⑥アッカド〈人〉　⑦バビロン第1〈王朝〉　⑧ハンムラビ〈王〉　⑨ヒッタイト〈人〉　⑩楔形文字　⑪六十進法　⑫ファラオ　⑬ピラミッド　⑭アメンヘテプ4〈世〉　⑮死者の書　⑯アラム〈人〉　⑰アルファベット　⑱バビロン捕囚　⑲クレタ〈文明〉　⑳アッシリア　[地図問題] Ａ ティグリス川　Ｂ ユーフラテス川　Ｃ ナイル川

3　南アジアの古代文明 (p.10〜11)

①アーリヤ〈系〉　②ドラヴィダ〈系〉　③インダス〈文明〉　④モエンジョ＝ダーロ　⑤ハラッパー　⑥アーリヤ〈人〉　⑦リグ＝ヴェーダ　⑧バラモン　⑨クシャトリヤ　⑩ヴァイシャ　⑪シュードラ　⑫ヴァルナ〈制〉　⑬バラモン〈教〉　⑭ジャーティ（カースト）〈集団〉　⑮カースト〈制度〉　[地図問題] Ａ モエンジョ＝ダーロ　Ｂ ハラッパー　川の名：ガンジス川

4　中国の古代文明 (p.12〜13)

①漢字〈や〉儒教〈、〉仏教（順不同）　②仰韶〈文化〉（ヤンシャオ）　③麦　④竜山〈文化〉（ロンシャン）　⑤殷　⑥甲骨〈文字〉　⑦周　⑧封建　⑨春秋〈時代〉　⑩戦国〈時代〉　⑪戦国〈の〉七雄　⑫鉄〈器〉　⑬木簡　⑭青銅貨幣　⑮諸子百家　⑯儒家　⑰法家　⑱道家　[地図問題] Ａ 秦　Ｂ 魏　Ｃ 韓　Ｄ 趙　Ｅ 燕　Ｆ 斉　Ｇ 楚

5　南北アメリカ文明 (p.14)

①トウモロコシ　②ジャガイモ　③マヤ〈文明〉　④アステカ〈文明〉　⑤インカ〈帝国〉

▶第2章　中央ユーラシアと東アジア世界

6　中央ユーラシア (p.15)

①中央ユーラシア　②騎馬遊牧民　③遊牧国家　④草原〈の道〉　⑤スキタイ　⑥匈奴　⑦冒頓単于　⑧フン人〈の西進〉　⑨オアシスの道

7　秦・漢帝国 (p.16〜17)

①始皇帝　②郡県〈制〉　③劉邦　④呉楚七国〈の乱〉　⑤武帝　⑥張騫　⑦塩・鉄〈の〉専売　⑧新　⑨劉秀　⑩光武帝　⑪黄巾〈の乱〉　⑫豪族　⑬訓詁学　⑭紀伝体　⑮司馬遷　⑯史記　⑰紙　⑱班超　⑲仏教　[地図問題] Ａ 長安　Ｂ 洛陽　Ｃ 匈奴

1

8 北方民族の活動と中国の分裂 (p.18〜19)

①三国〈時代〉 ②晋（西晋） ③東晋 ④北魏 ⑤孝文〈帝〉 ⑥九品中正 ⑦均田〈制〉 ⑧清談 ⑨仏図澄 ⑩鳩摩羅什 ⑪法顕 ⑫道教 ⑬陶淵明（陶潜） ⑭文選 ⑮高句麗 ⑯新羅（しらぎ） ⑰邪馬台国 ⑱朝貢 【資料問題】顧愷之

9 東アジア文化圏の形成 (p.20〜21)

①突厥 ②ウイグル ③ソグド〈人〉 ④楊堅（文帝） ⑤科挙 ⑥大運河 ⑦李淵 ⑧太宗 ⑨都護府 ⑩三省・六部 ⑪玄奘 ⑫孔穎達 ⑬則天武后（武則天） ⑭玄宗 ⑮募兵〈制〉 ⑯安史〈の乱〉 ⑰両税〈法〉 ⑱黄巣〈の乱〉 ⑲朱全忠 ⑳五代十国 【地図問題】Ａ吐蕃 Ｂウイグル Ｃ渤海 Ｄ新羅

▶第3章 南アジア世界と東南アジア世界の展開

10 仏教の成立と南アジアの統一国家 Ⅰ (p.22〜23)

①ウパニシャッド〈哲学〉 ②ガウタマ＝シッダールタ ③仏〈教〉 ④ヴァルダマーナ ⑤ジャイナ〈教〉 ⑥ヒンドゥー〈教〉 ⑦マウリヤ〈朝〉 ⑧アショーカ〈王〉 ⑨仏典〈の〉結集 ⑩クシャーナ〈朝〉 ⑪カニシカ〈王〉 ⑫ローマ〈との交易〉 ⑬菩薩〈信仰〉 ⑭大乗（大乗仏教） ⑮仏像 ⑯ガンダーラ 【地図問題】Ａパータリプトラ Ｂプルシャプラ Ｃガンダーラ

11 仏教の成立と南アジアの統一国家 Ⅱ・インド古典文化とヒンドゥー教の定着 (p.24〜25)

①ドラヴィダ〈系〉 ②季節風 ③海の道 ④サータヴァーハナ〈朝〉 ⑤グプタ〈朝〉 ⑥サンスクリット〈語〉 ⑦ヒンドゥー〈教〉 ⑧マヌ法典 ⑨マハーバーラタ ⑩ラーマーヤナ ⑪ゼロ〈の概念〉 ⑫グプタ〈様式〉 ⑬ハルシャ〈王〉 ⑭ヴァルダナ〈朝〉 ⑮ラージプート 【地図問題】アジャンター

12 東南アジア世界の形成と展開 (p.26〜27)

①香辛料 ②港市国家 ③扶南 ④チャンパー ⑤カンボジア ⑥アンコール＝ワット ⑦パガン〈朝〉 ⑧上座部〈仏教〉 ⑨李〈朝〉 ⑩大越 ⑪マラッカ〈海峡〉 ⑫シュリーヴィジャヤ ⑬シャイレンドラ〈朝〉 ⑭ボロブドゥール 【地図・資料問題】Ａアンコール＝ワット 記号：㋐ Ｂボロブドゥール 記号：㋑ Ｃチャンパー Ｄシュリーヴィジャヤ

▶第4章 西アジアと地中海周辺の国家形成

13 イラン諸国家の興亡とイラン文明 (p.28〜29)

①アケメネス〈朝〉 ②ダレイオス1〈世〉 ③サトラップ ④「王の目」「王の耳」 ⑤ペルシア〈戦争〉 ⑥セレウコス〈朝〉 ⑦バクトリア ⑧パルティア ⑨ササン〈朝〉 ⑩シャープール1〈世〉 ⑪エフタル ⑫ホスロー1〈世〉 ⑬ゾロアスター〈教〉 ⑭アヴェスター ⑮マニ〈教〉 【地図問題】Ａ王の道 ⓐスサ ⓑサルデス Ｂパルティア Ｃバクトリア

14 ギリシア世界 Ⅰ (p.30〜31)

①アクロポリス ②ポリス ③アゴラ ④ヘレネス ⑤バルバロイ ⑥アテネ ⑦スパルタ ⑧重装歩兵〈部隊〉 ⑨ソロン ⑩ペイシストラトス ⑪僭主〈政治〉 ⑫クレイステネス ⑬陶片追放 ⑭ペルシア〈戦争〉 ⑮デロス〈同盟〉 ⑯ペリクレス ⑰民会 ⑱直接民主〈政〉 【地図問題】Ａアテネ

15 ギリシア世界 Ⅱ (p.32〜33)

①ペロポネソス〈戦争〉 ②アレクサンドロス〈大王〉 ③東方遠征 ④アンティゴノス〈朝〉マケドニア ⑤セレウコス〈朝〉シリア ⑥プトレマイオス〈朝〉エジプト ⑦ヘレニズム〈時代〉 ⑧オリンポス12神 ⑨ホメロス ⑩イオニア自然〈哲学〉 ⑪タレス ⑫ピタゴラス ⑬ソフォクレス ⑭ソフィスト ⑮ソクラテス ⑯プラトン ⑰アリストテレス ⑱ヘロドトス ⑲パルテノン〈神殿〉 ⑳世界市民〈主義〉（コスモポリタニズム）

16 ローマと地中海支配 Ⅰ (p.34〜35)

①コンスル ②元老院 ③護民官 ④リキニウス・セクスティウス〈法〉 ⑤ホルテンシウス〈法〉 ⑥分割統治 ⑦ポエニ〈戦争〉 ⑧属州 ⑨ラティフンディア ⑩グラックス〈兄弟〉 ⑪内乱の１世紀 ⑫カエサル ⑬オクタウィアヌス ⑭アウグストゥス ⑮元首政 ⑯ローマの平和 ⑰五賢帝 ⑱マルクス＝アウレリウス＝アントニヌス〈帝〉 ⑲軍人皇帝 ⑳コロヌス 地図問題 Aガリア Bカルタゴ Cアレクサンドリア

17 ローマと地中海支配 Ⅱ・キリスト教の成立と発展 (p.36〜37)

①ディオクレティアヌス〈帝〉 ②専制君主〈政〉 ③コンスタンティヌス〈帝〉 ④コンスタンティノープル ⑤テオドシウス〈帝〉 ⑥ラテン〈語〉 ⑦ローマ法大全 ⑧ユリウス〈暦〉 ⑨ウェルギリウス ⑩プトレマイオス ⑪イエス ⑫使徒 ⑬新約聖書 ⑭ミラノ勅令 ⑮ニケーア〈公会議〉 ⑯アタナシウス〈派〉 ⑰アリウス〈派〉 ⑱アウグスティヌス ⑲エフェソス〈公会議〉 ⑳ネストリウス〈派〉 資料問題 コロッセウム

▶第5章 イスラーム教の成立とヨーロッパ世界の形成

18 アラブの大征服とカリフ政権の成立 (p.38〜39)

①ムハンマド ②アッラー ③預言者 ④メディナ ⑤ヒジュラ ⑥ウンマ ⑦カリフ ⑧コーラン ⑨ムアーウィヤ ⑩トゥール・ポワティエ間〈の戦い〉 ⑪ハラージュ ⑫ジズヤ ⑬バグダード ⑭イスラーム法 ⑮イブン＝シーナー ⑯千夜一夜物語（アラビアン＝ナイト） ⑰アラベスク ⑱後ウマイヤ〈朝〉 ⑲ファーティマ〈朝〉 ⑳ブワイフ〈朝〉 地図問題 Aアッバース〈朝〉 Bファーティマ〈朝〉 C後ウマイヤ〈朝〉

19 ヨーロッパ世界の形成 Ⅰ (p.40〜41)

①ゲルマン〈人〉 ②スラヴ〈人〉 ③民会 ④フン〈人〉 ⑤西ローマ〈帝国〉 ⑥ビザンツ〈帝国〉 ⑦コンスタンティノープル ⑧ユスティニアヌス〈大帝〉 ⑨ローマ法大全 ⑩ハギア＝ソフィア〈聖堂〉 ⑪フランク〈王国〉 ⑫クローヴィス ⑬メロヴィング〈朝〉 ⑭アリウス〈派〉 ⑮アタナシウス〈派〉 ⑯カール＝マルテル ⑰トゥール・ポワティエ間〈の戦い〉 ⑱ピピン ⑲カロリング〈朝〉 地図問題 ヴァンダル人

20　ヨーロッパ世界の形成　Ⅱ (p.42〜43)

①聖像禁止〈令〉　②教皇領　③カール〈大帝〉　④カロリング＝ルネサンス　⑤レオ３〈世〉　⑥西ヨーロッパ中世〈世界〉　⑦オットー１〈世〉　⑧神聖ローマ〈帝国〉　⑨カペー〈朝〉　⑩ノルマンディー公〈国〉　⑪両シチリア王〈国〉　⑫ノルマンディー公ウィリアム　⑬ノルマン〈朝〉　⑭ノヴゴロド〈国〉　⑮キエフ公〈国〉　⑯封建的主従関係　⑰騎士　⑱荘園　⑲農奴　⑳不輸不入〈権〉　地図問題 Ａキエフ公国　Ｂノルマンディー公国　Ｃ両シチリア王国

▶第６章　イスラーム教の伝播と西アジアの動向

21　イスラーム教の諸地域への伝播 (p.44〜45)

①タラス河畔〈の戦い〉　②サーマーン〈朝〉　③カラハン〈朝〉　④トルキスタン　⑤ガズナ〈朝〉　⑥ゴール〈朝〉　⑦デリー＝スルタン〈朝〉　⑧インド＝イスラーム〈文化〉　⑨ジャンク〈船〉　⑩マラッカ〈王国〉　⑪アチェ〈王国〉　⑫マタラム〈王国〉　⑬アクスム〈王国〉　⑭スワヒリ〈語〉　⑮ガーナ〈王国〉　⑯マリ〈王国〉　⑰ソンガイ〈王国〉　⑱トンブクトゥ　地図問題 Ａアチェ王国　Ｂマタラム王国　Ｃマラッカ王国

22　西アジアの動向 (p.46〜47)

①マムルーク　②セルジューク〈朝〉　③スルタン　④ガザーリー　⑤イクター〈制〉　⑥アイユーブ〈朝〉　⑦フレグ（フラグ）　⑧イル＝ハン〈国〉（フレグ＝ウルス）　⑨ラシード＝アッディーン　⑩マムルーク〈朝〉　⑪カイロ　⑫カーリミー〈商人〉　⑬神秘主義（スーフィズム）　⑭ベルベル〈人〉　⑮ムラービト〈朝〉　⑯ムワッヒド〈朝〉　⑰イブン＝ルシュド　⑱イブン＝バットゥータ　⑲ナスル〈朝〉　⑳アルハンブラ〈宮殿〉　地図問題 Ａセルジューク朝　Ｂカイロ

▶第７章　ヨーロッパ世界の変容と展開

23　西ヨーロッパの封建社会 (p.48〜49)

①ローマ＝カトリック〈教会〉　②十分の一税　③クリュニー〈修道院〉　④グレゴリウス７〈世〉　⑤ハインリヒ４〈世〉　⑥カノッサの屈辱　⑦インノケンティウス３〈世〉　⑧三圃〈制〉　⑨ウルバヌス２〈世〉　⑩クレルモン〈宗教会議〉　⑪第１回十字軍　⑫イェルサレム王国　⑬第４回十字軍　⑭香辛料　⑮フランドル〈地方〉　⑯シャンパーニュ〈地方〉　⑰ハンザ〈同盟〉　⑱ギルド　⑲フッガー〈家〉　⑳メディチ〈家〉　地図問題 Ａフランドル地方　Ｂシャンパーニュ地方　Ｃロンバルディア地方

24　東ヨーロッパ世界 (p.50〜51)

①キエフ公〈国〉　②ウラディミル１〈世〉　③モスクワ大公〈国〉　④イヴァン３〈世〉　⑤ツァーリ　⑥セルビア〈人〉　⑦ローマ＝カトリック〈に〉改宗　⑧ポーランド〈人〉　⑨ヤゲウォ〈朝〉（ヤゲロー朝）　⑩チェック〈人〉　⑪ブルガール〈人〉　⑫マジャール〈人〉　⑬ハンガリー〈王国〉　⑭テマ〈制〉　⑮プロノイア〈制〉　⑯ギリシア〈語〉　⑰モザイク壁画　⑱ビザンツ〈様式〉　地図問題 Ａリトアニア＝ポーランド王国　Ｂハンガリー王国　Ｃ大セルビア王国　Ｄブルガリア帝国

25　西ヨーロッパ世界の変容　Ⅰ (p.52〜53)

①貨幣　②黒死病（ペスト）　③ジャックリー〈の乱〉　④ワット＝タイラー〈の乱〉　⑤ボニファティウ

ス8〈世〉　⑥フィリップ4〈世〉　⑦アヴィニョン　⑧教会大分裂(大シスマ)　⑨ウィクリフ　⑩フス　⑪コンスタンツ〈公会議〉　⑫身分制議会　⑬プランタジネット〈朝〉　⑭ジョン〈王〉　⑮大憲章(マグナ＝カルタ)　⑯フィリップ2〈世〉　⑰アルビジョワ〈派〉　⑱全国三部会　【資料問題】ジョン＝ボール

26　西ヨーロッパ世界の変容　Ⅱ (p.54〜55)
①ヴァロワ〈朝〉　②フランドル〈地方〉　③エドワード3〈世〉　④百年〈戦争〉　⑤シャルル7〈世〉　⑥ジャンヌ＝ダルク　⑦バラ〈戦争〉　⑧テューダー〈朝〉　⑨国土回復〈運動〉　⑩イサベル　⑪フェルナンド　⑫スペイン〈王国〉　⑬大空位〈時代〉　⑭カール4〈世〉　⑮金印勅書　⑯領邦　⑰東方植民　⑱教皇〈党〉　⑲皇帝〈党〉　⑳カルマル〈同盟〉　【地図問題】Ａデンマーク王国　Ｂスウェーデン王国　Ｃノルウェー王国　総称：七選帝侯

27　中世文化 (p.56〜57)
①ローマ＝カトリック〈教会〉　②修道院　③ベネディクトゥス　④大開墾〈時代〉　⑤神学　⑥ラテン〈語〉　⑦12世紀ルネサンス　⑧ロジャー＝ベーコン　⑨スコラ〈学〉　⑩トマス＝アクィナス　⑪大学　⑫ロマネスク〈様式〉　⑬ゴシック〈様式〉　⑭ステンドグラス　⑮騎士道〈物語〉　⑯吟遊詩人　【資料問題】Ａゴシック(様式)　Ｂロマネスク(様式)

▶第8章　東アジア世界の展開とモンゴル帝国
28　宋とアジア諸地域の自立化　Ⅰ (p.58〜59)
①耶律阿保機　②燕雲十六州　③高麗　④大理　⑤二重統治〈体制〉　⑥契丹〈文字〉　⑦遼　⑧西夏　⑨大越　⑩完顔阿骨打　⑪金　⑫猛安・謀克　⑬趙匡胤　⑭澶淵の盟　⑮王安石　⑯新法　⑰旧法〈党〉　⑱靖康の変　⑲南宋　【地図問題】Ａ開封　Ｂ臨安(杭州)　Ｃ燕雲十六州

29　宋とアジア諸地域の自立化　Ⅱ (p.60〜61)
①開封　②形勢戸　③行　④作　⑤市舶司　⑥江南〈の開発〉　⑦交子・会子(順不同)　⑧日宋貿易　⑨士大夫　⑩白磁〈や〉青磁(順不同)　⑪文人画　⑫蘇軾　⑬院体画　⑭宋学　⑮四書　⑯司馬光　⑰資治通鑑　⑱朱熹(朱子)　⑲木版印刷　⑳羅針盤〈や〉火薬

30　モンゴルの大帝国 (p.62〜63)
①チンギス＝カン(ハン)　②モンゴル〈帝国〉　③元　④大都　⑤海運　⑥ムスリム〈商人〉　⑦交鈔　⑧日元〈貿易〉　⑨色目人　⑩漢人　⑪南人　⑫チベット仏教　⑬元曲　⑭マルコ＝ポーロ　⑮モンテ＝コルヴィノ　⑯紅巾〈の乱〉　⑰ティムール　⑱サマルカンド　【地図問題】Ａキプチャク＝ハン国　Ｂイル＝ハン国　Ｃチャガタイ＝ハン国　Ｄ元

▶第9章　大交易・大交流の時代
31　アジア交易世界の興隆　Ⅰ (p.64〜65)
①李成桂　②紅巾〈の乱〉　③朱元璋　④洪武〈帝〉　⑤里甲〈制〉　⑥六諭　⑦衛所〈制〉　⑧永楽〈帝〉　⑨鄭和　⑩海禁〈政策〉　⑪朝貢〈貿易〉　⑫マラッカ〈王国〉　⑬訓民正音　⑭勘合〈貿易〉　⑮黎〈朝〉

⑯オイラト　⑰長城　⑱ポルトガル　⑲倭寇　⑳北虜南倭　地図問題　Aマリンディ　Bマラッカ王国

32　アジア交易世界の興隆 Ⅱ (p.66～67)
①景徳鎮　②一条鞭法　③会館・公所　④王陽明（王守仁）　⑤陽明〈学〉　⑥ザビエル　⑦マテオ＝リッチ　⑧坤輿万国全図　⑨アユタヤ〈朝〉　⑩豊臣秀吉　⑪李舜臣　⑫朱印船〈貿易〉　⑬鎖国　⑭女真　⑮ヌルハチ　⑯八旗　⑰ホンタイジ　⑱清　⑲李自成

33　ヨーロッパの海洋進出、アメリカ大陸の変容 (p.68～69)
①エンリケ　②バルトロメウ＝ディアス　③ヴァスコ＝ダ＝ガマ　④コロンブス　⑤アメリゴ＝ヴェスプッチ　⑥カブラル　⑦マゼラン　⑧コルテス　⑨ピサロ　⑩世界の一体化　⑪商業革命　⑫大西洋世界　地図問題　Aコロンブス　Bバルトロメウ＝ディアス　Cヴァスコ＝ダ＝ガマ　Dマゼラン　E喜望峰

▶第10章　アジアの諸帝国の繁栄
34　オスマン帝国とサファヴィー朝・ムガル帝国の興隆 (p.70～71)
①メフメト2〈世〉　②イェニチェリ　③スレイマン1〈世〉　④プレヴェザの海戦　⑤徴税請負〈制〉　⑥サファヴィー〈朝〉　⑦アッバース1〈世〉　⑧イスファハーン　⑨十二イマーム〈派〉　⑩バーブル　⑪アクバル　⑫人頭税（ジズヤ）　⑬シク〈教〉　⑭細密画　⑮ウルドゥー〈語〉　⑯タージ＝マハル　⑰アウラングゼーブ　⑱マラーター〈王国〉

35　清代の中国と隣接諸地域 (p.72～73)
①鄭成功　②康熙〈帝〉　③雍正〈帝〉　④乾隆〈帝〉　⑤ネルチンスク〈条約〉　⑥ジュンガル　⑦藩部　⑧理藩院　⑨両班　⑩琉球　⑪オランダ　⑫華人　⑬辮髪　⑭八旗　⑮広州　⑯地丁銀〈制〉　⑰顧炎武　⑱考証〈学〉　⑲典礼〈問題〉　⑳シノワズリ

▶第11章　近世ヨーロッパ世界の動向
36　ルネサンス (p.74～75)
①人文〈主義〉（ヒューマニズム）　②地球球体〈説〉　③コペルニクス　④地動〈説〉　⑤ルネサンス〈様式〉　⑥火器　⑦軍事〈革命〉　⑧羅針盤　⑨グーテンベルク　⑩活版印刷〈術〉　⑪ダンテ　⑫エラスムス　⑬モア　⑭シェークスピア　⑮セルバンテス　資料問題　Aレオナルド＝ダ＝ヴィンチ　Bサン＝ピエトロ大聖堂　Cミケランジェロ

37　宗教改革 (p.76～77)
①贖宥状（免罪符）　②九十五カ条〈の〉論題　③カール5〈世〉　④ドイツ農民〈戦争〉　⑤アウクスブルク〈の〉和議　⑥プロテスタント　⑦カルヴァン　⑧長老〈主義〉　⑨予定〈説〉　⑩ヘンリ8〈世〉　⑪首長〈法〉　⑫統一〈法〉　⑬カトリック改革　⑭バロック〈様式〉　⑮イグナティウス＝ロヨラ　⑯ザビエル　⑰イエズス会　地図問題　Aスコットランド王国：プレスビテリアン　Bイングランド王国：ピューリタン　Cフランス王国：ユグノー　Dネーデルラント：ゴイセン

38　主権国家体制の成立 (p.78〜79)

①イタリア〈戦争〉　②マキァヴェリ　③主権国家　④絶対王政　⑤フェリペ2〈世〉　⑥太陽の沈まぬ帝国　⑦レパント〈の海戦〉　⑧オラニエ公ウィレム　⑨エリザベス1〈世〉　⑩無敵艦隊(アルマダ)　⑪東インド〈会社〉　⑫ユグノー　⑬アンリ4〈世〉　⑭ナント〈の王令〉　⑮ベーメン(ボヘミア)　⑯三十年〈戦争〉　⑰ウェストファリア〈条約〉　【地図問題】ハプスブルク家

39　オランダ・イギリス・フランスの台頭 (p.80〜81)

①アムステルダム　②東インド〈会社〉　③王権神授〈説〉　④クロムウェル　⑤ホッブズ　⑥重商主義〈政策〉　⑦航海〈法〉　⑧王政復古　⑨ウィリアム3〈世〉・メアリ2〈世〉　⑩権利の章典　⑪名誉〈革命〉　⑫ロック　⑬社会契約〈説〉　⑭グレートブリテン〈王国〉　⑮ウォルポール　⑯議院内閣〈制〉(責任内閣制)　⑰ルイ14〈世〉　⑱コルベール　⑲ユトレヒト〈条約〉　⑳パリ〈条約〉　【地図問題】大西洋三角貿易

40　北欧・東欧の動向 (p.82〜83)

①イヴァン4〈世〉　②ロマノフ〈朝〉　③ピョートル1〈世〉(大帝)　④北方〈戦争〉　⑤ペテルブルク　⑥ネルチンスク〈条約〉　⑦エカチェリーナ2〈世〉　⑧選挙王政　⑨ポーランド分割　⑩ユンカー　⑪マリア=テレジア　⑫フリードリヒ2〈世〉(大王)　⑬オーストリア継承〈戦争〉　⑭外交〈革命〉　⑮七年〈戦争〉　⑯啓蒙〈専制主義〉　⑰ヨーゼフ2〈世〉　【地図問題】Aプロイセン　Bオーストリア　Cロシア

41　科学革命と啓蒙思想 (p.84〜85)

①ニュートン　②科学〈革命〉　③デカルト　④合理〈主義〉　⑤経験〈主義〉　⑥カント　⑦観念論〈哲学〉　⑧自然〈法〉　⑨ホッブズ　⑩グロティウス　⑪啓蒙〈思想〉　⑫アダム=スミス　⑬古典派経済〈学〉　⑭ヴォルテール　⑮モンテスキュー　⑯ルソー　⑰ディドロ・ダランベール　⑱ブルジョワ

▶第12章　産業革命と環大西洋革命

42　産業革命 (p.86〜87)

①農業革命　②三角貿易　③産業革命　④蒸気機関　⑤資本家　⑥資本主義　⑦世界の工場

【資料問題】Aジョン=ケイ　Bカートライト　C多軸(ジェニー)　D水力　Eミュール　Fスティーヴンソン

43　アメリカ合衆国の独立と発展 (p.88〜89)

①七年〈戦争〉　②重商主義〈体制〉　③印紙〈法〉　④代表なくして課税なし　⑤茶〈法〉　⑥ボストン茶会〈事件〉　⑦大陸〈会議〉　⑧ワシントン　⑨コモン=センス　⑩独立宣言　⑪武装中立同盟　⑫パリ〈条約〉　⑬合衆国憲法　⑭大統領　⑮連邦議会　⑯最高裁判所　⑰三権分立　⑱平等と自由(順不同)

44　フランス革命とナポレオンの支配 (p.90〜91)

①ルイ16〈世〉　②全国三部会　③国民議会　④バスティーユ〈牢獄〉　⑤封建的特権〈の廃止〉　⑥人権宣言　⑦国民国家　⑧立法議会　⑨ヴァレンヌ逃亡〈事件〉　⑩国民公会　⑪ロベスピエール　⑫公安

委員会　⑬恐怖〈政治〉　⑭テルミドール〈の反動〉　⑮ナポレオン法典　⑯ナポレオン I〈世〉　⑰大陸封鎖〈令〉　⑱ロシア〈遠征〉　⑲復古王政　史料問題 A自由　B平等　C所有権

45　中南米諸国の独立 (p.92〜93)

①環大西洋〈革命〉　②ハイチ　③クリオーリョ　④ブラジル　⑤アルゼンチン　⑥大コロンビア　⑦ペルー　⑧ボリビア　⑨ボリバル　⑩メキシコ　⑪モンロー宣言　地図問題 Aメキシコ　Bハイチ　Cコロンビア　Dペルー　Eボリビア　Fアルゼンチン

▶第13章　イギリスの優位と欧米国民国家の形成

46　ウィーン体制と政治・社会の変動 (p.94〜95)

①メッテルニヒ　②正統〈主義〉　③ドイツ連邦　④四国〈同盟〉　⑤ギリシア独立〈運動〉　⑥七月〈革命〉　⑦ベルギー　⑧選挙法改正　⑨チャーティスト〈運動〉　⑩オーウェン　⑪工場〈法〉　⑫サン＝シモン　⑬マルクス　⑭エンゲルス　⑮共産党宣言　⑯二月〈革命〉　⑰ナポレオン 3〈世〉　⑱三月〈革命〉　⑲諸国民の春

47　列強体制の動揺とヨーロッパの再編成 Ⅰ (p.96〜97)

①クリミア〈戦争〉　②アレクサンドル 2〈世〉　③農奴解放〈令〉　④インテリゲンツィア　⑤ヴ＝ナロード　⑥ナロードニキ　⑦万国博覧〈会〉　⑧パクス＝ブリタニカ　⑨ヴィクトリア〈女王〉　⑩保守〈党〉　⑪自由〈党〉　⑫ディズレーリ　⑬グラッドストン　⑭アイルランド　⑮メキシコ〈遠征〉　⑯ドイツ＝フランス（独仏）〈戦争〉（プロイセン＝フランス〈普仏〉戦争）　⑰パリ＝コミューン　⑱第三共和〈政〉　資料問題 ナイティンゲール

48　列強体制の動揺とヨーロッパの再編成 Ⅱ (p.98〜99)

①青年イタリア　②マッツィーニ　③ガリバルディ　④イタリア〈王国〉　⑤未回収のイタリア　⑥ビスマルク　⑦鉄血〈政策〉　⑧北ドイツ〈連邦〉　⑨オーストリア＝ハンガリー〈帝国〉　⑩ドイツ＝フランス（独仏）〈戦争〉　⑪ヴィルヘルム 1〈世〉　⑫ドイツ〈帝国〉　⑬文化闘争　⑭三帝〈同盟〉　⑮三国〈同盟〉　⑯再保障〈条約〉　⑰ロシア＝トルコ（露土）〈戦争〉　⑱サン＝ステファノ〈条約〉　⑲ベルリン〈会議〉　⑳第 I インターナショナル　地図問題 A国名：デンマーク　記号：ウ　B国名：ノルウェー　記号：ア　C国名：スウェーデン　記号：イ

49　アメリカ合衆国の発展 (p.100〜101)

①ルイジアナ　②アメリカ＝イギリス（米英）〈戦争〉　③明白なる運命　④ゴールドラッシュ　⑤アラスカ　⑥西部開拓　⑦保留地　⑧ミズーリ〈協定〉　⑨共和〈党〉　⑩民主〈党〉　⑪リンカン　⑫アメリカ連合〈国〉（南部連合）　⑬南北〈戦争〉　⑭奴隷解放宣言　⑮ゲティスバーグ〈の戦い〉　⑯奴隷制〈は廃止〉　⑰大陸横断鉄道　⑱フロンティア〈の消滅〉　⑲〈世界最大の〉工業国　⑳移民　地図問題 Aサンフランシスコ　Bカリフォルニア　Cルイジアナ　Dテキサス　Eフロリダ

50　19世紀欧米文化の展開と市民文化の繁栄 (p.102〜103)

①市民文化　②国民文化　③〈ヨーロッパ〉近代文明　④ロマン〈主義〉　⑤写実〈主義〉（リアリズム）

⑥自然〈主義〉　⑦印象〈派〉　⑧近代歴史〈学〉　⑨弁証法〈哲学〉　⑩功利〈主義〉　⑪古典派経済〈学〉
⑫進化〈論〉　⑬探検・調査　【資料問題】キュリー夫妻

▶第14章　アジア諸地域の動揺

51　西アジア地域の変容 (p.104〜105)

①ワッハーブ〈派〉　②ムハンマド゠アリー　③東方問題　④スエズ〈運河〉　⑤タンジマート　⑥オスマン〈主義〉　⑦ミドハト゠パシャ　⑧オスマン帝国憲法(ミドハト憲法)　⑨ガージャール〈朝〉　⑩バーブ教〈徒〉　【地図問題】Ａギリシア　Ｂワッハーブ王国　Ｃガージャール朝　Ｄアフガニスタン

52　南アジア・東南アジアの植民地化 (p.106〜107)

①シク〈王国〉　②シパーヒー　③インド大反乱　④東インド会社〈を〉解散　⑤インド〈帝国〉　⑥強制栽培〈制度〉　⑦海峡〈植民地〉　⑧マレー連合〈州〉　⑨コンバウン〈朝〉　⑩ビルマ〈戦争〉　⑪カトリック　⑫阮福暎　⑬阮〈朝〉　⑭清仏〈戦争〉　⑮フランス〈領〉インドシナ連邦　⑯ラタナコーシン〈朝〉(チャクリ朝)　⑰チュラロンコン(ラーマ5世)　【地図問題】Ａイギリス　Ｂフランス　Ｃスペイン　Ｄオランダ

53　東アジアの激動 (p.108〜109)

①白蓮教徒〈の乱〉　②アヘン　③林則徐　④アロー〈号〉　⑤北京〈条約〉　⑥総理各国事務衙門(総理衙門)　⑦北京〈条約〉(露清間の条約)　⑧イリ〈条約〉　⑨洪秀全　⑩太平天国　⑪曽国藩・李鴻章(順不同だが、その後の文章との関係でこの順がのぞましい)　⑫西太后　⑬同治中興　⑭洋務〈運動〉　⑮中体西用　⑯日米修好通商〈条約〉　⑰江華島〈事件〉　⑱金玉均(キムオッキュン)　⑲閔氏(ミン)　⑳甲午農民〈戦争〉(東学の乱)　㉑日清〈戦争〉

▶第15章　帝国主義とアジアの民族運動

54　第2次産業革命と帝国主義 (p.110〜111)

①石油〈と〉電気(電力)　②第2次産業革命　③帝国主義　④ディズレーリ　⑤スエズ運河会社の株〈を〉買収　⑥ジョゼフ゠チェンバレン　⑦労働〈党〉　⑧アイルランド自治〈法〉　⑨ブーランジェ〈事件〉　⑩ドレフュス〈事件〉　⑪フランス社会〈党〉　⑫ヴィルヘルム2〈世〉　⑬世界〈政策〉　⑭パン゠ゲルマン〈主義〉　⑮ボリシェヴィキ〈と〉メンシェヴィキ(順不同)　⑯ニコライ2〈世〉　⑰ストルイピン　⑱門戸開放〈政策〉　⑲セオドア゠ローズヴェルト〈大統領〉　⑳第2インターナショナル(第2インター)　【資料問題】血の日曜日事件

55　世界再分割と列強の対立 (p.112〜113)

①ウラービー〈運動〉　②ローズ　③南アフリカ(南ア、ブール)〈戦争〉　④ファショダ〈事件〉　⑤英仏協商　⑥モロッコ　⑦エチオピア〈帝国〉(国家名としては帝国をつける)　⑧リベリア〈共和国〉　⑨オーストラリア　⑩ハワイ　⑪パン゠アメリカ〈会議〉　⑫ディアス　⑬メキシコ革命　⑭露仏同盟　⑮日英同盟　⑯英露協商　⑰三国協商　⑱三国同盟　【資料問題】Ａドイツ　Ｂオーストリア　Ｃイギリス　Ｄフランス　Ｅロシア

56　アジア諸国の変革と民族運動　Ⅰ (p.114～115)

①康有為　②戊戌の変法　③戊戌の政変　④旅順・大連(順不同)　⑤門戸開放・機会均等・領土保全(順不同)　⑥義和団　⑦北京議定書　⑧日英同盟　⑨日露〈戦争〉　⑩ポーツマス〈条約〉　⑪日韓協約　⑫義兵〈闘争〉　⑬科挙〈を廃止〉　⑭国会開設〈を公約〉　⑮孫文　⑯中国同盟会　⑰三民〈主義〉　⑱辛亥〈革命〉　⑲中華民国　⑳モンゴル人民共和〈国〉　資料問題 袁世凱

57　アジア諸国の変革と民族運動　Ⅱ (p.116～117)

①インド国民〈会議〉　②ベンガル分割〈令〉　③全インド＝ムスリム〈連盟〉　④イスラーム〈同盟〉(サレカット＝イスラム)　⑤フィリピン　⑥ホセ＝リサール　⑦アギナルド　⑧フィリピン＝アメリカ〈戦争〉　⑨ファン＝ボイ＝チャウ　⑩ドンズー(東遊)〈運動〉　⑪アフガーニー　⑫エジプト　⑬タバコ＝ボイコット〈運動〉　⑭立憲〈革命〉　⑮青年トルコ〈革命〉　地図問題 Ａ青年トルコ革命　Ｂウラービー運動　Ｃマフディー運動　Ｄタバコ＝ボイコット運動　Ｅ立憲革命　Ｆインド国民会議派カルカッタ大会　Ｇドンズー(東遊)運動　Ｈフィリピン革命

▶第16章　第一次世界大戦と社会の変容

58　第一次世界大戦とロシア革命 (p.118～119)

①ボスニア・ヘルツェゴヴィナ〈を併合〉　②バルカン〈同盟〉　③ヨーロッパ〈の〉火薬庫　④サライェヴォ　⑤マルヌ〈の戦い〉　⑥タンネンベルク〈の戦い〉　⑦総力戦　⑧挙国一致〈体制〉　⑨ウィルソン　⑩十四カ条　⑪ブレスト＝リトフスク〈条約〉　⑫二月〈革命〉　⑬臨時〈政府〉　⑭レーニン　⑮ケレンスキー　⑯平和に関する〈布告〉　⑰共産党〈の一党独裁〉　⑱戦時共産〈主義〉　⑲コミンテルン(共産主義インターナショナル)　⑳新経済政策(ネップ)

59　ヴェルサイユ体制下の欧米諸国　Ⅰ (p.120～121)

①パリ講和〈会議〉　②十四カ条　③委任統治　④ヴェルサイユ〈条約〉　⑤国際連盟　⑥ヴェルサイユ〈体制〉　⑦ワシントン〈会議〉　⑧四カ国〈条約〉　⑨海軍軍備制限〈条約〉　⑩ワシントン〈体制〉　⑪労働〈党〉　⑫マクドナルド　⑬第5回選挙法改正　⑭アイルランド自由〈国〉　⑮ウェストミンスター〈憲章〉　⑯エール　⑰ルール工業地帯〈の〉占領　⑱ブリアン　⑲ヴァイマル〈憲法〉　⑳シュトレーゼマン　地図問題 Ａポーランド　Ｂチェコスロヴァキア　Ｃハンガリー

60　ヴェルサイユ体制下の欧米諸国　Ⅱ (p.122～123)

①国際協調　②ロカルノ〈条約〉　③不戦〈条約〉　④ムッソリーニ　⑤ファシスト〈党〉　⑥ファシズム〈体制〉　⑦ソヴィエト社会主義共和国連邦(ソ連)　⑧スターリン　⑨第1次五カ年計画　⑩債権国　⑪共和〈党〉　⑫大量生産・大量消費〈社会〉　地図問題 Ａルール　Ｂラインラント　Ｃアルザス・ロレーヌ　Ｄフィウメ

61　アジア・アフリカ地域の民族運動　Ⅰ (p.124～125)

①普通選挙〈法〉　②陳独秀　③新青年　④胡適　⑤白話(口語)〈文学〉　⑥魯迅　⑦二十一カ条〈の要求〉　⑧シベリア出兵　⑨三・一独立〈運動〉　⑩文化政治　⑪五・四〈運動〉　⑫中国国民〈党〉　⑬第1次国共合作　⑭五・三〇〈運動〉　⑮蔣介石　⑯北伐　⑰南京　⑱張作霖　⑲張学良　⑳中華ソヴィ

エト共和国臨時〈政府〉

62 アジア・アフリカ地域の民族運動 II (p.126〜127)
①ローラット〈法〉 ②ガンディー ③非暴力〈による〉非協力運動 ④ネルー ⑤プールナ＝スワラージ ⑥ジンナー ⑦スカルノ ⑧ホー＝チ＝ミン ⑨ムスタファ＝ケマル(〈のちの〉アタテュルク) ⑩ローザンヌ〈条約〉 ⑪トルコ共和〈国〉 ⑫レザー＝ハーン ⑬パフレヴィー〈朝〉 ⑭イラン ⑮イブン＝サウード ⑯サウジアラビア王〈国〉 ⑰エジプト王〈国〉 ⑱フセイン・マクマホン〈協定〉 ⑲バルフォア〈宣言〉 ⑳アフリカ民族〈会議〉 【資料問題】アタテュルク

▶第17章 第二次世界大戦と新しい国際秩序の形成
63 世界恐慌とヴェルサイユ体制の破壊 I (p.128〜129)
①ニューヨーク株式市場〈の株価暴落〉 ②世界恐慌 ③フランクリン＝ローズヴェルト ④公共事業 ⑤ワグナー〈法〉 ⑥ニューディール ⑦挙国一致内閣 ⑧善隣外交 ⑨ナチ〈党〉 ⑩ヒトラー ⑪全権委任〈法〉 ⑫スターリン 【地図問題】Aスターリング(ポンド)＝ブロック Bドル＝ブロック

64 世界恐慌とヴェルサイユ体制の破壊 II (p.130〜131)
①満洲事変 ②リットン調査団 ③満洲〈国〉 ④国際連盟脱退 ⑤関税自主権〈の回復〉 ⑥毛沢東 ⑦西安事件 ⑧盧溝橋事件 ⑨第2次国共合作 ⑩国際連盟〈から〉脱退 ⑪再軍備〈を宣言〉 ⑫エチオピア〈に侵攻〉 ⑬ラインラント〈に軍を進駐〉 ⑭人民戦線 ⑮ブルム ⑯フランコ ⑰スペイン内戦 ⑱三国防共協定 ⑲三国枢軸 【資料問題】ゲルニカ

65 第二次世界大戦 (p.132〜133)
①ズデーテン〈地方〉 ②ミュンヘン〈会談〉 ③独ソ不可侵〈条約〉 ④ド＝ゴール ⑤チャーチル ⑥強制収容所 ⑦日独伊三国同盟 ⑧日ソ中立〈条約〉 ⑨パールハーバー(真珠湾) ⑩大東亜共栄圏 ⑪ミッドウェー〈海戦〉 ⑫スターリングラード ⑬無条件降伏 ⑭大西洋憲章 ⑮カイロ〈宣言〉 ⑯ノルマンディー〈に上陸〉 ⑰ヤルタ〈協定〉 ⑱ポツダム〈宣言〉 ⑲原子爆弾〈を投下〉 ⑳民主主義 【チャレンジ問題】ナショナリズム

66 新しい国際秩序の形成 I (p.134〜135)
①安全保障理事〈会〉(安保理) ②拒否権 ③国際通貨基金(IMF) ④関税と貿易に関する一般〈協定〉 ⑤金・ドル本位〈制〉 ⑥分割占領 ⑦国際軍事裁判所 ⑧極東国際軍事裁判所 ⑨アトリー ⑩共和政 ⑪トルーマン＝ドクトリン ⑫マーシャル＝プラン ⑬コミンフォルム ⑭人民民主主義 ⑮ティトー ⑯北大西洋条約〈機構〉(NATO) ⑰コメコン(COMECON) ⑱ワルシャワ条約〈機構〉 ⑲ベルリン封鎖 ⑳アデナウアー

67 新しい国際秩序の形成 II (p.136〜137)
①台湾 ②毛沢東 ③周恩来 ④中華人民共和〈国〉 ⑤中ソ友好同盟相互援助〈条約〉 ⑥〈北緯〉38〈度線〉 ⑦大韓民国(韓国) ⑧朝鮮民主主義人民共和国(北朝鮮) ⑨サンフランシスコ平和〈条約〉 ⑩スカルノ ⑪ベトナム民主共和〈国〉 ⑫インドシナ〈戦争〉 ⑬ジュネーヴ休戦〈協定〉 ⑭〈北緯〉17

〈度線〉　⑮インド連邦　⑯パキスタン　⑰ネルー　⑱スリランカ(セイロン)　⑲イスラエル　⑳パフレヴィー2〈世〉　【チャレンジ問題】パレスチナ戦争(第1次中東戦争)　Bイェルサレム

▶流れ図で確認する現代世界

68　戦後世界の概要 (p.138〜139)

①国際連合　②マーシャル=プラン(ヨーロッパ経済復興援助計画)　③コミンフォルム　④ベルリン封鎖　⑤北大西洋条約機構(NATO)　⑥朝鮮戦争　⑦ジュネーヴ休戦協定　⑧アジア=アフリカ〈会議〉　⑨ワルシャワ条約機構　⑩アフリカの年　⑪キューバ危機　⑫ヨーロッパ共同体(EC)　⑬第1次戦略兵器制限交渉(第1次SALT)　⑭石油危機(オイル=ショック)　⑮先進国首脳会議(サミット)　⑯ペレストロイカ　⑰マルタ〈会談〉　⑱ヨーロッパ連合(EU)　⑲世界貿易機関(WTO)　⑳同時多発テロ〈事件〉　㉑アラブの春

▶第18章　冷戦と第三世界の台頭

69　冷戦の展開 (p.140〜141)

①米州〈機構〉　②太平洋安全保障〈条約〉　③東南アジア条約〈機構〉　④バグダード条約〈機構〉(中東条約機構)　⑤水素爆弾(水爆)　⑥赤狩り　⑦アイゼンハワー　⑧軍産複合体　⑨ヨーロッパ石炭鉄鋼共同体　⑩ヨーロッパ経済共同体　⑪ヨーロッパ共同体　⑫アデナウアー　⑬第五共和政　⑭日韓基本〈条約〉　⑮フルシチョフ　⑯スターリン批判　⑰平和共存　⑱雪どけ　⑲日ソ共同宣言　⑳ベルリンの壁　【地図問題】Aオ　Bキ　Cア　Dク　Eウ　Fイ　Gカ　Hエ

70　第三世界の台頭とキューバ危機 (p.142〜143)

①アジア=アフリカ〈会議〉　②非同盟諸国首脳〈会議〉　③ナセル　④エジプト革命　⑤スエズ運河〈の国有化を宣言〉　⑥スエズ〈戦争〉(第2次中東〈戦争〉)　⑦エンクルマ(ンクルマ)　⑧アフリカの年　⑨アフリカ統一機構　⑩南北問題　⑪キューバ革命　⑫キューバ危機　⑬部分的核実験禁止〈条約〉　⑭核拡散防止〈条約〉　⑮第1次戦略兵器制限交渉(第1次SALT)　【資料問題】米:ケネディ大統領　ソ:フルシチョフ第一書記

71　冷戦体制の動揺 (p.144〜145)

①ベトナム〈戦争〉　②ベトナム(パリ)和平〈協定〉　③ベトナム社会主義共和〈国〉　④ケネディ　⑤公民権　⑥キング〈牧師〉　⑦プラハの春　⑧ブラント　⑨東方外交　⑩大躍進　⑪人民公社　⑫プロレタリア文化大革命　⑬ニクソン〈が中国を訪問〉　⑭日中平和友好〈条約〉　⑮四つの現代化　⑯朴正熙　⑰光州〈事件〉　⑱九・三〇〈事件〉　⑲スハルト　【チャレンジ問題】A沖縄　B東南アジア諸国連合(ASEAN)

▶第19章　冷戦の終結と今日の世界

72　産業構造の変容 (p.146〜147)

①福祉国家　②公害　③国連人間環境〈会議〉　④ドル=ショック　⑤オイル=ショック(石油危機)　⑥第4次中東〈戦争〉　⑦先進国首脳〈会議〉(サミット)　⑧サッチャー　⑨レーガン　⑩第3次中東〈戦争〉　⑪エジプト=イスラエル平和〈条約〉　⑫ホメイニ　⑬イラン=イスラーム〈革命〉　⑭イラ

ン＝イラク〈戦争〉　⑮新興工業経済地域(NIES)　⑯貿易摩擦　【地図問題】Ａシナイ半島

73　冷戦の終結 (p.148〜149)

①カーター　②レーガン　③新冷戦(第2次冷戦)　④グラスノスチ　⑤ペレストロイカ　⑥チョルノービリ(チェルノブイリ)原子力発電所〈の事故〉　⑦中距離核戦力(INF)〈の〉全廃　⑧アフガニスタン〈から〉撤退　⑨ワレサ　⑩ベルリンの壁〈が開放〉　⑪天安門〈事件〉　⑫韓国　⑬台湾　⑭アフリカ民族〈会議〉(ANC)　⑮マンデラ　⑯冷戦〈の〉終結　⑰湾岸〈戦争〉　⑱エリツィン　⑲市場経済〈への〉移行　⑳ソ連共産党〈も解散〉

74　今日の世界 Ⅰ (p.150〜151)

①民族対立〈が表面化〉　②ドイモイ　③カンボジア　④ミャンマー　⑤インドネシア　⑥インド　⑦ルワンダ内戦　⑧パレスチナ　⑨インティファーダ　⑩パレスチナ解放機構(PLO)　⑪アフガニスタン　⑫イギリス　⑬スリランカ　【資料問題】Ａ韓国大統領(左)：金大中　北朝鮮国防委員長(右)：金正日　Ｂイスラエル首相(左)：ラビン　米大統領(中央)：クリントン　⑩(PLO)議長(右)：アラファト

75　今日の世界 Ⅱ (p.152〜153)

①世界貿易機関(WTO)　②マーストリヒト〈条約〉　③ヨーロッパ連合(EU)　④北米自由貿易協定(NAFTA)　⑤アジア太平洋経済協力〈会議〉(APEC)　⑥アフリカ連合(AU)　⑦グローバリゼーション　⑧アジア通貨危機　⑨同時多発テロ〈事件〉　⑩イラク〈戦争〉　⑪アラブの春　⑫アメリカ合衆国　⑬中国　⑭ロシア　⑮プーチン　⑯ポピュリズム　⑰非政府組織(NGO)

76　現代文明の諸相 (p.154〜155)

①アインシュタイン　②原子力発電　③情報技術(IT)革命　④人工知能(AI)〈開発〉　⑤地球温暖〈化〉　【実力問題】Ａニーチェ　Ｂヴェーバー　Ｃデューイ　Ｄフロイト

世界史探究

高校世界史基本用語問題集 ツインズ・マスター　解答

2023年2月　初版発行

編　者　伊東　利浩

発行者　野澤　武史

印刷所　明和印刷株式会社

製本所　有限会社 穴口製本所

発行所　株式会社 山川出版社

〒101-0047　東京都千代田区内神田1-13-13
　　　　　電話　03-3293-8131（営業）　03-3293-8134（編集）
　　　　　https://www.yamakawa.co.jp/

ISBN978-4-634-04132-5
NMIZ0102
本書の全部または一部を無断で複写複製（コピー）・転載することは，
著作権法上での例外を除き，禁じられています。

●造本には十分注意しておりますが，万一，落丁・乱丁などございましたら，
　営業部宛にお送りください。送料小社負担にてお取り替えいたします。